Licht und Lampen

Jean Pütz · Vladimir Rydl

Licht und Lampen

Unter Mitarbeit von Ekkhard Huber

CIP-Titelaufnahme der Deutschen Bibliothek

Hobbythek. – Köln : vgs.
    Früher u.d.T.: Das Hobbythek-Buch
Pütz, Jean: Licht und Lampen. – 1989

Pütz, Jean:
Licht und Lampen/Jean Pütz; Vladimir Rydl. Unter Mitarb.
von Ekkhard Huber. – Köln : vgs, 1989
    (Hobbythek)
    ISBN 3-8025-6158-9
NE: Rydl, Vladimir:

Bildquellen:

Alle Fotos von Cornelius Gollhardt und Stephan Wieland, Köln, außer:
Gerhard Praßer, Köln, S. 13, Abb. 1; S. 100, Abb. 3; S. 101, Abb. 5; S. 103, Abb. 7; S. 104, Abb. 8; S. 106, Abb. 10; S. 107, Abb. 12; S. 109, Abb. 13;
S. 109, Abb. 14; S. 125, Abb. 4; S. 134, Abb. 7; S. 135, Abb. 8; S. 136, Abb. 9; S. 138, Abb. 10; S. 141, Abb. 12
Fridmar Damm, Köln, S. 14, Abb. 2
Sabine Bartels, Heidelberg, S. 28, Abb. 1
Osram GmbH, München, S. 32, Abb. 5; S. 41, Abb. 13 b; S. 42, Abb. 14; S. 43, Abb. 15; S. 43, Abb. 16; S. 44, Abb. 17; S. 71, Abb. 4 b
Philips GmbH, Hamburg, S. 70, Abb. 3; S. 71, Abb. 4a
Eckhard Huber, München, S. 73, Abb. 1; S. 75, Abb. 2; S. 76, Abb. 3; S. 77, Abb. 4; S. 78, Abb. 5; S. 118, Abb. 6
Kornelia Fuchs, Köln, S. 119, Abb. 7

Alle Grafiken von Designbureau Jochen Kremer/Gabi Mahler, Köln, außer:
Ernst Ebner, Bad Brückenau, S. 98, Abb. 1; S. 98, Abb. 2; S. 100, Abb. 4; S. 102, Abb. 6; S. 105, Abb. 9; S. 106, Abb. 11; S. 110, Abb. 15

1. Auflage Oktober 1989
© vgs verlagsgesellschaft, Köln
Umschlaggestaltung: Papen Werbeagentur, Köln
Umschlagfoto: Cornelius Gollhardt, Stephan Wieland
Redaktion: Sabine Bartels
Produktion: Wolfgang Arntz
Satz: ICS Communikations-Service GmbH, Bergisch Gladbach
Reproduktion: Regrafo GmbH, Kempen
Druck und Verarbeitung: H. Stürtz AG, Würzburg
Printed in Germany
ISBN 3-8025-6158-9

Inhalt

Liebe Leser !

Ich freue mich, Ihnen einen neuen Hobbythek-Band über ein attraktives Thema präsentieren zu können. Wie Sie wissen, bestanden die ersten 12 Hobbythek-Bücher aus einem Potpourri unterschiedlichster Themen. Ihrem Wunsch folgend haben wir die Konzeption grundlegend geändert und mit Themenbänden die Reihe fortgeführt. Das bringt für Sie den Vorteil, daß Sie nur die Inhalte in den Büchern finden, die Sie auch wirklich interessieren.

Das erste Buchkonzept glich mehr einem Gemischtwarenladen; jetzt können Sie sich die Rosinen herauspicken. Interessieren Sie sich für Themen rund ums Essen, dann stehen mittlerweile schon zwei große Hobbythek-Sammelbände, _„Essen 1"_ und _„Essen 2"_, zur Verfügung. Für Pflanzenliebhaber haben wir das Buch _„Wohnen und Leben mit Pflanzen"_ im Repertoire. Haben Sie es satt, sich von der Kosmetikindustrie becircen zu lassen, dann gibt es unsere mittlerweile zu Bestsellern gewordenen Bücher _„Cremes und sanfte Seifen"_ und _„Schminken, pflegen, schönes Haar"._ Wollen Sie etwas für Ihre Gesundheit tun, empfehlen wir Ihnen den Hobbythek-Doppelband _„Gesundheit mit Kräutern und Essenzen"._ Wenn Sie saubere Wäsche haben und gleichzeitig die Umwelt schonen wollen, dann gibt es dafür

das Hobbythek-Buch _„Wäsche waschen – sanft und sauber"_, in dem wir Ihnen unseren übersichtlichen Waschmittel-Baukasten präsentieren.

Ein grundlegendes Prinzip haben die alte und die neue Hobbythek-Buchkonzeption gemein: Wir geben nicht nur Rezepte, sondern sagen auch stets, warum dies oder das so ist, und erklären, warum es nur so funktionieren kann. Zu diesem Konzept gehört auch, daß Ihnen stets Wahlmöglichkeiten zur Verfügung stehen. Wir wollen Ihnen Anregungen geben, Ihre eigene Kreativität aber nicht einschränken.

Mit _„Licht und Lampen"_ ist uns meines Erachtens eine gute Synthese zwischen praktischen Anleitungen und Hintergrundinformationen gelungen. Das Licht als physikalische Erscheinung wird in der Schule leider viel zu theoretisch angefaßt. Dabei lassen sich diesem Thema auch spannende und vor allem verständliche Seiten abgewinnen. Mit diesem Buch wollten wir dies beweisen und eine Lücke im Bücherdschungel schließen.

Unsere Bauvorschläge sind – je nach Interesse und Geschicklichkeit – recht einfach zu verwirklichen: seien es nun Spannseilkonstruktionen mit Halogenspots oder Leuchten aus Glas und Stahl. Die Anleitungen für Öllichter und Kerzen sind so ausführlich, daß eigentlich nichts schiefgehen kann. Außer-

dem geben wir viele Tips, mit denen wir Sie zum Experimentieren mit unterschiedlichen Materialien anregen wollen. Wenn alles klappt, geht Ihnen bestimmt so manches Licht über das Licht auf.

Zu danken habe ich meinem Koautor Vladimir Rydl, der mit großer Sorgfalt erheblich zum Gelingen des Buches beigetragen hat. Dank auch an meinen Kollegen Eckhard Huber vom Bayerischen Rundfunk, der aus seiner Sendung manches Wichtige beigesteuert hat; gleiches gilt für Sabine Fricke, die uns wertvolle Tips rund ums Kerzenlicht gegeben hat. Ein besonderer Dank gebührt auch den Mitarbeitern der vgs verlagsgesellschaft, die das Buch in kurzer Zeit realisierten, und den Fotografen, Cornelius Gollhardt und Stephan Wieland.

Viel Spaß im Licht, am Licht und mit Licht

Ihr

Jean Pütz

9

Geschichte des Lichts

Das Licht übte auf den Menschen schon immer eine große Faszination aus. Vielleicht liegt die Ursache dafür in den frühen Phasen der Menschwerdung. Auch wenn wir es nicht wahrhaben mögen – allzulange gibt es unsere Zivilisation noch nicht.

Von den Neandertalern trennen uns gerade 40 000 Jahre – ein Nichts, wenn man erdgeschichtliche Zeiträume betrachtet.

Vor der Erfindung künstlicher Lichtquellen war der Mensch auf Gedeih und Verderb auf die Sonne angewiesen. Sie vertrieb die bedrohliche Nacht und schenkte durch ihre Wärme Leben. Viele Naturvölker stellten darum die Sonne als Erzeugerin von Licht, Leben und Fruchtbarkeit, in das Zentrum kultischer Handlungen. Diese wurden zu bestimmten Sonnenabständen abgehalten und haben sich sogar bis in die heutige Zeit erhalten, wenn auch nur in abgewandelten Formen. Die kürzeste Nacht des Jahres am 21./22. Juli und die längste Nacht am 21./22. Dezember sind die Eckpunkte des Sonnenjahres, die gerne gefeiert wurden und heute noch werden.

Die Christen machten aus dem heidnischen Julfest zur Wintersonnwende das Weihnachtsfest. Ein Relikt der vergessenen heidnischen Bräuche ist auch unser beliebter Weihnachtsbaum. Die Sonnwendfeiern, durch Entzünden großer Feuer in manchen Regionen auch heute noch gern gefeiert, gelten heute dem Geburtstag Johannes des Täufers am 24. Juli, haben aber ebenfalls Wurzeln in heidnischen Gebräuchen.

In den sich entwickelnden Religionen der frühen Kulturen fand die Sonne ihren Platz in der Runde der Götter. Den Sonnengott nannten die Sumerer Utu, die Babylonier Schamasch, die Ägypter Re, die Griechen Helios, die Römer Sol, und auch in Amerika verehrten die Azteken Toniatiuh und die Inkas Inti, den obersten ihrer Gottheiten. Die Churriten nannten sie Chebat, Schams die Südaraber. Die Balten huldigten der Sonnengöttin Saule und die Japaner Ameratsu. Die Sonne bekämpfte die Mächte der Finsternis und war siegreich gegen die Dämonen der Nacht. In vielen Völkern ist die Sonne weiblich, verkörpert sie doch die Wiedergeburt des neuen Tages und steht für das Leben schlechthin.

Ein wenig fremd wirkt dieser Glaube an einen Sonnengott für uns Zivilisationsmenschen schon, wenn auch einem außerirdischen Beobachter die alljährliche Menschenwanderung an die südlichen Küsten wie eine Pilgerfahrt zur Sonnenanbetung vorkommen könnte. Dieser Zug der Sonne entgegen, dieses „Auftanken" mit Sonnenlicht nach einem kalten, dunklen Winterhalbjahr in geschlossenen Räumen ist anscheinend in unserer modernen Industriegesellschaft ein starkes Bedürfnis der Menschen.

Als die Sonne nicht mehr reichte

Die Menschen der frühen Kulturen waren dem natürlichen Wechsel von Hell und Dunkel wesentlich stärker unterworfen als wir es uns heute vorstellen können. So gilt als eine der bedeutendsten Erfindungen des Menschen der Gebrauch des Feuers. Das Feuer bot Schutz vor wilden Tieren und der Dunkelheit. Vor ca. 500 000 Jahren wurde sein Gebrauch vom sogenannten Pekingmenschen erlernt. Das ist gar nicht so lange her, wenn man bedenkt, daß die sogenannten Urmenschen, die durchaus schon menschenähnlich wirkten und deren Überreste u. a. in Äthiopien gefunden wurden, 2 bis 3 Millionen Jahre ohne Feuer auskommen mußten.

Bis ins Mittelalter waren Fackeln, oder deren einfachere Form, die Kienspäne, ein verbreitetes Leuchtmittel für arme Menschen. Ein Kienspan wird aus einem besonders stark verharzten Stück Kiefer geschnitten, dem Kienholz. Man kann sich leicht vorstellen wie es in einer derart beleuchteten Wohnung abends roch, zumal die engen Räume wegen der Wärme auch meist wenig gelüftet wurden. Darüber hinaus war es sicherlich sehr lästig, die schnell heruntergebrannten Hölzer ständig auszutauschen.

Doch schon die wohlhabenden Römer kannten Lampen, die nicht nur länger brannten, sondern auch weniger rußten. Entscheidend war die Entdeckung, daß pflanzliche oder tierische Fette in Verbindung mit einem Docht einer Lampe als Brennstoff dienen können. Diese Römerlichter sind noch heute überaus attraktiv und, was für uns besonders erfreulich ist, sehr einfach nachzubauen. Im Kapitel über Kerzen (ab Seite 120) gehen wir darauf noch einmal ein.

Im antiken Griechenland und im Römerreich waren Tonlampen verbreitet, die wie eine niedrige Teekanne konstruiert waren. Aus der Schnute schaute der Docht heraus, der innerhalb des Tongefäßes in Olivenöl tauchte. Solche Lämpchen, die recht

Abb. 1: Eine historische Öllampe, wie sie bereits die Römer verwendeten.

billig waren, brannten viele Stunden und konnten auch so reguliert werden, daß sie wenig rußten. Sie waren so weit verbreitet, daß heute noch eine Unzahl davon in den Museen zu sehen ist. Sie wurden teilweise sehr schön verziert, manchmal auch mit erotischen Motiven, was Rückschlüsse auf die Gelegenheit der Verwendung zuläßt. Wer es sich leisten konnte, hatte sogar mehrflammige Lampen aus Metall.

Aus derselben Zeit stammt vermutlich auch die Erfindung der Kerze. Die Römer übernahmen sie von den Etruskern, einem Volk, das die Gebiete nördlich von Rom bis zum Aufschwung Roms zur Weltmacht beherrschte.

Ihre größte Bedeutung erlangten Kerzen zu Beginn des 18. Jahrhunderts. Tausendfacher Kerzenschimmer war geradezu ein Zeichen von Wohlhabenheit. Es gibt Überlieferungen, nach denen z. B. in Dresden für ein einziges Hoffest vierzehntausend Wachslichter verbraucht wurden.

Nicht weniger üppig ging es in den Kirchen zu. So weiß man, daß zu Luthers Zeiten allein in einem einzigen Jahr in der Schloßkirche zu Wittemberg 35 750 Pfund Wachs verbrannt wurden. Das sind immerhin gut 17 Tonnen. Dabei war man zu Beginn des 16. Jahrhunderts sonst eher sparsam. Im 14. Jahrhundert – dem ausgehenden Mittelalter also – hätte man diese Mengen an Bienenwachs für die Beleuchtung noch nicht verwendet.

Das Ausmaß und die Art der Beleuchtung hatte in früheren Zeiten also durchaus etwas mit der Zugehörigkeit zu bestimmten sozialen Schichten zu tun. Je nach Geldbeutel konnte man sich nicht nur Kerzen oder Öllampen leisten, sondern auch die Qualität des Lichtes bestimmen. Die armen Leute waren in der Regel auf Lichtspender angewiesen, die oft alles andere als heimelig und schön waren. Den Duft von Bienenwachskerzen, den wir aus der Weihnachszeit kennen, konnten sich nur die begüterten Kreise leisten. Für die armen Bevölkerungsschichten sah es jedoch im wahrsten Sinne des Wortes finster aus. Ihr blieben nur billige Lichter aus Rindertalg, sogenannte Unschlitt-Kerzen, die alles andere als gut rochen. Außerdem rußten diese Dinger fürchterlich. Auch die Qualität des in Öllampen verwendeten Öls kann man erschnuppern.

Lange Zeit verharrten die technischen Möglichkeiten mehr oder weniger auf diesem Stand. Später hat man dann herausgefunden, daß das Licht einer offenen Flamme heller wird, wenn man es in einem entsprechend belüfteten Gaszylinder brennen läßt. Sie können den Effekt heute noch bei Petroleumlampen ausprobieren.

Dennoch war durch die Jahrtausende die Erzeugung von Licht immer mit dem Verbrennen einer Substanz verbunden. Die offene Flamme barg Gefahren – Ruß und Abgase ließen sich nur reduzieren, aber nie völlig vermeiden. Besserung brachte da erst das elektrische Licht.

Das Zeitalter des elektrischen Stroms

Seit es elektrisches Licht gibt, sind wir mit Helligkeit auch bei Nacht reichlich verwöhnt. Man muß ja nicht gleich an die Flutlichtanlage eine Fußballfeldes denken, um sich in Erinnerung zu rufen, wie leicht – wenn auch energieverschwendend – es uns heute fällt, die Nacht zum Tage zu machen.

Schon eine Kinovorführung wäre mit den technischen Mitteln der Zeit vor der Anwendung des elektrischen Stromes gar nicht möglich gewesen. Und wer möchte schon gern auf die abendliche Beleuchtung der Straßen verzichten, die uns vom Tragen einer Laterne befreit? Es ist schon ein besonderer Komfort, unsere Siedlungen so auszu-

Abb. 2: Lichthof über der Stadt Köln; an Wassertröpfchen und Staubteilchen wird das Licht der künstlichen Beleuchtung reflektiert.

leuchten, daß Astronomen über die „Umweltverschmutzung" durch Licht stöhnen.

Durch das in der Atmosphäre an Staubteilchen oder Wassertröpfchen reflektierte Licht, Lichthöfe genannt, die jede Stadt in weitem Umkreis umgeben, werden die empfindlichen astronomischen Instrumente derart gestört, daß neue Sternwarten in einsam gelegenen Regionen der Erde angelegt werden mußten.

Um so erstaunlicher ist, daß es elektrisches Licht erst seit etwa 100 Jahren gibt. 1854 erfand ein nach Amerika ausgewanderter Uhrmacher die Glühbirne. Der Name dieses findigen Mannes war Heinrich Goebel. Er machte sich das Wissen zunutze, daß sich stromdurchflossene Drähte bei genügender Stromstärke erwärmen. Als Glühdraht verwendete er einen dünnen, verkohlten Baumwollfaden, den er in eine luftleer gepumpte Flasche einschmolz. Leider war Goebel seiner Zeit etwas voraus. Er mußte seine Erfindungen noch umständlich mit einer Batterie betreiben, da die technischen Vor-

aussetzungen für Strom aus der Steckdose, wie wir sie heute kennen, noch nicht gegeben waren.

So gelang es erst gegen Ende des Jahrhunderts, nachdem leistungsfähige Dynamomaschinen entwickelt waren, elektrisches Licht auf dem Markt durchzusetzen. Besonders erfolgreich war dabei der Amerikaner Thomas Alva Edison, ein Universaltalent, der als genialer Erfinder Weltruhm erlangte. Seine Kohlefaden-Glühlampen waren die ersten wirklich brauchbaren überhaupt. Es ist daher nicht verwunderlich, daß 1979, als der 100. Geburtstag der Glühbirne gefeiert wurde, Edison den meisten Ruhm erhielt. Er beschränkte sich allerdings nicht nur auf die Herstellung von Glühbirnen, die sogar schon einen Schraubsockel aufwiesen, sondern verlegte zudem elektrische Leitungsnetze und errichtete Generatorstationen.

In den folgenden Jahrzehnten wurde die Glühbirne ständig weiterentwickelt. Durch Optimierung der Gasfüllung des Kolbens und hoch entwickelte Materialien sind Glühbirnen immer energiesparender, haltbarer und vielseitiger in den Formen geworden.

Wesentlich moderner sind dagegen die Leuchtstoffröhren, in denen kein Draht erhitzt, sondern ein Füllgas durch Elektronenfluß zum Leuchten angeregt wird. Diese Lampen, die nach dem früher häufig für Werbezwecke verwandten Füllgas Neon auch Neonröhren genannt werden, sind wesentlich stromsparender als Glühbirnen. Je nach Füllgas und Ausführung der Glasröhre strahlen sie Licht in den verschiedensten Färbungen ab. Als Beispiele seien nur Pflanzenleuchten oder Sonnenbänke erwähnt.

Eine Fülle neuer Anwendungen ergaben sich für elektrisches Licht durch die Erfindung des Lasers. Nicht nur in der Disco oder in CD-Playern fanden sie ihren Platz, einige moderne Analyseverfahren oder Methoden der Materialbearbeitung sind durch Laser erst möglich geworden. 1917 hatte A. Einstein auf die theoretische Möglichkeit von Lasern hingewiesen, und dann dauerte es noch einmal viele Jahre bis T. H. Maimann 1960 den ersten Rubin-Laser vorstellen konnte. Die Eigenschaften dieses Lichtes sind sehr interessant; es würde jedoch den Rahmen des Buches sprengen, ausführlicher darauf einzugehen.

Was ist Licht?

Licht ist alles, was wir mit unseren Augen wahrnehmen können – so einfach ist diese Frage zu beantworten. Denn unsere Augen sind hochkomplizierte Präzisionsinstrumente, die alle Lichtimpulse, die sie aufnehmen, in Windeseile in Nervenimpulse umwandeln. Anschließend gelangen sie ins Gehirn, wo sie weiterverarbeitet werden. Wir können mit unseren Augen verschiedene Arten von Licht unterscheiden: Farben von Rot bis Blau, warmes und kaltes Licht oder auch Helligkeitsstufen.

Um die Besonderheiten moderner Lichtquellen wirklich zu verstehen und deren Vorzüge und Nachteile gegeneinander abzuwägen, ist es nötig, sich mit der Entstehung des Lichtes zu beschäftigen. Doch keine Angst! Es ist gar nicht so kompliziert, und Sie werden der verwirrenden Vielfalt an Glühbirnen und Leuchtstoffröhren nicht mehr hilflos ausgeliefert sein.

Weißes und farbiges Licht – wie ein Spektrum entsteht

Sicherlich haben Sie schon einmal an einem sonnigen Tag irgendwo an den Wänden Ihrer Wohnung eine bunte Spiegelung bemerkt. Geschliffene Kristallvasen oder ähnliche Gegenstände, die im Sonnenlicht standen, waren die Urheber.

Beim Übergang von der Luft in das Glas und wieder beim Verlassen des Glases wird das Licht aus seiner Richtung abgelenkt, es wird gebrochen. Mit einem Prisma, das aus einem transparenten, stark lichtbrechenden Material wie z. B. Glas besteht, kann man diesen Effekt besonders gut zeigen, da hier das Licht

sogar zweimal in dieselbe Richtung abgelenkt wird.

In *Abbildung 1* sehen Sie, wie sich ein Lichtstrahl aus weißem Licht beim Durchdringen eines Prismas verhält – es entsteht farbiges Licht. Weißes Licht also besteht aus einer Mischung verschiedener Farben, denn es läßt sich in seine Bestandteile aufspalten. Das Phänomen der Brechung erklären wir noch ausführlich im Kapitel „Eine kleine Einführung in die Optik" auf Seite 98.

Die Farben entstehen, weil Licht je nach Farbe unterschiedlich stark abgelenkt wird. Rotes Licht wird weniger abgelenkt als grünes und grünes Licht weniger als blaues. Man erhält ein *Spektrum* des weißen Lichtes in allen Regenbogenfarben. Der Regenbogen

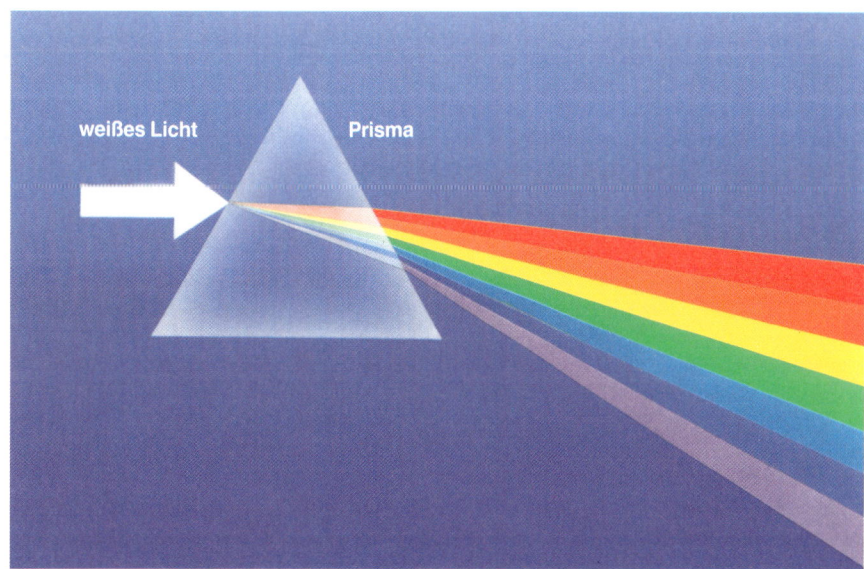

Abb. 1: Ein Prisma aus stark lichtbrechendem Material lenkt den Lichtstrahl ab und spaltet ihn in seine farbigen Bestandteile – die Spektralfarben – auf.

Abb. 2: Ein großartiges Naturschauspiel — ein Regenbogen.

Abb. 3: Wenn die Grundfarben Rot, Blau und Grün ein bestimmtes Mischungsverhältnis haben, addieren sie sich zu weißem Licht.

Nuancen der drei Grundtöne, so daß sich eine geringfügig andere Färbung ergibt. Mehr über reflektiertes Licht erfahren Sie auf *Seite 23* .

Wie wir sehen

Ein menschliches Auge läßt sich oberflächlich mit einer Kamera vergleichen. Das Bild wird über eine Linse und durch eine Blende auf die lichtempfindliche Schicht projeziert (vgl. *Abbildung 4*). Im Auge heißt die Blende *Iris* und das Loch, das sie öffnet, *Pupille*.
Die Linse ist das Objektiv — ein ganz besonderes, mit einer perfekten automatischen Feineinstellung auf nahe und ferne Objekte, sozusagen ein Autofokus. Sie wird, von feinen Muskelsträngen im Augapfel stärker oder schwächer gespannt, und entsprechend ändern sich die Krümmung und

ist also nichts anderes als ein natürliches Spektrum, das durch Reflexion und Brechung von Licht in Regentropfen entsteht.
Man kann weißes Licht aber nicht nur in einzelne Farben aufspalten; es läßt sich auch wieder durch Mischen erzeugen. Projeziert man Licht der Farben Blau, Grün und Rot zusammen auf eine Leinwand, so addieren sich diese 3 Farben zu weißem Licht, wie Sie in *Abbildung 3*

sehen können. Aber nicht nur weißes Licht, sondern alle denkbaren Farben lassen sich durch Mischen unterschiedlicher Anteile aus diesen drei *Grundfarben* erhalten.
So läßt sich auch erklären, warum weiße Gegenstände, wie Küchengeräte und -möbel, sich im Farbton selten gleichen. Je nach verwendeter Farbe enthält das Licht, das von einer weißen Fläche in unser Auge fällt, noch kleine

die optischen Eigenschaften. Das Ziel ist eine scharfe Abbildung des Objektes auf der *Netzhaut,* die wiederum vergleichbar mit dem Film in der Kamera ist, jedoch mit wichtigen Unterschieden.

Die Netzhaut ist mit speziellen Zellen besetzt, die das Licht zu Nervenimpulsen verarbeiten, *Stäbchenzellen* und *Zapfen.* Die Zapfen befinden sich vorwiegend im Zentrum der Netzhaut, dem gelben Fleck, und sind verantwortlich für Sehschärfe und Farberkennung. Alles was wir bei ausreichender Helligkeit betrachten, nehmen wir mit diesem Bereich wahr. Die Stäbchenzellen liegen rund um den gelben Fleck in einer weitaus größeren Anzahl und Dichte verteilt. Sie sind für das Hell-Dunkel-Sehen verantwortlich. Deshalb können wir mit ihnen auch bei geringerer Helligkeit und fast bis zur Dunkelheit hin sehen, allerdings auf Kosten der Schärfe und ohne Farbe. Auf den gerade 4 cm^2 Netzhaut, das ist etwa die Fläche eines Markstückes, sind etwa 100 Millionen Stäbchenzellen und 6 Millionen Zäpfchen untergebracht. Das ist hundertmal mehr als auf dem modernsten Mikrochip untergebracht werden können. Obwohl in der Minderzahl, sind es die Zäpfchen, die vor allem das Lesen und das genaue Betrachten von Gegenständen ermöglichen.

Stäbchen und Zäpfchen erhalten ihre Lichtempfindlichkeit durch einen Sehfarbstoff, das sogenannte *Rhodopsin.* Fällt nun Licht auf ein Stäbchen oder Zäpfchen, dann verändert sich die Struktur dieses Rhodopsins. Die Umwandlung von Licht und Nervenreizen, die zum Gehirn weitergeleitet werden, ist nur möglich, wenn genügend Rhodopsin vorhanden ist. Zur Bildung die-

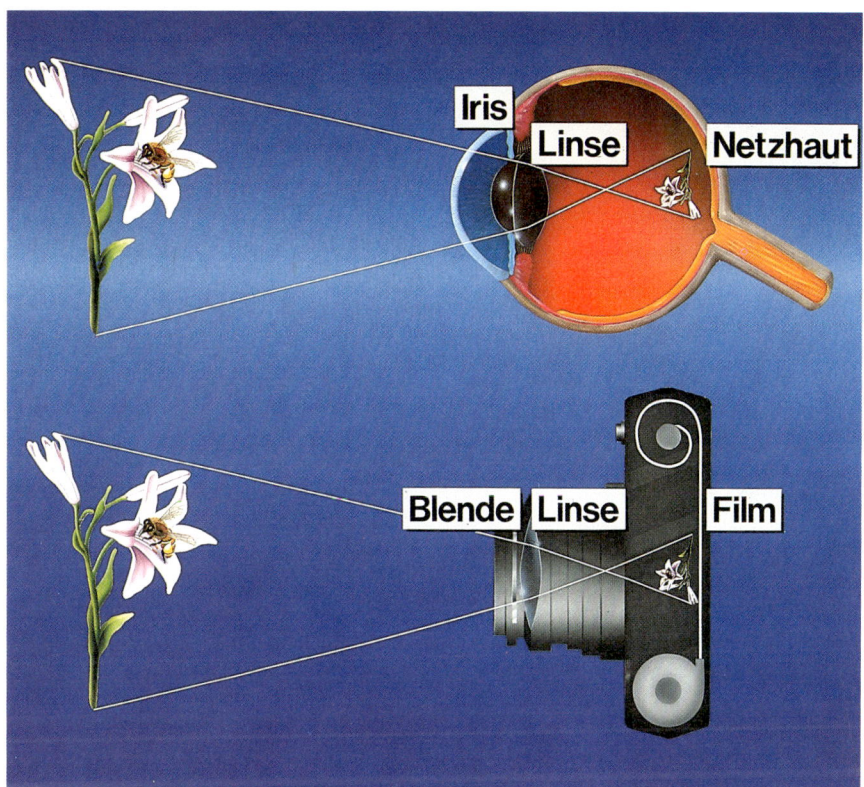

Abb. 4: Auge und Kamera im Vergleich.

ses Stoffes benötigt der Körper allerdings Vitamin A$_1$. Ein Mangel dieses Vitamins kann zur Nachtblindheit führen. Also kräftig Möhren essen!

Wie unterscheidet das Auge aber Licht unterschiedlicher Farben? Hierzu gibt es drei verschiedene Arten von Zapfen, die jeweils auf das Erkennen einer bestimmten Wellenlänge des Lichtes spezialisiert sind. Diese Farben sind wieder die Grundfarben Grün, Blau und Rot. Das farbige Bild entsteht dann erst im Gehirn, wo die verschiedenen Ner-

venimpulse zusammengesetzt und ausgewertet werden. Wie die Farbüberlagerung (vgl. *Abbildung 3*) zeigt, entsteht der endgültige Eindruck einer Farbe erst durch Addition der drei beteiligten Grundfarben. Der Eindruck weißer Farbe entsteht auch erst durch das Zusammenfügen aller drei Grundfarben in unserem Gehirn.

Unser Auge ist nicht in allen Bereichen des sichtbaren Spektrums gleich empfindlich. Seine größte Empfindlichkeit liegt im Bereich des grünen Lichtes.

Auch beim Farbfernseher wird das Licht auf der Mattscheibe aus den drei Grundfarben erzeugt. Jeder Bildpunkt setzt sich aus drei Farbpunkten zusammen, die auf der Fluoreszenzschicht erscheinen. In geringer Entfernung schon verschmelzen die Farbpunkte zu einzelnen Punkten bzw. zum kontinuierlichen Bild.

Von Atomen und Photonen

Aus was besteht nun eigentlich das Licht, das wir mit unseren Augen wahrnehmen? Beantworten läßt sich diese Frage, wenn wir einmal ein einzelnes Atom betrachten, z. B. ein Heliumatom (vgl. *Abbildung 5*). Es ist ein sehr kleines Atom und enthält einen Kern, der aus vier Teilchen besteht, *2 Neutronen* und *2 Protonen,* die positiv geladen sind. Umkreist wird der Kern von zwei negativ geladenen *Elektronen.* Die Ge-

schwindigkeit der Elektronen und ihre Entfernung vom Kern, entspricht genau dem Energiegehalt des Atoms. Führt man dem Atom Energie zu, etwa durch Erwärmung, dann wird ein ganz bestimmter Teil dieser Energie genutzt, um eines der Elektronen auf eine höhere, weiter vom Kern entfernte Bahn zu heben, die genau diesem neuen, energiereicheren Zustand entspricht. Für jedes chemische Element und für jedes Molekül existiert eine genau festgelegte Anzahl von möglichen Bahnen, auch *Energieniveaus* genannt, die die Elektronen einnehmen − je nachdem wieviel Energie sie jeweils aufnehmen können.

Nun bleibt das Elektron allerdings nicht sehr lange in seiner neuen Bahn oder Energieniveau. Das Elektron fällt vielmehr nach kurzer Zeit wieder auf die energieärmere Bahn zurück und gibt die überschüssige Energie ab. Dabei wird ein *Photon* ausgesendet, ein

Lichtteilchen, das genau die zuvor aufgenommene und jetzt wieder abgegebene Energie trägt.

Schon einzelne dieser Photonen können wir mit unseren Augen unter günstigen Umständen als kleine Lichtblitze wahrnehmen. Von Licht spricht man aber eigentlich erst dann, wenn eine Vielzahl von Atomen und Molekülen beteiligt sind, die viele Photonen kontinuierlich abgeben. Je mehr Photonen gleichzeitig in unser Auge gelangen, um so heller erscheint uns eine Lichtquelle. Wie das Auge das einfallende Licht verarbeitet, haben wir ja schon auf *Seite 18* erklärt.

Worin unterscheiden sich aber die Photonen von unterschiedlichen Energieniveaus? Sieht man die Summe vieler Photonen als Licht an, dann läßt sich dieses Problem leichter verstehen − allerdings müssen wir dazu etwas ausholen. Vielleicht hilft Ihnen ein kleines Gedankenexperiment.

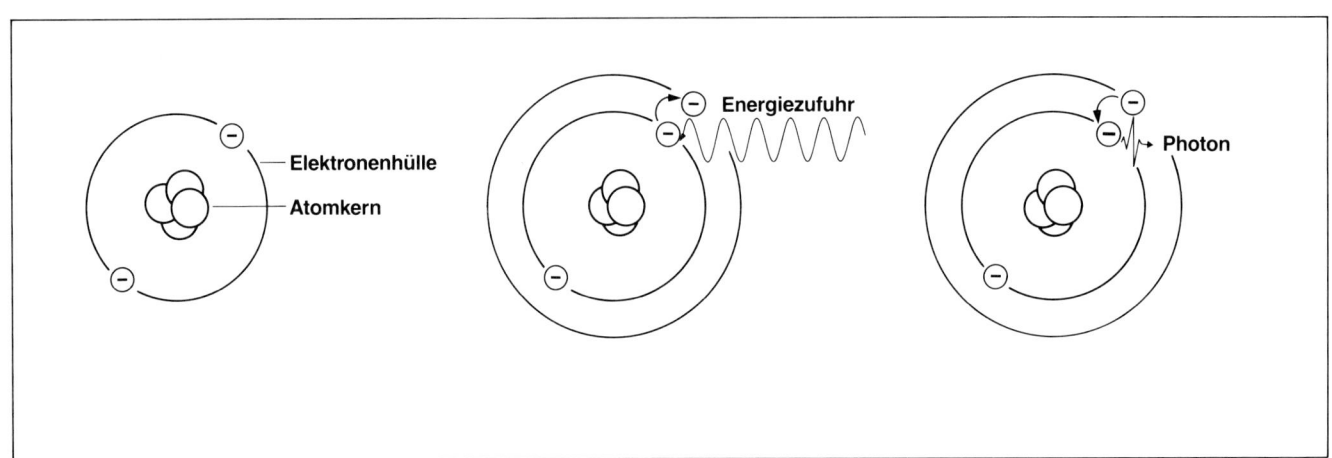

Abb. 5: Durch Energiezufuhr wird ein Elektron auf eine höhere Bahn gehoben. Beim Zurückfallen des Elektrons auf seine ursprüngliche Bahn wird ein Photon abgegeben.

Ein kleines Experiment

Nehmen Sie einmal an, Sie hätten eine Heizplatte Ihres Elektroherdes angeschaltet und vergessen einen Topf darauf zu stellen — was können Sie beobachten? Zuerst können Sie mit der Handfläche in sicherem Abstand spüren, wie Wärme abgestrahlt wird. Mit zunehmender Erwärmung der Platte sehen Sie dann ein tiefrotes Glühen, das immer heller wird und vielleicht noch in ein orangenfarbenes Leuchten übergeht. Würden die Herdplatte, der Herd und Ihre Küche nicht mit der Zeit den Geist aufgeben, dann könnten Sie im Prinzip den Versuch immer weiter betreiben, bis die geschmolzene Platte in einem grellen Weiß leuchtet.

Nun aber Spaß beiseite. Sie haben festgestellt, daß die Wärmestrahlung und das Licht dieselbe Ursache hatten: das Anschalten der Platte. Erklären kann man diese Tatsache dadurch, daß Licht und Wärme im Prinzip dasselbe sind, nämlich *elektromagnetische Wellen* verschiedener Wellenlänge. Wir benötigten für die Erzeugung von Wärmewellen nur weniger Energie als für Lichtwellen. Einen Teil der elektromagnetischen Wellen können wir mit der Haut als Wärme spüren, den energiereicheren dagegen mit den Augen als Licht von verschiedener Farbe sehen. Der Bereich der Wellenlängen des sichtbaren Lichtes reicht von 0,4 μm (d. h. 0,4 tausendstel Millimeter, μm = Mikrometer) bis etwa 0,7 μm. Das ist der Bereich des sichtbaren Lichts von violett bis rot. Mehr darüber erfahren Sie auf *Seite 22*.

Wärme und das Licht sind allerdings nur ein winziger Ausschnitt aus dem

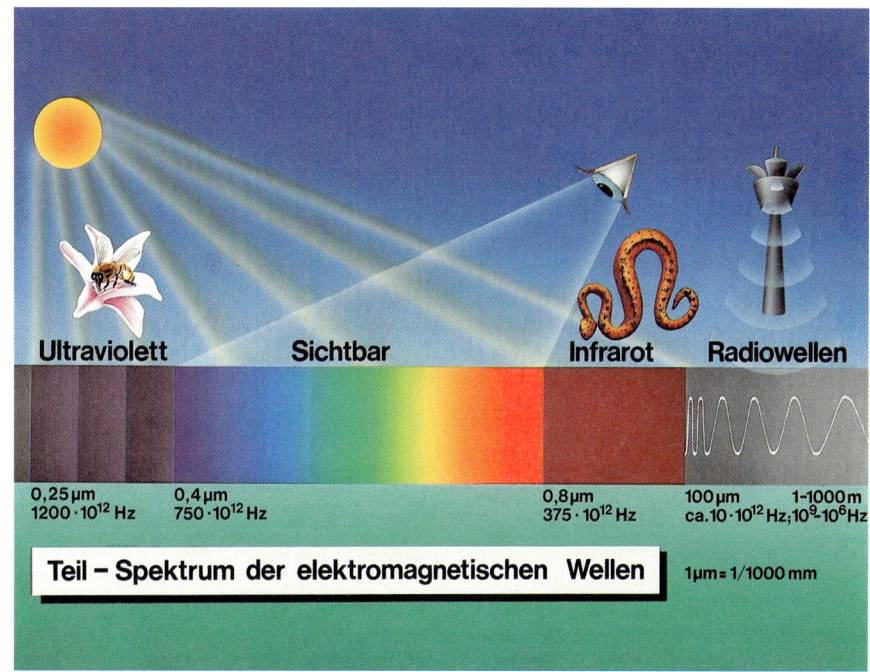

Abb. 6: Teilbereich des elektromagnetischen Spektrums; das sichtbare Licht ist nur ein winziger Ausschnitt davon.

Spektrum der elektromagnetischen Wellen. Der überwiegende Teil dieser Wellen bleibt unseren Sinnen verborgen. Er reicht von der energiereichen kosmischen Höhenstrahlung bis zu den Wellen, die durch unser Stromnetz erzeugt werden.

Die Farben des Lichts

An dieser Stelle müssen wir wieder auf die Photonen zurückkommen. Zu Beginn des Experiments strahlte die Heizplatte Wärme ab, d. h. die Photonen waren noch relativ energiearm, so daß wir sie noch nicht sehen konnten. Mit zunehmender Energie bei weiterer Erhitzung erhöht sich der Energieinhalt der Photonen, die als Lichterscheinung wahrnehmbar werden. Licht niedriger Energie ist Rot, mit zunehmender Energie des Lichtes wechselt die Farbe jedoch von Rot über Gelb und Grün zu tiefblauen Farben, um dann im ultravioletten Bereich für uns unsichtbar zu werden.

Jetzt wissen Sie, wo die von den Atomen aufgenommene Energie geblieben ist: Sie wurde zu Photonen umgewandelt, die wir schließlich als Farben erkennen können.

Ärger um Teilchen und Wellen

Nun sind wir zu einem Punkt gelangt, wo wir ein wenig abschweifen und noch etwas über Photonen sagen möchten. Zuerst sah man Licht als elektromagnetische Wellen an. Dies galt als gesichert, weil das Verhalten des Lichtes in Experimenten sich so gut berechnen ließ. Doch dann belegten andere Experimente, daß Licht nicht körperlose Wellen waren, sondern den Charakter von Teilchen aufwiesen. Diesen Teilchencharakter des Lichtes hat bereits der berühmte Physiker Max Planck (1858 bis 1947) vorausgesagt, und Albert Einstein (1879 bis 1955) hat ihn dann 1905 durch die Deutung des „Photoeffekts" bestätigt.

Diese beiden gegensätzlichen Aussagen über die Natur des Lichtes lassen sich nur unter einen Hut bringen, wenn man akzeptiert, daß atomare Vorgänge unserer menschlichen Anschauung völlig verborgen bleiben.

Es ist daher durchaus zulässig, Photonen — und auch Elektronen — je nach Problemstellung als Teilchen oder als Wellen anzusehen. Die notwendige geistige Verrenkung führte letztendlich zu einem neuen genialen Zweig der Physik, der *Quantenphysik.*

Wie weißes Licht entsteht

In *Abbildung 6* haben wir Ihnen einmal den Bereich des sichtbaren Lichtes dargestellt. Sie werden sich vielleicht gefragt haben, warum die Herdplatte bei dem kleinen Experiment in den Farben von Rot bis Weiß leuchtete, und

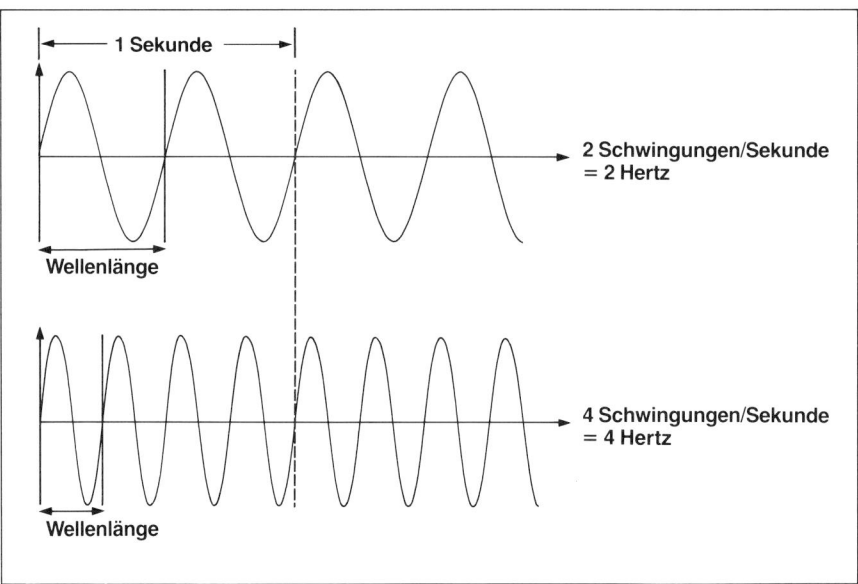

Abb. 7: Hier wird der Zusammenhang von Wellenlänge und Frequenz deutlich.

nicht, wie es sich eigentlich gehört, nacheinander in allen Farben des Spektrums.

Das liegt an der Entstehung des Lichtes. Alle Atome eines Gases, einer Flüssigkeit oder eines festen Körpers liegen niemals ruhig und unbeweglich an ein und derselben Stelle. Vielmehr haben sie die Eigenschaft, sich je nach herrschender Temperatur zu bewegen. Nur beim absoluten Nullpunkt hört diese Bewegung auf, das ist bei etwa −273 °C.

In einem Gas sind die Atome untereinander frei beweglich. Sie fliegen kreuz und quer durcheinander und es entstehen fortwährend Zusammenstöße mit den anderen Atomen des Gases. Die Geschwindigkeit der Atome ist dabei von der Temperatur abhängig und

schon bei Zimmertemperatur ist sie zum Teil höher als die Schallgeschwindigkeit. Erwärmt man das Gas immer mehr, dann sind die Zusammenstöße durch die höhere Geschwindigkeit irgendwann so heftig, daß Elektronen in eine mögliche höhere Bahn angehoben werden, und beim Zurückfallen meist farbiges Licht abgestrahlt wird.

In einem festen Körper sieht es jedoch ganz anders aus. Das Metall Wolfram etwa, aus dem die Glühdrähte der Glühbirnen gefertigt sind, schmilzt erst bei rund 3400 °C. Wird Wolfram erhitzt, dann schwingen seine Atome natürlich ebenfalls hin und her. Dabei kommen sich die einzelnen Atome, salopp ausgedrückt, gegenseitig ins Gehege und stoßen zusammen. Jeder Zusammenstoß findet mit einem völlig anderen

Energiebetrag statt; da die Energie des Zusammenstoßes ja irgendwohin muß, kann ein Elektron auf eine ganz bestimmte Umlaufbahn gehoben werden. Beim Zurückfallen der Elektronen auf ihr ursprüngliches Niveau werden somit Photonen der unterschiedlichsten Energien bzw. Frequenzen abgestrahlt.

Durch die gegenseitige Beeinflussung der räumlich beengten, benachbarten Atome und deren Elektronen, können eine Vielzahl verschiedener Umlaufbahnen unterschiedlicher Energiezustände möglich werden. Die abgestrahlten Photonen haben jeweils andere Energie, und dieses Gemisch der Frequenzen oder auch Farben ergibt bei Temperaturen über 2000 °C Licht weißer Farbe. Dies kann man anhand der Farbkreise leicht überprüfen, die wir eingangs ja schon vorgestellt haben.

Ein Apfel als Lichtquelle?

Es gibt zwei Arten von Lichtquellen. Die einen erzeugen Licht, indem durch Zufuhr von Energie Elektronen angehoben und bei deren Zurückfallen Photonen erzeugt werden. Sonne, Feuer, Glühbirnen, Entladungslampen aber auch fluoreszierende Farben sind einige Beispiele dafür. Diese Lichtquellen werden *Selbstleuchter* genannt. Die Farbe dieser Selbstleuchter ergibt sich aus der jeweiligen Energie der Photonen. Bisweilen besteht farbiges Licht nur aus wenigen Spektrallinien wie bei der Natriumdampflampe, manchmal aber auch aus einem kontinuierlichen Spektrum, in dem ein bestimmter Spektralbereich überwiegt.

Die rotglühende Herdplatte ist dafür ein Beispiel.

Wir sind aber von einer Vielzahl von Gegenständen umgeben, die gleichfalls Licht aussenden und dennoch nicht von sich aus leuchten. Sie reflektieren auftreffendes Licht, und man nennt sie daher *Fremdleuchter.*

Ein rotbackiger Apfel, ein weißer Kühlschrank, ein gelbes Auto oder ein braunes Stück Holz sind alles Gegenstände, die selbst kein Licht erzeugen. Trotzdem dringt von ihrer Oberfläche farbiges Licht an unsere Augen, auch wenn sie mit weißem Licht beleuchtet werden. Wie entsteht der farbige Eindruck dieser Gegenstände?

Licht wird an der Grenzfläche zweier unterschiedlich *optisch dichter* Medien ganz oder teilweise reflektiert. Entweder durchdringt das Licht die Schichtgrenze, etwa eine Glasscheibe, oder das Licht wird gespiegelt. Mehr im Kapitel „Eine kleine Einführung in die Optik" ab *Seite 98.*

Die Reflexion oder die Spiegelung ist jedoch, wie Sie aus eigener Anschauung wissen, eine große Ausnahme. Die Regel ist, daß Licht von einem Körper nicht vollkommen zurückgeworfen wird oder ihn durchdringt. Die Welt besteht ja nicht nur aus spiegelnden oder durchsichtigen Körpern. In nahezu allen Fällen schluckt ein Gegenstand einen Teil des auftreffenden Lichtes, er absorbiert es. Dem reflektierten Rest des Lichtes, der anschließend unser Auge erreicht, fehlt dann ein Teil des Spektrums. Der beleuchtete Gegenstand erscheint farbig, obwohl zuvor weißes Licht auf ihn auftraf. Wird ein Gegenstand von weißem Licht beleuchtet und erscheint rot, dann schluckt er den blauen und den grünen Teil des Spektrums und reflektiert den roten Teil (*Abbildung 8*). Bei einem gelben Körper wurde dagegen nur der blaue Teil des Lichtes absorbiert, der rote und grüne Teil des Spektrums werden reflektiert und ergeben zusammen die Farbe Gelb. Sie können das anhand der Farbkreise auf *Seite 18* überprüfen. Das reflektierte Licht eines solchen Fremdleuchters kann niemals Spektrallinien enthalten, die nicht zuvor von der Lichtquelle ausgesandt wurden, da er das reflektierte Licht nicht verändert. Die Energie des absorbierten Lichtes

Abb. 8: Ein Gegenstand wird von weißem Licht beleuchtet; er absorbiert den blauen und grünen Anteil des Lichts und reflektiert den roten Teil.

wird nicht in Licht, sondern in Wärme umgewandelt. So wird auch klar, warum sich ein schwarzes Auto im Sommer sehr viel stärker erwärmt als ein weißes. Ein weißes Auto reflektiert alle Frequenzen des Sonnenlichtes, die zusammen wieder weißes Licht ergeben und bleibt so recht kühl; dagegen absorbiert ein schwarzes Auto sämtliches auftreffendes Licht und wandelt es in Wärme um. Es heizt sich auf. Schwarz ist so gesehen eigentlich keine Farbe, sondern das Fehlen von reflektiertem Licht.

Welche Frequenzen des auftreffenden Lichtes ein Gegenstand reflektiert und welcher absorbiert, hängt immer von dem Material ab, aus welchem er besteht. Die Farbe gibt darum eine gewisse Auskunft über die Eigenschaft eines Körpers. Besonders aufschlußreich ist das bei den Pflanzen. Sie können das im Kapitel über die Pflanzenbeleuchtung ab *Seite 68* nachlesen.

Die Maßeinheiten der Lichtwellen

Licht breitet sich mit gleichbleibender Geschwindigkeit aus. Im Vakuum legt es in einer einzigen Sekunde rund 300 000 km zurück, das ist ¾ der Entfernung von der Erde zum Mond! So schnell sich Licht auch ausbreiten mag, gegenüber den kosmischen Dimensionen verblaßt seine Geschwindigkeit wieder. Das Licht der Sonne braucht zwar nur etwa 8 Minuten bis zur Erde. Um aber nur unsere Milchstraße zu durchqueren ist das Licht schon 100 000 Jahre unterwegs. Wie weit muß dann eine Milchstraße von uns

entfernt sein, deren Licht Millionen oder Milliarden Jahre unterwegs ist, ehe es die Erde erreicht? Angesichts solcher Maßstäbe kommt einem die Erde plötzlich doch recht klein und verloren vor.

Man kann Licht als Welle betrachten, die sich mit gleichbleibender Geschwindigkeit ausbreitet. Innerhalb einer Sekunde treffen immer gleich viele Wellenkämme und -täler des Lichtes im Auge oder in einem Meßgerät ein. Die *Frequenz* (lat. frequentia = Häufigkeit) dieser Wellen wird in Schwingungen pro Sekunde angegeben, die *Wellenlänge* in tausendstel Millimeter, Mikrometer (μm) genannt. In *Abbildung 7* haben wir den Zusammenhang zwischen Frequenz und Wellenlänge schon einmal kurz dargestellt. Treffen innerhalb einer Sekunde 2 Wellen im Meßpunkt ein, dann beträgt die Frequenz 2 Hertz (Hz) oder 2 Schwingungen pro Sekunde. Sind es dagegen doppelt so viele, dann ist auch die Frequenz doppelt so hoch. Die Wellenlänge ist dann aber auch nur halb so lang.

Um die Eigenschaften der Lichtwellen zu beschreiben, ist es innerhalb eines Mediums (etwa Luft oder Glas) gleich, welche dieser beiden Einheiten man zu Hilfe nimmt, die Frequenz − auch Schwingungszahl genannt − oder die Wellenlänge.

Die Lichtgeschwindigkeit ist allerdings in jedem Medium anders. Im Vakuum ist sie am größten, genau 299 792,46 km/s. In der Luft sind es rund 88 km/s weniger, im Wasser beträgt sie sogar rund ein Viertel weniger, etwa 225 407 km/s und in Glas „nur" noch 199 861 km/s. Die Geschwindigkeit des Lichtes bleibt nur innerhalb einer Substanz gleich − eben die dem Me-

dium entsprechende Lichtgeschwindigkeit. Was geschieht aber, wenn Lichtwellen beim Übergang in ein anderes Medium abgebremst werden? Aus eigener Anschauung können Sie sicherlich bestätigen, daß sich die Farbe des Lichtes dabei nicht ändert.

Bestimmt wird die Farbe des Lichtes durch seinen Energiegehalt, gemessen als Anzahl der Schwingungen pro Sekunde. Da dieser ja gleich bleibt, kann sich bei der Verlangsamung des Lichtes nur die Wellenlänge ändern. Die Welle wird dann sozusagen etwas gestaucht, d. h. der Abstand der Wellenberge und -täler wird etwas kleiner.

Die Maßeinheit Hertz (Hz) für die Messung der Frequenz des Lichtes ist für die winzigen Dimensionen des Lichtes reichlich grob. Wir nehmen mit unseren Augen elektromagnetische Wellen als Licht wahr, deren Frequenz zwischen 400 und 750 Billiarden (!) Schwingungen pro Sekunde beträgt.

Auch die Winzigkeit der Wellenlänge des sichtbaren Lichtes läßt sich nur schwer vorstellen. Sie beträgt 0,4 bis 0,77 μm (1 μm = 1/1000 Millimeter).

Das gesamte Spektrum der elektromagnetischen Wellen reicht von den Wellen, die vom Stromnetz erzeugt werden mit nur 50 Schwingungen pro Sekunde und Wellenlängen von 10 000 km bis zur Höhenstrahlung aus dem Weltraum, mit einer Frequenz von 10^{24} Schwingungen pro Sekunde, das ist eine 1 mit 24 Nullen (vgl. *Abbildung 6*).

Licht durch hohe Temperatur – Farbtemperatur

Man kann im Haushalt zwei wichtige Gruppen von Lichtquellen unterscheiden. Die einen erzeugen Licht durch Erhitzen eines Materials, man nennt sie *Temperaturstrahler* – ein Beispiel ist die Glühbirne. Bei den anderen werden die Moleküle eines Gases durch einen Elektronenstrahl zur Aussendung von Licht angeregt, sogenannte *Lumineszenzstrahler*. Die Neon- und Argonröhren sind ein Beispiele für diese Gruppe. Zuerst zu den Temperaturstrahlern. Wir haben einen Vertreter dieser Gruppe schon ausführlich kennengelernt, es war der Elektroherd in unserem kleinen „Experiment". Die Beobachtungen, die wir dort machen konnten, sind durchaus typisch für diese Art von Lichtquellen. Im Gemisch aller Lichtfarben, die er abgibt, wird der Anteil der energiereichen Frequenzen mit zunehmender Temperatur immer größer, da die Energie der Zusammenstöße ebenfalls immer größer wird. Die Physik hat sich – sozusagen zur Eichung – den perfekten Temperaturstrahler, den sogenannten schwarzen Strahler, ausgedacht, der in Abhängigkeit von seiner Temperatur Licht ganz bestimmter Frequenzen freisetzt. Das Licht aller Lichtquellen kann nun mit dem Licht dieses schwarzen Strahlers verglichen werden. Stimmt die Färbung der Lichtquelle mit der eines passenden schwarzen Strahlers überein, dann ist die Temperatur des schwarzen Strahlers die Farbtemperatur der getesteten Lichtquelle, auch wenn dieses Licht ganz anders zusammengesetzt sein

sollte. So kann auch für Lichtquellen, deren Licht gar nicht durch hohe Temperaturen erzeugt wird, eine Farbtemperatur angegeben werden. Diese ermöglicht dann den Vergleich des Lichtes mit anderen Lichtquellen. Dies ist gerade bei Leuchtstoffröhren sehr praktisch.

Man gibt diese Temperaturen üblicherweise in Kelvin (K) an. Die Kelvin-Skala hat ihre Null im absoluten Nullpunkt bei etwa −273,15 °C. Sie müssen also nur von jeder Kelvintemperatur 273 abziehen, um die Celsiustemperaturen zu erhalten. 300 K (gesprochen 300 Kelvin) entsprechen also etwa 23 °C.

In *Abbildung 9* haben wir die Helligkeiten der einzelnen Frequenzen für verschiedene Temperaturen des schwarzen Strahlers aufgetragen. Sie können

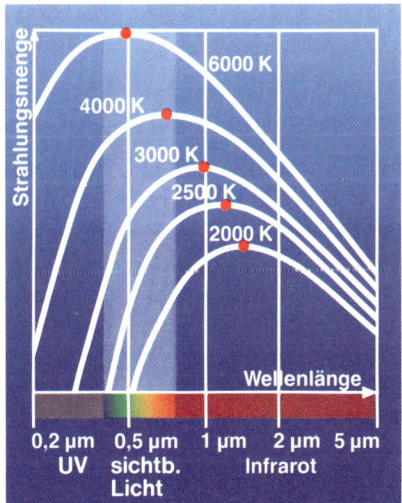

Abb. 9: Bei verschiedenen Temperaturen wird eine unterschiedliche Menge Strahlung abgegeben. Nur ein geringer Teil entfällt auf den sichtbaren Bereich; der Rest ist Wärme und UV-Licht.

leicht sehen, daß der Anteil der blauen Farben mit zunehmender Temperatur stark zunimmt. Darüber hinaus ist eine weitere Eigenschaft aller Temperaturstrahler zu sehen: der überwiegende Teil der abgestrahlten Energie wird bei niedrigen Temperaturen als Wärme abgestrahlt. Erst bei Temperaturen über etwa 4000 K erreicht das Maximum der Strahlung den sichtbaren Bereich. Ab etwa 2500 K wird ein immer größerer Teil des Lichtes im ultravioletten Bereich abgegeben.

Bedeutsam für die technische Anwendung ist, daß in die Berechnung der Gesamtmenge des abgestrahlten Lichtes die Temperatur in viel größerem Maße eingeht als etwa die Größe des leuchtenden Körpers. Die Gleichung lautet:

> abgestrahltes Licht = (Fläche des Körpers) × (Temperatur des Körpers)^4 × Konstante (hier unwichtig)

Die Gleichung besagt, daß sich die Lichtmenge zwar verdoppelt, wenn man die Größe des leuchtenden Körpers verdoppelt (z. B. zwei Glühbirnen statt einer), sie sich jedoch versechzehnfacht, wenn man durch technische Tricks die Temperatur der Glühwendel verdoppeln kann!

Licht durch Lumineszenz

Die Lichterzeugung der anderen Gruppe beruht auf einem völlig anderen Prinzip, nämlich der *Lumineszenz*. Natürlich entsteht das Licht auch hier wieder durch Zurückfallen von Elektronen von einer höheren auf eine niedrigere Bahn. Der Unterschied zu den Temperaturstrahlern liegt allerdings in der Art und Weise begründet, *wie* die Elektronen angeregt werden.

Bei der Lumineszenz zwingt keine hohe Temperatur die Atome und Moleküle des Füllgases zu Kollisionen und damit verbundener Anregung, vielmehr werden die Elektronen durch eine Kollision mit einem anderen Elektron oder einem Photon auf eine höhere Bahn gebracht. Dies muß nicht durch Einsatz von Elektrizität in einem Leuchtkörper geschehen, es gibt auch Farbstoffe, die z. B. unsichtbares ultraviolettes Licht in sichtbares Licht umwandeln oder sogar noch geraume Zeit nachleuchten (vgl. *Abbildung 1, Seite 112*).

Licht, das auf diese Weise entsteht, besteht im Normalfall nur aus einigen wenigen Frequenzen, da hier die Elektronen nur auf wenige mögliche Energieniveaus angehoben werden können. Um einen angenehmen Lichteindruck zu erzielen, ist es notwendig, ein Gemisch verschiedener Atome zum Leuchten anzuregen.

Lichtquellen, die auf der Lumineszenz beruhen, gehen meist sehr sparsam mit der eingesetzten Energie um. So ist die weite Verbreitung dieser Lichtquellen leicht zu verstehen, denn bei stetig wachsenden Energiekosten wird der Einsatz solcher Lichtquellen immer lohnender. Darüber hinaus bietet sich durch das Einsparen von Strom ein bequemer Weg nebenbei die Umwelt zu entlasten. Der Spareffekt ist darum bei Lichtquellen dieses Typs sehr wichtig.

Verschiedene Lichtquellen

Abb. 1: Die Sonne — wichtigste Energiequelle für die Erde.

Die Sonne

Die Lichtquelle, von der wir auf der Erde gänzlich abhängen, ist die Sonne. Sie besteht aus 75% Wasserstoff, 23% Helium und 2% schwereren Elementen. Obwohl die Sonne im Vergleich mit anderen Himmelskörpern ein relativ kleiner Stern ist, ist sie dennoch etwa 330 000 mal schwerer als unsere Erde. Diese große Masse ist der Grund dafür, daß im Inneren der Sonne ein Druck von etwa 200 Milliarden bar herrscht. Diese Zahl ist unvorstellbar, wenn man bedenkt, daß der normale Luftdruck auf Meeresniveau bei uns auf der Erde etwa 1 bar beträgt. Der Luftdruck in einem Autoreifen liegt normalerweise bei 3 bar (2 atü).

Dieser gewaltige Druck im Innern der Sonne bewirkt, daß jeweils zwei Wasserstoffatome zu einem Heliumatom verschmelzen können. Bei diesem Vorgang, Kernfusion genannt (lat. fusio = das Schmelzen), wird eine Million mal mehr Energie frei als bei einer chemischen Reaktion, etwa einer Verbrennung. Diese enorme Energie heizt den Sonnenkern auf eine Temperatur von etwa 15 Millionen °C auf. Noch 696 000 km vom Kern entfernt — das ist etwa 1,8 mal die Entfernung von der Erde zum Mond — an der Oberfläche der Sonne, beträgt die Temperatur 5800 K (ca. 5500 °C). Dies ist auch die

Farbtemperatur des auf der Erde auftreffenden Sonnenlichtes.

Aufgrund der hohen Temperaturen sendet die Sonne jedoch elektromagnetische Wellen unterschiedlichster Art aus, die aber nur etwa zur Hälfte in der Lage sind, unsere Atmosphäre zu durchdringen. Das ist auch gut so, denn unter ihnen befinden sich viele, für uns sehr schädliche, energiereiche Strahlen, z. B. UV-Strahlen. Sie werden weitgehend in der Ozonschicht im unteren Teil der Atmosphäre in einer Höhe von 12 bis 40 km absorbiert. Ohne diesen natürlichen Schutzwall würde die Zunahme dieser Strahlung zu einem erheblichen Zuwachs an Hautschädigungen und sogar Hautkrebs führen. Aus dieser Sicht ist die harsche Kritik an den Treibgasen der Sprühdosen, den Fluorchlorkohlenwasserstoffen verständlich. Diese führen langfristig zur Zerstörung der Ozonschicht. Wir können nur hoffen, daß das in der Antarktis beobachtete, sich immer weiter ausbreitende Loch in der Ozonschicht nicht schon den ersten Schritt der Auflösung darstellt und uns noch genügend Zeit zum Gegensteuern verbleibt.

Das Feuer

Das Feuer hat in Tausenden Jahren seiner Nutzung durch den Menschen immer noch nicht an Reiz verloren. Man muß wirklich kein krankhafter Pyromane sein, um ein prasselndes Kaminfeuer schön zu finden. Aber auch das Licht einer Kerze ist überaus wohltuend, wie Sie sicherlich gerne bestätigen.

Diese wunderschöne Erscheinung des Feuers ist genaugenommen nur das Nebenprodukt einer chemischen Reaktion. Reagiert ein Stoff mit dem chemischen Element Sauerstoff, nennt man diesen Vorgang *Oxidation* (griech. oxys = scharf, sauer). Das muß nicht unbedingt bei hohen Temperaturen erfolgen, wie Sie an der Oxidation des Eisens sehen können — der Rost bildet sich im Verborgenen. Bei manchen Oxidationen wird aber auch soviel Energie frei, daß sich eine Flamme bildet. Um diesen Vorgang zu starten, muß häufig zu Beginn Energie zugeführt werden; wir sprechen dann vom *Zünden*. Bei einer Kerze etwa erfolgt das Anzünden mit einem Streichholz, danach läuft die Reaktion aber unter Abgabe von Wärme selbsttätig weiter. Der Chemiker nennt das eine *exotherme Reaktion*. Je nach Brennmaterial und Sauerstoffversorgung kann die dabei entstehende Flamme die unterschiedlichsten Temperaturen annehmen. Hier sei nur an Schweißgeräte erinnert, die sogar Stahl zum Schmelzen bringen. Verbrennt man zum Beispiel das giftige Gas Zyan, eine Verbindung aus je zwei Stickstoff- und Kohlenstoffatomen, dann ergibt sich eine Temperatur von 4500 °C — eine ähnliche Verbindung mit vier Kohlenstoffatomen verbrennt unter hohem Druck mit Ozon bei einer Temperatur von 6000 °C!

Die Flamme muß selbst einer sehr heißen Reaktion nicht unbedingt besonders hell sein, die Farbe hängt dabei meist von den beteiligten Substanzen ab. Beim Holzfeuer verbrennen nicht nur die Hauptbestandteile, Zellulose und Lignin, sondern auch alle Nährstoffe und sonstigen Substanzen, die

beim Fällen des Baumes darin enthalten waren. Das vielfältige Farbenspiel, das bisweilen beobachtet werden kann, wird zumeist von diesen, die Flamme färbenden Bestandteilen hervorgerufen, wenngleich ein wesentlicher Beitrag auch durch glühende, unverbrannte Rußpartikel entsteht. Interessant ist auch das Innenleben einer Kerzenflamme. Dies können Sie auf *Seite 121* im Kapitel „Kerzen — selbstgemacht" nachlesen.

Wie berechnet man Lichtstärke?

Wenn Sie z. B. in einem Lampenkatalog nachschauen, wie hell eine bestimmte Glühbirne ist, dann finden Sie die Einheiten für die Lichtstärke meist mit Candela (cd) bezeichnet. Dieser Name ist gut gewählt, er kommt aus dem Lateinischen und bedeutet Talg- bzw. Wachslicht oder Kerze. Mit einer richtigen Kerze hat die Einheit direkt nichts zu tun, es ist wie das Meter eine willkürlich festgelegte Meßgröße, allerdings für Licht. Dennoch hat eine durchschnittliche Kerze eine Lichtstärke, die in der Größenordnung von 1 cd liegt.

Mit der Lichtstärke pro Flächeneinheit, also Candela pro Quadratzentimeter der sichtbaren Lichtquelle, kann man den Helligkeitseindruck einer leuchtenden Fläche beschreiben. Dazu einige Beispiele:

Mittagssonne 150 000 cd/cm^2
matte Glühbirne 5 − 50 cd/cm^2
Kerze 0,75 cd/cm^2
Leuchtstofflampe 0,35 − 1,4 cd/cm^2
klarer Himmel 0,3 − 0,5 cd/cm^2
Mond 0,25 cd/cm^2

Eine andere Einheit, die ebenfalls häufig angegeben wird, ist das Lumen (lat. = Licht), das den Lichtstrom bezeichnet. Die beiden Einheiten Lumen (lm) und Candela hängen voneinander ab. Das Lumen ist eine wichtige Einheit. Für jede Lampe gibt es Angaben, wieviel Lumen sie pro Watt elektrischen Stroms abgibt. So können Sie leicht die Wirtschaftlichkeit einer Lampe abschätzen. Die modernsten Lampen in der Straßenbeleuchtung erreichen etwa 200 lm/W, eine herkömmliche Glühbirne etwa 15 lm/W. Diese Angaben können z. B. für Gewerbebetriebe sehr wichtig sein.

Wenn Sie eine dieser Angaben, also Lumen oder Candela haben, können Sie sogar berechnen, wieviel des abgestrahlten Lichtes auf einer Fläche ankommt.

Die Maßeinheit für das auf einer Fläche auftreffende Licht ist das Lux (lx), die Beleuchtungsstärke. Eine Beleuchtungsstärke von 1 lx liegt vor, wenn ein Lichtstrom von einem Lumen auf eine Fläche von einem Quadratmeter auftrifft.

Die Beleuchtungsstärke auf einer angestrahlten Fläche hängt entscheidend von der Entfernung der Lichtquelle ab. Die Formel lautet:

$$\text{Beleuchtungsstärke (in Lux)} = \text{Lichtstärke (in Candela)}/(\text{Entfernung in Meter})^2$$

Diese Formel besagt, daß das Licht einer Lichtquelle mit dem Quadrat der Entfernung abnimmt, d. h. in 2 Metern Entfernung ein Viertel und in vier Metern Entfernung nur noch $1/16$ des ursprünglichen Wertes beträgt.

Bei allen fertig montierten Halogenspots und Reflektorlampen können Sie diese Formel direkt anwenden, da deren Lichtstärke meist schon im Katalog oder auf der Packung passend angegeben ist. Beachten müssen Sie dann nur noch den Abstrahlwinkel, in dem das Licht abgestrahlt wird. Dieser Winkel entscheidet über die beleuchtete Fläche, also den Durchmesser des Lichtkreises. Damit Sie nicht rechnen müssen, haben wir in der Tabelle (vgl. *Abbildung 2*)einige Beispiele für den Durchmesser dieser Lichtkreise für verschiedene Entfernungen angegeben.

Entfer-nung	Abstrahlwinkel				
	4°	10°	15°	25°	40°
1 m	3 cm	17 cm	27 cm	44 cm	73 cm
2 m	14 cm	35 cm	53 cm	85 cm	145 cm
3 m	20 cm	52 cm	80 cm	132 cm	219 cm
4 m	28 cm	70 cm	106 cm	176 cm	290 cm

Abb. 2: Durchmesser der Lichtkegel verschiedener Reflektorlampen.

Bei Leuchtkörpern, die gleichmäßig in alle Richtungen leuchten, wie etwa Glühbirnen, ist eine solche Berechnung des ankommenden Lichtes kaum noch durchzuführen. Sie könnten zwar eine Angabe in Lumen auch auf Candela umrechnen, indem Sie einfach durch 12,5 teilen. Eine 100 W-Glühbirne mit 1000 Lumen hat demnach eine Lichtstärke von 80 cd. In die obige Formel eingesetzt ergäbe sich somit in 2 Metern Entfernung eine Beleuchtungsstärke von nur noch 20 Lux.

Dies gilt allerdings nur, wenn das restliche Licht völlig verloren wäre, z. B. im Weltraum. In Ihrer Wohnung jedoch wird das Licht, das sein Ziel nicht direkt erreicht, von Wänden und Möbeln zurückgeworfen und ist daher zum Teil als indirektes Licht nutzbar. Auf eine genaue Berechnung der sich so ergebenden Helligkeit müssen Sie in diesem Fall verzichten, denn jeder Untergrund reflektiert Licht unterschiedlich. Nur wenn Sie das ganze Licht der Lampe auf eine genau definierbare Fläche auftreffen lassen, können Sie die Lichtstärke vorhersagen. Dafür benötigt man aber einen Reflektor.

Die glücklichen Besitzer einer Spiegelreflexkamera mit eingebautem Belichtungsmesser können die Beleuchtungsstärke wenigstens in Größenordnungen einschätzen. Hierfür benötigen Sie das beim Kauf meist mitgelieferte 50 mm Objektiv und eine sogenannte Grauwertkarte. Grauwertkarten der großen Filmproduzenten gibt es im Fotozubehörhandel, sie sind mit Preisen über 20 DM allerdings nur für Fotoamateure interessant.

Behelfen können Sie sich jedoch mit einem grauen Karton, der die Rückseite vieler Schreibblöcke bildet, oder mit einer dichtbedruckten Kleinanzeigenseite Ihrer Tageszeitung. Dadurch ergibt sich höchstens eine Verschiebung von einer halben Blendenstufe. Stellen Sie zur Messung Ihre Kamera auf eine Filmempfindlichkeit von 100 ASA (21° DIN) und die Schärfe auf unendlich. Nun legen Sie den Karton auf Ihren Arbeitsplatz und betrachten ihn formatfüllend durch den Sucher. Durch Verstellen der Blende versuchen Sie nun auf eine Belichtungszeit von $1/8$ Sekunde zu kommen. In der folgenden Tabelle können Sie ablesen, welche Beleuchtungsstärke (in Lux) der erhaltenen Blende entspricht.

Blende	Lux
1,8	100
2,8	210
4	420
5,6	840
8	1700
11	3400
16	6800

Manchmal kann sich der Belichtungsmesser nicht zwischen zwei Belichtungszeiten entscheiden und wechselt immer wieder zwischen zwei Werten. Dann liegt die Lichtstärke genau zwischen den beiden in Frage kommenden Blenden.

Reflektoren sparen Energie

Ein Reflektor bewirkt, daß das von der Lichtquelle erzeugte Licht nicht in alle Richtungen abgestrahlt wird, sondern nur auf eine begrenzte Fläche trifft. Es gibt die verschiedensten Arten von Reflektoren: manche bündeln das Licht sehr eng, manche wiederum erzeugen einen diffusen Lichtkegel. Allen ist jedoch gemeinsam, daß sie helfen, Strom zu sparen, und so verhindern, daß Licht ungenutzt verlorengeht.

Im vorhergehenden Abschnitt konnten Sie nachrechnen, daß eine freihängende Glühbirne in zwei Metern Entfernung nur eine Beleuchtungsstärke von 20 Lux erzielt. Gelingt es jedoch, das gesamte Licht einer 100 W-Glühbirne durch einen Reflektor auf eine 2 Meter entfernte Fläche von 1 m^2 zu lenken, ergibt sich eine Beleuchtungsstärke von 1000 Lux – das 50fache der Beleuchtungsstärke ohne Reflektor! Leider geht auch in einem Reflektor noch etwas Licht verloren, weil eine

weißlackierte Fläche ebenso wie ein Spiegel nur rund 80–85% des auftreffenden Lichtes reflektiert und selbst eine hochpolierte Silberfläche noch rund ein Zehntel schluckt.

Wenn Sie eine Schreibtischlampe besitzen, die gar nur 60% des erzeugten Lichtes auf die Arbeitsfläche strahlt, können Sie trotzdem mit einer einfachen 60 W-Birne noch eine Helligkeit von 440 Lux auf einen Quadratmeter beleuchteter Fläche erhalten. Das ist schon ein ganz guter Wert. Würden Sie versuchen, diese Helligkeit mit einem Kronleuchter zu erzielen, wäre es notwendig, ein Vielfaches an Energie aufzuwenden.

Je punktförmiger eine Lichtquelle ist, desto stärker läßt sie sich durch einen Reflektor bündeln, da der Verlauf der Lichtstrahlen genau vorhergesagt werden kann (vgl. *Abbildung 3*). Aus diesem Grund sind moderne Halogenbirnen gut als Effektstrahler geeignet, denn sie besitzen eine sehr kurze Glühwendel, die dem Ideal einer punktförmigen Lichtquelle recht nahekommt.

Glühlampen

Herkömmliche Glühlampen

Die Glühlampen haben sich im Prinzip seit Edison nicht wesentlich verändert. Allerdings wurden große Fortschritte bei den eingesetzten Materialien und der Verarbeitung gemacht. Von der Leuchtkraft und Haltbarkeit moderner Glühlampen konnte man damals aber nur träumen.

Bei der Glühlampe entsteht das Licht nicht wie bei der Kerze durch Verbrennung, sondern dadurch, daß sich von elektrischem Strom durchflossene Drähte bei genügend großer Stromstärke erwärmen. Wird nun ein dünnes Drahtstück an relativ dicke Zuleitungen angeschlossen, stellt dieser dünne Draht einen Engpaß, oder anders gesagt einen hohen Widerstand für den Strom dar. Bei genügend hoher Stromstärke beginnt der Draht zu glühen. An der Luft würde der Draht bei diesen hohen Temperaturen direkt mit Sauer-

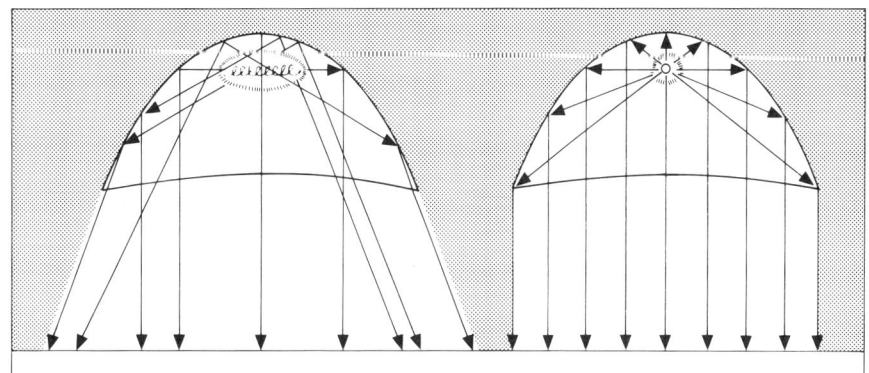

Abb. 3: Strahlengang in Reflektoren. Je punktförmiger eine Lichtquelle ist, desto besser läßt sich ihr Licht bündeln.

stoff reagieren, d. h. oxidieren, und dadurch zerstört werden. Darum wurde dieser Draht von den Erfindern der Glühlampe in einen luftleer gepumpten Glaskolben eingeschlossen.

So kann zwar verhindert werden, daß der Draht oxidiert, doch noch ein anderer Prozeß kann der Lampe schaden. Der Glühdraht, die sogenannte *Wendel,* wird heute aus dem Metall Wolfram gefertigt, das sich durch den höchsten Schmelzpunkt (3410°C) aller Metalle auszeichnet. Bei den Temperaturen des Drahtes von etwa 2400°C sind die Wärmebewegungen der Wolframatome so stark, daß sich immer wieder Atome aus der Wendel lösen können und sich auf dem Glas des Kolbens niederschlagen. Das führt zur Schwächung der Wendel und zur Trübung des Glases. Beide Vorgänge sind unerwünscht, da sich die Lebensdauer der Glühlampe verkürzt und die Lichtleistung immer mehr abnimmt.

Wird der Kolben jedoch mit einem bestimmten Gas, z. B. Krypton gefüllt, behindert es das Herauslösen der Atome aus der Wendel. Eine solche Lampe kann daher ohne Verkürzung der Lebensdauer stärker erhitzt werden und hat somit eine höhere Lichtausbeute. Während eine normale

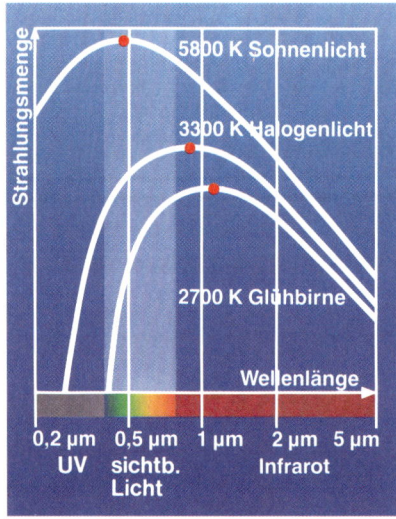

Abb. 4: Spektren des Sonnenlichts, eines Halogenlichts und einer Glühbirne.

100 W-Glühlampe eine Lichtausbeute von 13,8 lm/W erzielt, sind dies bei einer Kryptonlampe rund 15 lm/W.

Das Licht einer Glühlampe wird zumeist als sehr angenehm empfunden, da es entsprechend der Temperatur des Metalles von ca. 2400°C einen hohen Anteil an langwelligem Licht enthält. Das Sonnenlicht wird als grelleres Licht wahrgenommen, wie Sie in *Abbildung 4* sehen können. Leider sind Glühlampen eigentlich besser dazu geeignet, Ihre Wohnung zu beheizen als Licht zu spenden. Der überwiegende Anteil der Strahlung wird nämlich als Wärme abgegeben – rund 90% sind üblich.

Halogen-Lampen

Dies sind eigentlich ganz normale Glühlampen, die sich jedoch durch die besonders günstigen Eigenschaften des Füllgases von den herkömmlichen

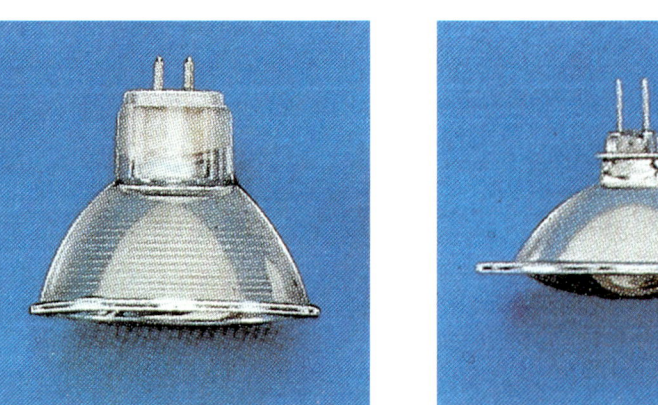

Abb. 5: Verschiedene Halogenlampen.

Glühlampen unterscheiden. Wie der Name schon sagt, besteht das Füllgas aus einem Halogen. Zu den Halogenen gehören die Elemente Fluor, Chlor, Brom, Iod und Astat. Am häufigsten wird jedoch Brom als Füllgas eingesetzt.

Brom bildet die Grundlage zu einem ganz erstaunlichen Kreisprozeß in der Glühlampe. Es liegt als Gas in Form von Molekülen vor, die aus jeweils zwei Bromatomen bestehen. Verläßt eines der Wolframatome die Wendel, dann kommt es irgendwann in Bereiche des Glaskolbens, die kälter als 1400 °C sind. Dort, in der Nähe der Glaskolbenwand, verbinden sich sofort drei der Brommoleküle mit einem Wolframatom zu Wolframbromid (vgl. *Abbildung 6*). Dieses gasförmige Wolframbromid schlägt sich nun nicht an der Kolbenwand nieder wie es das Wolframatom getan hätte, sondern es bleibt Bestandteil des Füllgases. Da das Füllgas aber zwischen heißer Wendel und Außenwand zirkuliert, kommt dieses Wolframbromid wieder in die unmittelbare Nähe der Wendel. Durch die enorme Temperatur, die dort herrscht, zerfällt es dort in seine Bestandteile. Das Wolfram setzt sich auf der Wendel ab und das Brom wird wieder frei für einen neuen Zyklus. Unterstützt wird dieser Vorgang durch den hohen Druck von 20 bar, mit dem das Füllgas eingefüllt wird. Der hohe Druck erschwert in gewissen Grenzen zusätzlich das Abdampfen des Wolframs.

Dieser Kreisprozeß und der hohe Druck ermöglichen eine wesentlich höhere Temperatur der Wendel von ungefähr 3000 °C. Aus dieser hohen Temperatur ergeben sich natürlich Vorteile bei der Lichtausbeute (vgl. *Abbil-*

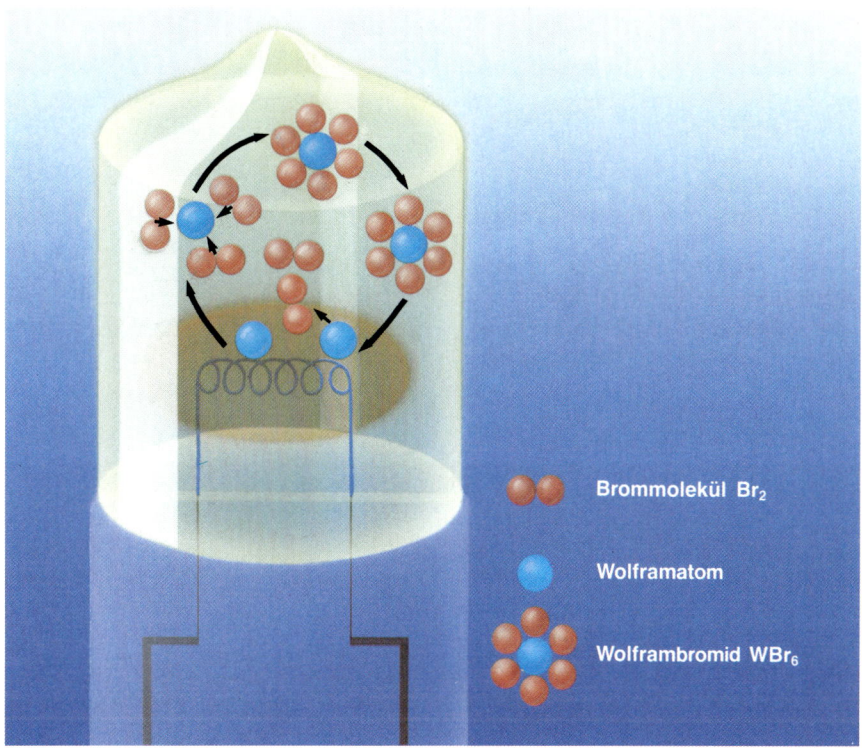

Abb. 6: Kreisprozeß in einer Halogenleuchte: Brommoleküle verbinden sich mit verdampftem Wolfram zu Wolframbromid; an der Glühwendel schlägt sich das Wolfram wieder nieder und Brom entweicht ins Gas.

Brommolekül Br_2

Wolframatom

Wolframbromid WBr_6

dung 4), da sich das Maximum der Strahlung an den sichtbaren Bereich annähert. Die Folge ist auch ein wesentlich weißeres Licht, das allerdings noch einen erheblich höheren roten Anteil besitzt als die Sonne mit ihren 5800 K.

Zudem kann die Lebensdauer mehr als das Doppelte betragen. Gegenüber einer herkömmlichen Glühbirne mit einer Haltbarkeit von 1000 Stunden erreicht eine Halogenlampe rund 2000 Stun-

den. Dabei hat eine 12 V/50 W-Halogenlampe etwa dieselbe Helligkeit wie eine normale 100 W-Glühlampe. Bei einer 100 W-Halogenlampe liegt die Lichtausbeute bei 20 lm/W.

Da das gasförmige Wolframbromid unter 250 °C wieder flüssig wird, ist es notwendig, den Glaskolben möglichst klein zu halten, sonst würde sich ja in einer kühlen Ecke der Lampe eine „Pfütze" bilden können. Dies hat jedoch zur Folge, daß das Glas der

Lampe sehr heiß wird — bis zu 600 °C sind möglich. Glassorten, die die hohen Temperaturen und den hohen Druck zuverlässig überstehen, stehen noch nicht sehr lange zur Verfügung, so daß die Verbreitung von Halogenlampen im Wohnbereich eigentlich erst beginnt. Die kleine Bauform bietet aber auch einige Vorteile. Wie schon erwähnt, kann dadurch der Druck des Füllgases höher gewählt werden als bei einer herkömmlichen Glühlampe. Günstig ist auch, daß die Halogenlampen kurze, robuste Glühfäden haben, die dadurch nicht nur länger halten, sondern deren fast punktförmige Lichtquelle es ermöglicht, das Licht sehr gut zu bündeln. Darum wird sie auch in Projektionsgeräten angewendet.

Es gibt Halogenlampen für Netzspannung und für den Niedervoltbereich von 6 V, 12 V und 24 V. Auch wenn Halogenlampen etwa die doppelte Lichtausbeute einer normalen Glühlampe bieten, senden sie trotzdem nur 15% ihrer Strahlung im sichtbaren Bereich aus, der Rest verpufft als Wärme. Im Gegensatz zu den später genannten Energiesparlampen kann bei den Halogenlampen der höhere Kaufpreis nicht immer über die Stromersparnis hereingeholt werden.

Warum dann also Halogenlampen? Zum einen führt die höhere Temperatur zu einer natürlicheren Lichtfarbe. Zum anderen haben die 12 V-Niedervoltlampen einen Vorteil, den man nicht hoch genug schätzen kann: Sie machen es möglich, daß auch informierte Laien an die Konstruktion einer Leuchte denken können, was bei einer Spannung von 220 V nur unter Vorbehalten möglich ist, wie wir später noch zeigen werden.

Fluoreszenzfarben

Sie haben richtig gelesen, wir zählen sogar eine Gruppe von Farbstoffen zu den Lichtquellen. Dies ist dann zulässig, wenn man als Lichtquelle Dinge festlegt, die mehr sichtbares Licht aussenden, als sie empfangen. Aber Vorsicht, es handelt sich bei den Fluoreszenzfarben nicht um das vielgesuchte Perpetuum Mobile, eine Maschine, die Energie aus dem Nichts erschafft! Für den unbedarften Beobachter mag dieser Eindruck entstehen.

Alle diese Stoffe sind dadurch gekennzeichnet, daß sie Licht, meist UV-Licht absorbieren und sichtbares Licht wieder abgeben. Im Kapitel „Freude mit schwarzem Licht" gehen wir ausführlich auf diese Art von „Lichtquellen" ein.

Entladungslampen

Luft ist wie die meisten Gase bei normalem Atmosphärendruck ein sehr guter Isolator. Anders wären die Überlandleitungen unserer Stromversorgung mit Spannungsunterschieden von bis zu 1 Million Volt auch gar nicht möglich. Ein winzig kleiner Teil Luftmoleküle ist dennoch fähig elektrischen Strom zu leiten. Durch die kosmische Strahlung aus dem Weltall und die natürliche radioaktive Strahlung aus dem Innern der Erde werden fortwährend Elektronen von ihren Atomen getrennt — es entstehen positiv geladene Ionen und freie Elektronen. Obwohl sie sich sehr schnell wieder verbinden, sind doch je Kubikzentimeter etwa je 1000 dieser Ionen und Elektronen ständig

vorhanden. Dieser Anteil ist verschwindend gering, vergleicht man ihn mit der Gesamtzahl der Moleküle. In der Luft wären dies ca. 30 Trillionen Luftmoleküle. Zur Erinnerung: eine Trillion ist eine 1 mit 18 Nullen!

Diese positiv und negativ geladenen Teilchen werden von stromführenden Drähten entgegengesetzter Ladung angezogen, doch sind sie in ihrer Wirkung aufgrund ihrer geringen Zahl bei normalen Luftdruck unerheblich (vgl. *Abbildung 7a*). Bringt man z. B. an beiden Enden einer mit Luft gefüllten Glasröhre Drähte an, die an einen Stromkreis mit hoher Spannung angeschlossen sind, dann wirkt das Gas als Isolator. Die Moleküle haben so wenig Bewegungsfreiheit, daß die geladenen Teilchen zwar durch die jeweils entgegengesetzte Ladung angezogen werden, durch die fortwährenden Zusammenstöße mit anderen Molekülen allerdings keine hohe Geschwindigkeit erreichen können.

Saugt man aber aus der Glasröhre den größten Teil der Luft heraus, ist die Luft plötzlich kein Isolator mehr, sondern leitfähig. Die geladenen Teilchen haben dann mehr Spielraum und erreichen auf dem Weg bis zum nächsten Zusammenstoß eine höhere Geschwindigkeit. Diese höhere Geschwindigkeit reicht sogar aus, um einem anderen Atom ein Elektron abzuschlagen (vgl. *Abbildung 7b*); man spricht dann von *Ionisation.*

Durch die Ionisation entstehen in der Entladungslampe immer neue geladene Teilchen, die ihrerseits durch die angelegte Spannung beschleunigt werden und wiederum Kollisionen hervorrufen. So entsteht im Nu eine immer größer werdende Zahl von Elektronen

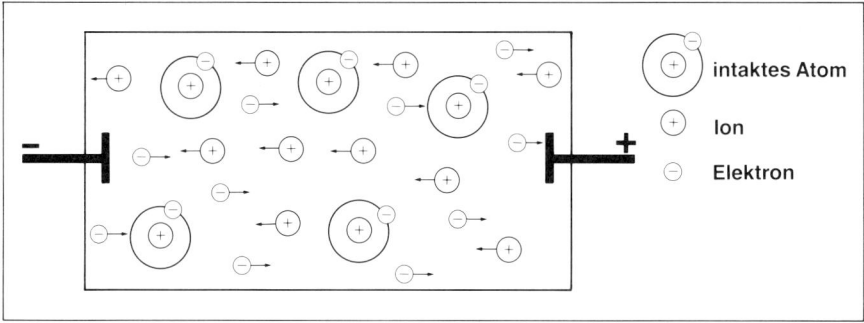

Abb. 7a): Die Vorgänge in einer Entladungsröhre: im ausgeschalteten Zustand liegen nur ein paar Ionen im Gas vor. Beim Einschalten der Entladungsröhre werden die Ionen bzw. Elektronen von den beiden Polen angezogen – der Strom fließt.

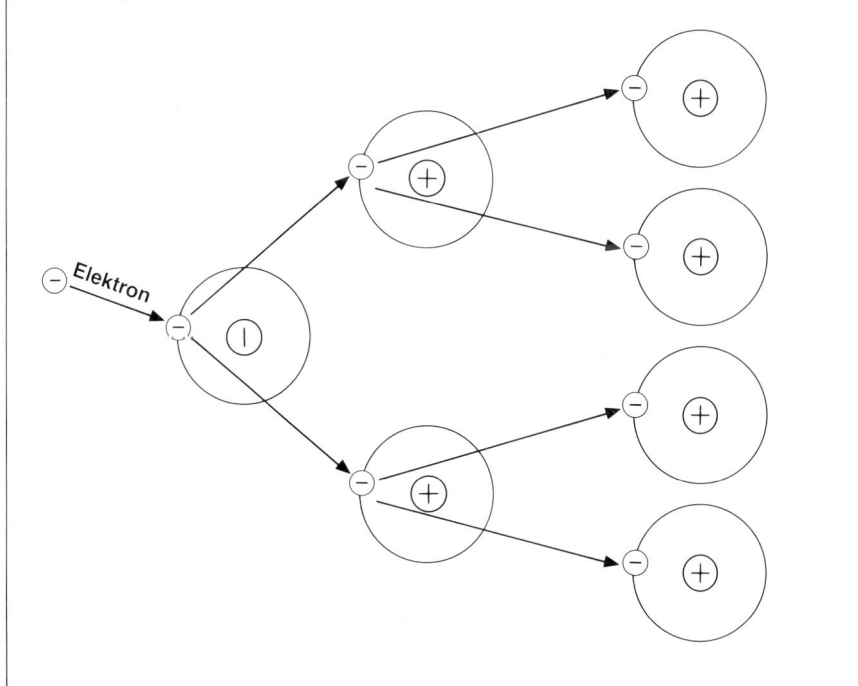

b) Durch eine Kettenreaktion steigt die Zahl der Ionen und freien Elektronen sprunghaft an.

und Ionen, die ihre Ladung durch die Röhre transportieren. So fließt Strom. Die Stromstärke nimmt schlagartig zu und muß sogar durch technische Maßnahmen begrenzt werden.

Ersetzt man die Luft durch ein anderes Gas oder Gasgemisch, läßt sich mit diesem Prinzip auch eine Lichtquelle erzeugen. Nutzbares Licht entsteht dann, wenn der Zusammenprall nicht ausreicht, um ein Elektron fortzureißen, sondern nur um ein Elektron auf ein höheres Energieniveau anzuheben. Die meisten Entladungslampen enthalten als Grundfüllung ein Edelgas, meist Neon.

Alle Entladungslampen haben eine Gemeinsamkeit. Da sie keine Temperaturstrahler sind, besitzen sie kein kontinuierliches Spektrum wie etwa eine Glühlampe. Das Licht besteht nur aus wenigen Spektrallinien. Je nachdem, welche Faktoren überwiegen, empfindet das menschliche Auge das Licht als angenehm oder auch nicht. Der große Vorteil gegenüber den Glühlampen ist die wesentlich bessere Stromnutzung, da nur ein sehr geringer Teil der Strahlung als Wärme abgegeben wird.

Man kann im wesentlichen zwei Hauptgruppen von Entladungslampen unterscheiden, die völlig unterschiedliche Eigenschaften besitzen. _Niederdruck-Entladungslampen_ sind mit einem Füllgas bestückt, dessen Druck etwa einem hunderttausendstel bis einem Millionstel des normalen Luftdruckes entspricht. Im Verhältnis zum Volumen leisten diese Lampen relativ wenig, sie haben im ganzen Entladungsraum eine gleichmäßige, niedrige Leuchtdichte und sind in ihrer Bauform meist etwas sperrig. Beispiele für solche Lampen sind Neonröhren für Leuchtreklame und herkömmliche Leuchtstoffröhren. Die andere Gruppe sind die *Hochdruck-Entladungslampen*. Sie werden mit einem Fülldruck betrieben, der bis zum neunfachen des Luftdrucks reicht. Sie besitzen kleine Brennräume, in denen die Entladung nur in einem kleinem Bereich stattfindet. Daher bieten sie die Möglichkeit, gleißend helles Licht zu erzeugen. Für den Hausgebrauch sind allerdings nur einige wenige Bauarten eingeführt. Beispiele sind Quecksilber- und Natriumdampf-Hochdrucklampen sowie Metalldampf-Halogenlampen.

Der Stroboskop-Effekt

Entladungslampen sind sehr stark von den Eigenschaften unseres Stromnetzes abhängig. Unser Stromnetz liefert Wechselstrom mit einer Frequenz von 50 Hz. Das bedeutet, daß der Strom hundertmal in der Sekunde die Richtung wechselt, in der er durch das Kabel fließt, wobei die Stromstärke beim Umdrehen sogar auf Null absinkt.

Bei einer Glühlampe hat dies keine Konsequenzen. Der Draht in der Birne kühlt in so kurzer Zeit natürlich nicht ab, so daß seine Temperatur und Helligkeit konstant bleiben. Bei einer Entladungslampe liegen die Dinge anders. Die Vorgänge in der Röhre erfolgen so blitzartig, daß die Lampe tatsächlich beim Umspringen des Stromes erlischt. Die Folge ist, daß die Lampe hundertmal in der Sekunde an ist und genauso oft aus. Normalerweise können Sie dieses Flackern nicht wahrnehmen, da unser Auge viel zu träge reagiert. Bei schnel-

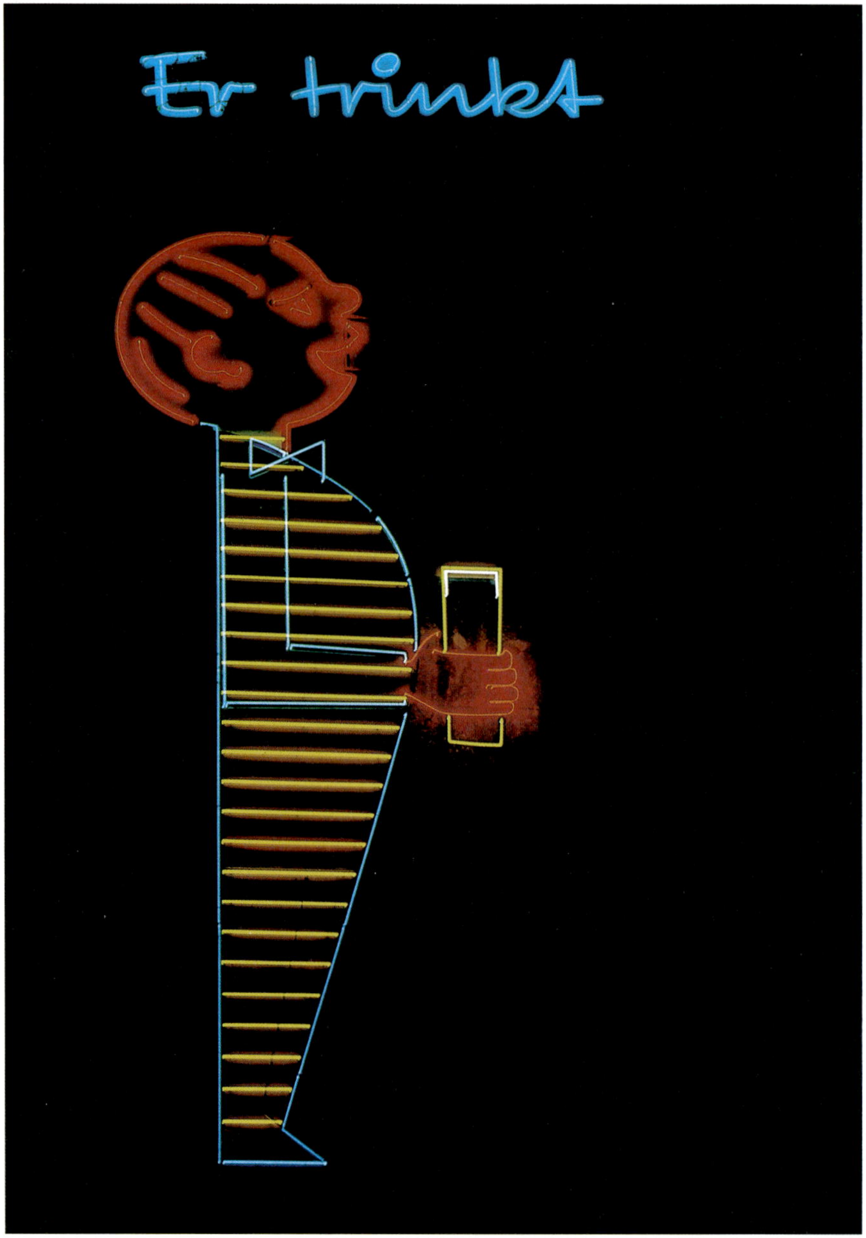

Abb. 8: Neonreklame

len Bewegungen stellen Sie den Stroboskop-Effekt, die Zerlegung der Bewegung in Einzelbilder, jedoch mitunter fest, da sich das bewegte Objekt in den Dunkelphasen nicht sichtbar und scheinbar weitergesprungen ist. Auch wenn Sie den Effekt nicht wahrnehmen und er Sie folglich nicht stört, kann dieses Flackern auf Dauer zur Ermüdung der Augen führen.

Gemildert wird das Flackern durch die Verwendung von Leuchtstoffen. Diese fluoreszierenden Farben strahlen das Licht etwas zeitversetzt aus, so daß die Helligkeitsunterschiede ein wenig gemildert werden. Mit speziellen Schaltungen können Sie den Effekt ebenfalls etwas abmildern. Bei den Leuchtstoffröhren gibt es inzwischen die Möglichkeit, den Stroboskop-Effekt durch spezielle Vorschaltgeräte auch ganz zu vermeiden. Auf die Schaltungen und die Vorschaltgeräte kommen wir später bei den Leuchtstoffröhren noch zurück.

Niederdruck-Entladungslampen

Neonröhren

Neonröhren zählen zu den Niederdruck-Entladungslampen. Eigentlich ist die genaue Bezeichnung Hochspannungs-Leuchtröhren. Neonröhren hört sich aber angenehmer an. Der Grund für den offiziellen Namen ist die hohe Spannung, die für den Betrieb nötig ist, meist 1000 V bis über 3000 V. Daher gelten für den Betrieb in Werbeanlagen besondere Sicherheitsvorkehrungen. Die Stromversorgung erfolgt meist mit

Hilfe besonderer Transformatoren, sogenannter Streufeld-Transformatoren, die nicht nur in der Lage sind, die hohen Spannungen zu erzeugen, sondern auch den Stromfluß zu begrenzen. Es gibt auch elektronische Vorschaltgeräte, die es sogar ermöglichen, Neonlampen batteriebetrieben als Ansteckbuttons am Revers zu tragen.

Die eigentliche Neon-Leuchtröhre ist ausschließlich mit diesem Gas gefüllt, das eine sattrote Farbe erzeugt. Andere Füllgase sind Helium mit Elfenbeinweiß, Xenon mit Violett und eine Mischung aus Argon und Quecksilber für eine blaue Farbe des Lichtes. In reiner Form lassen sich diese Lampen zwar betreiben, man müßte sich jedoch mit unterschiedlichen Helligkeiten innerhalb der Röhre abfinden. Aus diesem Grund und um andere Farben zu erhalten, setzt man zusätzlich Fluoreszenzfarben und gefärbte Glasröhren ein, die für ein gleichmäßigeres Licht und für andere Farben sorgen.

Das Licht der eigentlichen Neonröhren besteht nur aus einigen wenigen Spektrallinien und ist außer für Leuchtobjekte in der Wohnung nicht zu gebrauchen (vgl. *Seite 114*).

Leuchtstoffröhren

Einige kleinere Änderungen machen aus einer Entladungslampe mit unangenehmem Licht, wie etwa einer Neonröhre, eine Leuchtstoffröhre mit nahezu beliebig festlegbarem Lichtspektrum, die auch in Wohnräumen eingesetzt werden kann. Die Füllung besteht hier aus einem Edelgas und Quecksilber. Nach dem Start erwärmt sich die Lampe etwas und das Quecksilber, das

einen Siedepunkt von 27 °C besitzt, verdampft. Wird nun das Quecksilber ebenfalls zum Leuchten angeregt, sendet es neben etwas grünem und blauem Licht vor allem sehr viel ultraviolettes Licht aus. Dieses UV-Licht mit der wichtigsten Wellenlänge 254 nm bietet nun ganz besondere Möglichkeiten.

Innen auf die Röhre ist ein Belag genau ausgewählter Fluoreszenzfarbstoffe aufgebracht. Diese Farbstoffmischung wandelt das UV-Licht in sichtbares Licht um. Sie besteht aus einer Grundmasse, in die fremde Atome, sogenannte *Aktivatoren,* eingebaut sind; bei manchen Farbstoffen sind sie zusätzlich auch durch *Sensibilisatoren* ergänzt.

Während die Sensibilisatoren dabei die Absorption des UV-Lichtes verstärken oder erst ermöglichen sollen, wandeln die Aktivatoren die Energie in sichtbares Licht um. Je nach Grundmasse, Aktivator oder Sensibilisator lassen sich die verschiedensten Farbtöne erzielen. So läßt sich durch Mischungen verschiedener Leuchtstoffe das Licht dem jeweiligen Verwendungszweck leicht anpassen. Je nach gewünschter Lichtfarbe setzt man die verschiedensten Leuchtstoffmischungen ein. Dadurch läßt sich die gewünschte Lichtzusammensetzung recht frei wählen. Diese Möglichkeit sollten Sie bei einem Neukauf auf jeden Fall berücksichtigen. Ein guter Fachhändler berät Sie da sicherlich gerne.

Die Zusammensetzung des abgegebenen Lichtes nehmen Sie mit bloßem Auge nur in Grenzen wahr, sie hat allerdings große Auswirkungen auf die *Farbwirkung* der beleuchteten Gegenstände. Die *Farbtreue* der Lampen ist in sogenannten R_a-Werten, die in etwa den prozentuellen Grad der Lichtechtheit beschreiben: Stufe 4 entspricht weniger als 40%, Stufe 3 40 bis 69%, Stufe 2 70 bis 84% und Stufe 1 entspricht 85 bis 100% Lichtechtheit. Glühlampen mit ihrem sehr warmen Licht gehören Dank ihres kontinuierlichen Spektrums zur Stufe 1.

Die Farbtemperatur der Leuchtstofflampe hat auf das Empfinden des Lichtes direkten Einfluß. Hier eine Gegenüberstellung von Lichtfarben und den Temperaturen, die ein glühender Körper gleicher Farbe haben müßte.

Tageslichtweiß (tw) – ca. 5000 bis 6000 K (Kelvin), entspricht etwa dem Sonnenlicht.

Neutralweiß (nw) – ca. 4000 K.

Warmweiß (ww) – ca. 3000 K, liegt zwischen Glühlampe und Halogenlampe.

Bevor Sie sich eine Leuchtstoffröhre kaufen, sollten Sie bedenken, daß die Fluoreszenzfarben teilweise, die Quecksilberfüllung mit Sicherheit für Mensch und Umwelt schädlich sind. Sie sollten darum unbedingt unabhängig vom Hausmüll entsorgt werden. Ein guter Fachhändler wird darum defekte Altröhren gerne wieder entgegennehmen und sie dem Sondermüll zuführen. In den Hausmüll gehören Lampen, die Leuchtstoffe enthalten auf keinen Fall. Nimmt Ihr Händler die Röhren nicht entgegen – verpflichtet ist er dazu leider nicht – wenden Sie sich an die Abfallberatung Ihres Stadtreinigungs- und Fuhramtes. Dieses nennt Ihnen eine Abgabemöglichkeit für Sondermüll.

Trotz dieses Entsorgungsproblemes sind Leuchtstoffröhren dennoch empfehlenswert. Sie machen den Gehalt an bedenklichen Stoffen durch den sparsamen Verbrauch von Energie wieder wett, denn sie geben wie alle Niederdruck-Entladungslampen nur recht wenig Wärmestrahlung ab. Die Lichtausbeute beträgt daher im Schnitt zwischen 30 und 60 lm/W – in manchen Fällen auch bis über 90 lm/W. Dies ist zwei- bis fünfmal höher als bei einer Glühlampe. Zudem liegt die Lebensdauer einer Leuchtstoffröhre bei 7500 Stunden, das ist 7,5 mal mehr als die einer Standard-Glühlampe.

Da die Leuchtstofflampen so verbreitet sind, möchten wir auch ein wenig genauer auf die *Vorschaltgeräte* eingehen. Sie müssen zuerst vorheizen, eine für den Startvorgang notwendige erhöhte Startspannung liefern und bei laufender Lampe den Strom begrenzen. Um das Startverhalten einer Leuchtstoffröhre zu verbessern, sind an den Enden der Röhre Elektroden

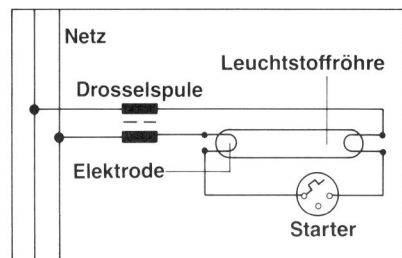

Abb. 9: Eine Drossel begrenzt den Stromfluß in einer Leuchtstoffröhre. Die Betriebsspannung sinkt auf rund 100 V.

eingelassen, die wie ein Glühdraht einer Glühlampe aussehen. Die notwendige Schaltung besteht in ihrer einfachsten Ausführung aus der Drossel, die den Stromfluß begrenzt und die Startspannung erzeugt, der Leuchtstoffröhre und einem Starter (vgl. *Abbildung 9*). Wird der Strom eingeschaltet, findet im Starter eine Glimmentladung statt, deren Wärme das Schließen eines Bimetall-Schalters bewirkt. Daraufhin fließt zunächst ein relativ großer Strom durch die Drossel über die erste Elektrode, den Starter und die zweite Elektrode zurück ins Netz. Dies bewirkt die Aufheizung der Elektroden, wodurch Elektronen frei werden und gegebenenfalls flüssiges Quecksilber verdampft. Nach kurzer Zeit beendet der Starter diesen Vorgang, da sich das Bimetall wieder abgekühlt hat und sich der Schalter öffnet. Das in der Drosselspule entstandene Magnetfeld erzeugt durch Induktion einen Spannungsstoß, der die Lampe zündet. Über das leitende Gas schließt sich der Stromkreis. Dieser Stoß zündet die Lampe meist, wenn nicht, wiederholt sich der Vorgang immer wieder. Ist die Lampe erst einmal in Betrieb, begrenzt die Drossel die Betriebsspannung auf rund 100 V. Diese Spannung reicht nicht aus, um den Starter zu aktivieren, er ruht bis zum nächsten Start.

Gegen Ende der Lebensdauer einer Leuchtstoffröhre sind die Elektroden meist schon ziemlich erschöpft. Der Startvorgang muß darum immer häufiger wiederholt werden. Im schlimmsten Falle kann unter Umständen sogar der ganze Betrieb der Lampe nur noch aus flackernden Startvorgängen bestehen, so daß der Starter sehr stark in Mitleidenschaft gezogen wird, obwohl er sonst bis 1 Million mal problemlos startet. Sie sollten darum bei einem Wechsel der Röhre immer den meist schon angegriffenen Starter mitwechseln.

Die Elektroden der Röhre können bisweilen im normalen Betrieb mit geringerer Frequenz als der Netzfrequenz flackern. Bei indirekter Beleuchtung ist das zwar kaum zu bemerken, kann aber bisweilen erheblich störender wirken als der bereits beschriebene Stroboskop-Effekt; mit diesem wird das Elektrodenflackern auch manchmal verwechselt.

Gegen den störenden stroboskopischen Effekt gibt es elektronische Vorschaltgeräte, die bewirken, daß die Lampen nicht wie schon beschrieben mit 100 Hz also 2 × 50 Hz flackern, sondern mit über 30 000 Hz. Diese hohe Frequenz kann nun wirklich nicht mehr festgestellt werden. Allerdings haben diese Vorschaltgeräte ihren Preis, so um die 100 DM je Leuchte. Sie entschädigen jedoch durch einen flackerfreien Start, können auch mit Gleichstrom betrieben werden, sind mit speziellen Zusatzgeräten dimmbar und senken sogar den Stromverbrauch um noch einmal 20–25%.

Eine preiswertere Möglichkeit, den Stroboskop-Effekt zu mildern, ist die sogenannte Duo-Schaltung. Dabei schaltet man zwei Lampen so, daß sie phasenversetzt flackern. Dabei verdoppelt sich das Flackern auf 200 Hz, genauer gesagt, auf 200 Ein-Aus-Phasen der Lampe. Erreicht wird dies durch die Kombination von Spule (Drossel) im einen und Kondensator im anderen Vorschaltgerät.

In *Abbildung 10* sehen Sie den entsprechenden Verlauf der beiden Spannungen, der zur Verfügung stehenden Leistungen und den gemeinsamen Helligkeitsverlauf des Lichtes beider Lampen. Er ist wesentlich gleichmäßiger als bei einer einzelnen Leuchtstoffröhre und weist vor allem keine Dunkelphasen mehr auf.

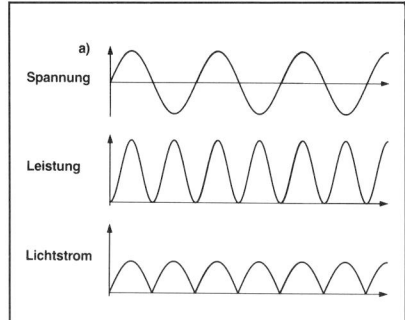

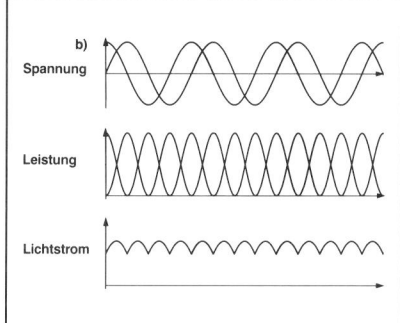

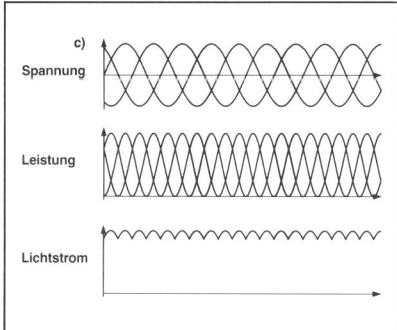

Abb. 10: Zusammenhang zwischen Spannung, Leistung und Lichtstrom bei a) einer einzelnen Leuchtstoffröhre, b) einer Duoschaltung und c) drei Leuchtstoffröhren an drei verschiedenen Phasen.

Leuchtstoffröhren an Drehstrom (Dreiphasenstrom)

Ohne sich um Vorschaltgeräte kümmern zu müssen, läßt sich der Stroboskop-Effekt vermeiden, wenn die Stromversorgung einer größeren Beleuchtungsanlage von einem Elektriker verlegt wird. Bei dieser Methode kann man die speziellen Eigenschaften des *Drehstromes* nutzen, mit dem jedes Haus versorgt wird. Oft wird dieser auch altertümlich als *Kraftstrom* bezeichnet, mit dem z. B. der Küchenherd, der Durchlauferhitzer oder die Nachtspeicherheizung betrieben werden. Was ist aber Drehstrom?

In den Generatoren der Elektrizitätswerke werden drei voneinander abhängige Wechselströme erzeugt. Diese werden dann über Leitungen zum Endverbraucher geführt. Man nennt diese drei Leitungen *Phasen*. Die R-Phase, S-Phase und T-Phase entstehen im gleichen Generator. Beim Umlauf des Generators werden diese Phasen zeitlich nacheinander erzeugt. Deshalb spricht man in diesem Zusammenhang auch vom Drehstrom. Die Phasenverschiebung der Spannungen beträgt 120 °, dem dritten Teil einer vollen Umdrehung. Unser Wechselstrom hat eine Frequenz von 50 Hz, das entspricht 50 Umdrehungen des Generators je Sekunde. In *Abbildung 11* ist der zeitliche Verlauf der drei Spannungen oder der entsprechenden Ströme bei drehendem Generator in Form von Kurven aufgetragen. Jeder Pfeil (links) stellt eine Phase dar.

Neben den drei Phasen R, S und T gibt es in einem Stromkreis noch Leitungen die nicht dem direkten Energietrans-

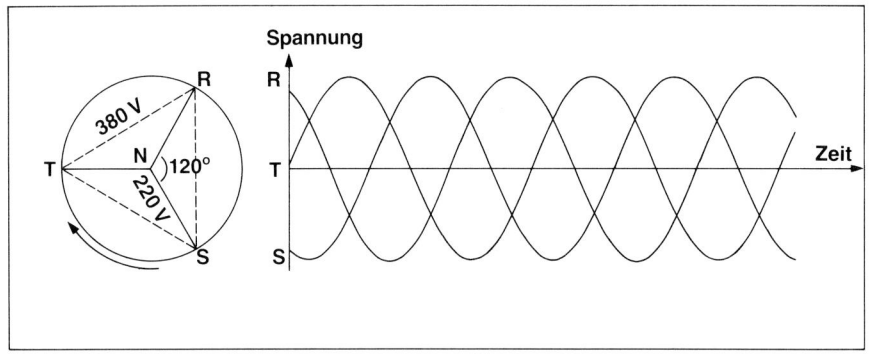

Abb. 11: Phasendiagramm des Drehstroms: Jeder Pfeil im linken Teil der Grafik stellt eine Phase dar. Rechts wird der zeitliche Verlauf der drei Spannungen gezeigt. Die Kurven der Ströme sehen ähnlich aus.

Drehstrom versorgt. In sogenannten Kraftsteckdosen oder Geräteanschlußdosen können die Spannungen von 380 V bezogen werden. Ein solcher Anschluß befindet sich in nahezu jeder Küche.

Wichtig sind die Farben der verschiedenen Leiter. Die drei Phasen haben meist die Farben schwarz oder braun, der Nulleiter blau und besonders wichtig: der Schutzleiter ist immer gelbgrün. Er darf nie versehentlich mit einer Phase zusammengeschaltet werden!

Wenn nur Spannungen von 220 V benötigt werden, reicht es völlig, neben

port dienen: den *Nulleiter* N (oder M_p) und den *Schutzleiter* SL. Der Schutzleiter ist besonders wichtig. Er wird in einem Gerät z. B. mit dem Gehäuse verbunden und bewirkt, daß der Strom abgeleitet wird, wenn einmal eine Phase mit dem Gehäuse in Berührung kommt. So sind Sie vor einem Stromschlag geschützt.

Der Nulleiter bildet im Schaltkreis den Nullpunkt, d. h. er trägt keine elektrische Spannung, solange der Stromkreis nicht geschlossen ist. In *Abbildung 11* und *12* können Sie auch erkennen, welche Spannungen zwischen den drei Phasen und dem Nulleiter anliegen: Zwischen den Phasen und dem Nulleiter liegen 220 V, zwischen den einzelnen Phasen aber jeweils 380 V.

Man hat dadurch nicht nur die Möglichkeit, Wechselstrom mit einer Spannung von 220 V zu erhalten, sondern auch mit 380 V. Diese höhere Spannung ist überall dort nützlich, wo höhere Leistungen erzielt werden müssen. Jeder Haushalt wird vom Elektrizitätswerk mit

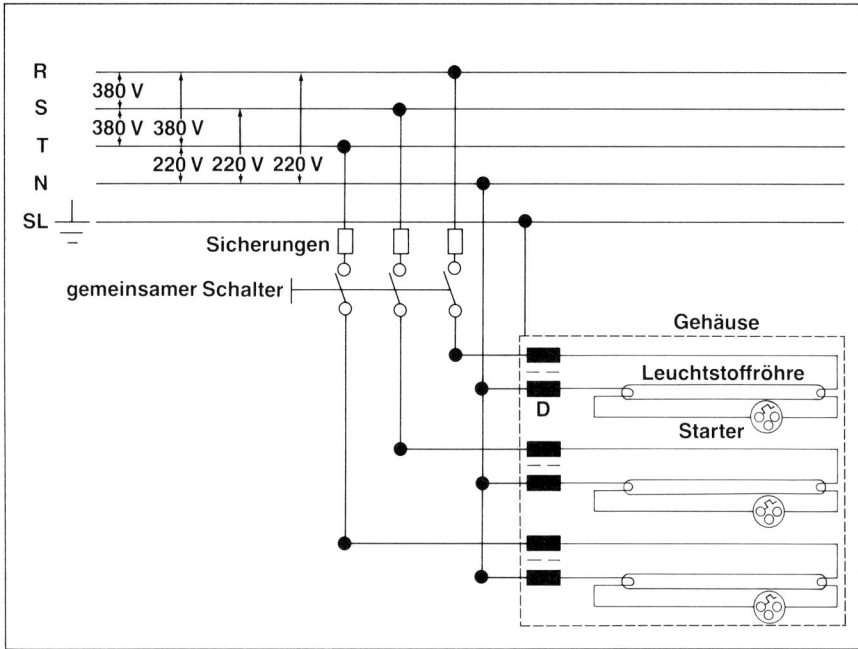

Abb. 12: Das Schaltbild verdeutlicht, wie drei Leuchtstoffröhren an die drei Phasen des Stromnetzes im Haushalt angeschlossen werden. Kraftstrom für leistungsstarke Geräte (z. B. Elektroherd) erhält man, wenn das Gerät statt mit dem Nulleiter mit einer weiteren Phase verbunden wird. Zwischen den Phasen liegen dann 380 V.

dem Schutzleiter nur den Nulleiter und eine einzige Phase zu verlegen. So wird bei der Installation mit den Schukosteckdosen und den Lichtleitungen auch in Ihrer Wohnung verfahren. Da dort nur jeweils eine der drei Phasen verwandt wird, ist es möglich, drei voneinander unabhängige Stromkreise in einem Haushalt zu verlegen, deren Phasen jedoch um jeweils 120 °C verschoben sind.

Zur Unterdrückung des Stroboskop-Effektes kann man einfach den vorhandenen Drehstrom nutzen. Wie Sie wissen, folgt die Lichtaussendung von Entladungslampen genau dem Strom, der in einem Kabel fließt. Wenn Sie mindestens drei Leuchten betreiben möchten, dann lassen Sie diese von einem Elektriker jeweils an eine andere Phase anschließen (vgl. *Abbildung 12*). Sie werden jeweils phasenverschoben an- und ausgeschaltet. Mit diesem einfachen Trick können Sie ein gleichmäßigeres Licht erreichen, da immer eine Lampe gerade an ist.

Natürlich ist diese Lösung ohne größere Probleme nur vor Bezug einer Wohnung oder eines Hauses möglich. Aber auch Geschäftsleute könnten so beispielsweise die Beleuchtungsanlage ihres Ladens oder Büros aufwerten. Dieser Kniff gilt natürlich auch für alle anderen Entladungslampen.

Energiesparlampen

Sie sind als Alternative zu Glühlampen gedacht. Für normale Schraubfassungen ausgelegt, ermöglichen diese kompakten Leuchtstoffröhren ohne Änderung der elektrischen Installation,

sehr viel Energie zu sparen. Nicht nur für Firmen ist dies interessant, auch zuhause werden Sie sicherlich die eine oder andere Möglichkeit des Einsatzes entdecken.

Das Vorschaltgerät ist bei diesen Lampen im Sockel untergebracht. Dadurch werden die Lampen zwar etwas klobiger, aber der Spareffekt wiegt diesen

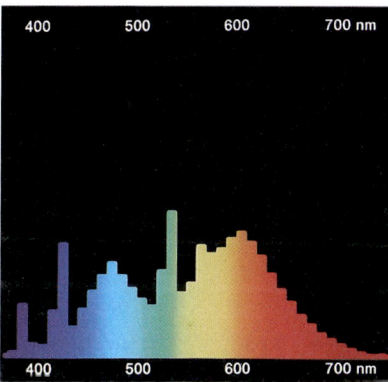

Nachteil auf. Die Lampen sind für alle Zwecke geeignet, wo Lampen im Durchschnitt mindestens 3 Stunden angeschaltet bleiben und eine Anlaufzeit von einigen Minuten nicht stört. Dann können sie durch eine sehr lange Haltbarkeit zu deutlicher Geldersparnis führen. Der Nachteil dieser Lampen liegt im hohen Anschaffungspreis von

meist über 40 DM je Stück. Bei einer sechsmal längeren Haltbarkeit und einer fünffach höheren Lichtausbeute bei gleicher Stromaufnahme kann dieser Kaufpreis jedoch über die geringere Stromrechnung wieder hereingeholt werden. Die Lichtausbeute entspricht der der herkömmlichen Leuchtstoffröhren.

Auf die Dauer preiswerter sind Konstruktionen, bei denen die Lampe vom Vorschaltgerät getrennt betrieben wird.

Abb. 13: a) Bei einer Energiesparlampe − hier eine elektronisch geregelte − ist das Vorschaltgerät im Sockel untergebracht. b) Das Lichtspektrum einer Energiesparlampe ähnelt dem einer herkömmlichen Leuchtstoffröhre.

So muß beim Wechseln einer Röhre nicht das Vorschaltgerät auf den Müll wandern.

Leider sind Vorschaltgeräte nicht als fertige elektronische Schaltung erhältlich. In dieser Ausführung gibt es nämlich Energiesparlampen ebenfalls und sie sind trotz des höheren Preises die erste Wahl.

Natriumdampf-Niederdrucklampen

Diese Lampenart hat für private Anwendungen keine Bedeutung, aber sie ist es dennoch wert, erwähnt zu werden, weil sie die wirtschaftlichste aller Lampen ist. Sie erreicht eine Lichtausbeute von bis zu 200 lm/W und mit den Verlusten im Vorschaltgerät 150 lm/W. Aufgrund dieser Sparsamkeit nutzt man ihr Licht sehr häufig für die Straßenbeleuchtung. Dort stört auch das einfarbig gelbe Licht nicht, das auf der wichtigsten Spektrallinie des Natriums beruht.

Vor dem Start liegt die Natriumfüllung in der Lampe in fester Form vor, erst nachdem die Lampe mit der Basisfüllung, die aus Neon besteht, gestartet wurde und sich erwärmt hat, verdampft das Natrium und die Lampe erreicht ihre volle Helligkeit. Das kann je nach Lampe 10 bis 20 Minuten dauern.

Hochdruck-Entladungslampen

Natriumdampf-Hochdrucklampen

Wenn auch das Füllgas dieser Hochdrucklampen in etwa dem der Nieder-

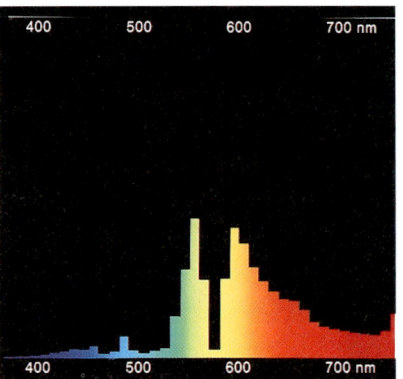

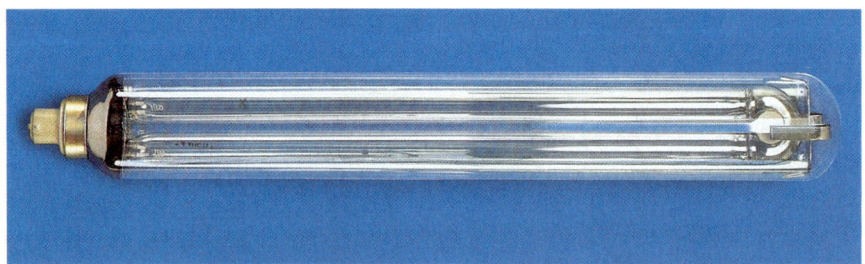

Abb. 14: Natriumdampf-Niederdrucklampe mit dazugehörigem Spektrum; es besteht nur aus einer Linie.

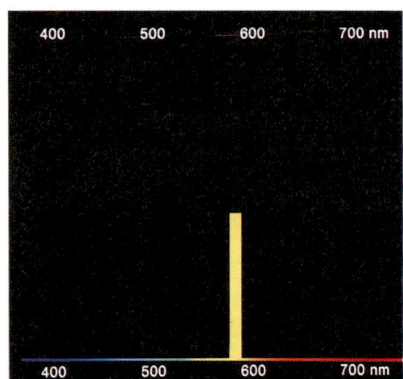

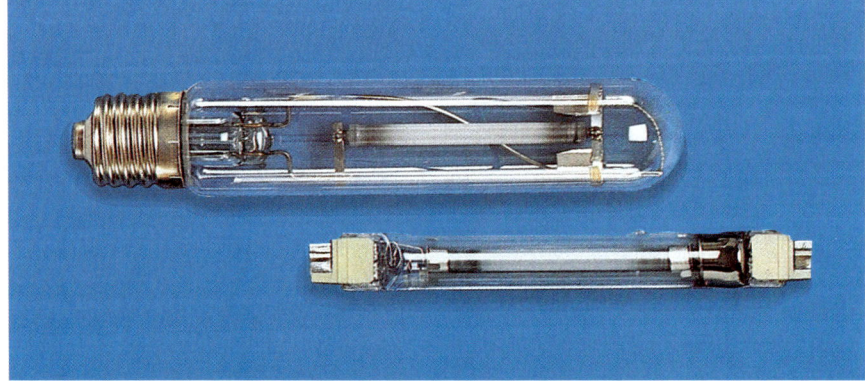

Abb. 15: Natriumdampf-Hochdrucklampe und ein typisches Spektrum. Im Gegensatz zur Niederdrucklampe besitzt die Natriumdampf-Hochdrucklampe nahezu ein kontinuierliches Spektrum.

drucklampen entspricht, so sind die Unterschiede ansonsten erheblich. Die Entladung findet hier in einem kleinen Brenner statt, in dem das Gas einen Druck von etwa einem Drittel des Luftdruckes hat. Zwischen den beiden Elektroden findet eine sogenannte *Bogenentladung* statt. Das ist nichts anderes als eine sehr energiereiche, engbegrenzte Gasentladung. Eine sehr kurzfristige Bogenentladung ist z. B. ein überspringender Funke. Dieser Lichtbogen hat bei der Natriumdampf-Hochdrucklampe eine Temperatur von 1200 °C. Das Brennerrohr besteht daher aus speziellem hochgesintertem Aluminiumoxid, das dem Natrium und der Hitze widersteht. Da die Zündspannung wesentlich höher als der Netzstrom liegt, benötigt man hier auch noch ein zusätzliches Zündgerät. Die Lichtausbeute dieser Lampen liegt je nach Auslegung und Anwendungszweck zwischen 40 und 120 lm/W.

Im Gegensatz zur Niederdrucklampe kann mit dieser Lampe sogar ein beinahe kontinuierliches Spektrum mit einem hohen Rotanteil erzeugt werden, also Licht, das dem einer Glühlampe ähnelt, allerdings mit 4- bis 5facher Lichtausbeute.

Quecksilberdampf-Hochdrucklampen

Man kann vielleicht sagen, daß diese Lampen das Hochdruck-Pendant zu der Leuchtstoffröhre sind. Hier wird jedoch mit noch einem höheren Füllgasdruck gearbeitet als bei der Natriumdampflampe, etwa dem 2- bis 9fachen des normalen Luftdruckes. Durch den hohen Fülldruck verschieben sich die Strahlungsanteile des Quecksilbers mehr in den sichtbaren Teil des Spektrums. Dennoch wird durch Fluoreszenzfarben der rote Anteil des Lichtes verstärkt.

Quecksilberdampf-Hochdrucklampen lassen sich meist mit Netzspannung starten und benötigen nur einen Begrenzer für den Betriebsstrom. Stromsparend geschieht dies mit einer Drosselspule, sonst mit einer Glühwendel. So eine Kombination aus Glühlampe und Entladungslampe in einem Glaskolben heißt *Mischlichtlampe.* Der einzige Vorteil solch einer Lampe ist, daß sie kein Vorschaltgerät benötigt. Der Großteil der möglichen Stromersparnis wird jedoch von der Glühwendel zunichte gemacht. Die Lichtausbeute hängt auch hier von der jeweiligen Auslegung ab. Die reine Entladungslampe erreicht etwa 40–60 lm/W und die Mischlichtlampen rund 11–30 lm/W.

Für die Beleuchtung von Pflanzen gibt es fertige Sets, die eine Quecksilberdampflampe enthalten, die eine Lichtausbeute von etwa 40 lm/W erreicht. Vorteilhaft ist der hohe blaue und rote Anteil des Lichtes. Sie sind allerdings nicht gerade billig, so um die 160 bis über 200 DM für ein anschlußfertiges Set muß man rechnen. Wie Sie sich preiswerter helfen können, erklären wir Ihnen im Kapitel über Pflanzenlicht ab *Seite 68.*

Metalldampf-Halogenlampen

Wenn diese Lampen auch Halogene enthalten, sind sie dennoch etwas völlig anderes als die Halogenglühlampen. Es sind im Prinzip Quecksilberdampflampen, deren Füllung weiterentwickelt wurde. Zusätzlich zum Quecksilber kommt ein „Cocktail" verschiedenster

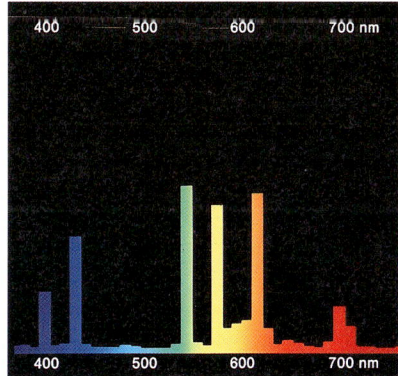

Abb 16: Quecksilberdampf-Hochdrucklampen sind als Licht für Pflanzen geeignet.

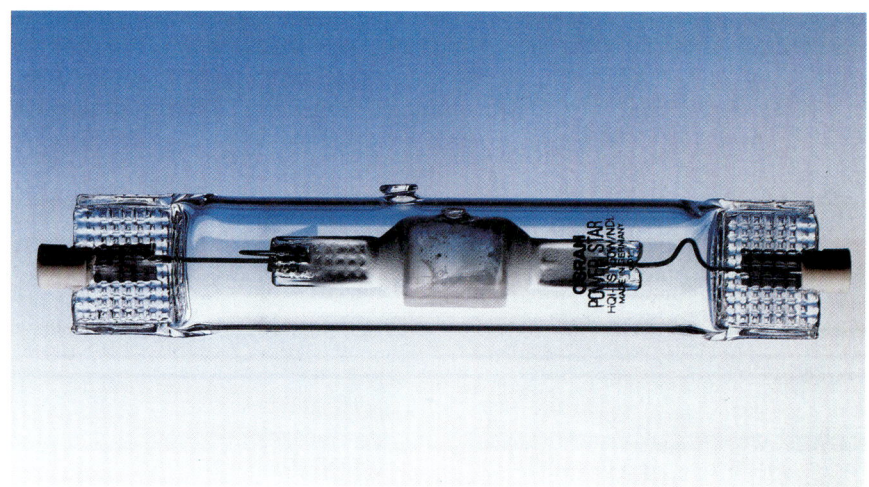

Abb. 17: Sehr helles Licht geben Metalldampf-Halogenleuchten. Das macht sie auch als Pflanzenlicht verwendbar.

Einige Hersteller bieten diese Lampen auch für die Anwendung im Wohnbereich an. Die Lampen erreichen allerdings sehr große Lichtstärken. Die kleinsten Lampen von 75 W erzeugen schon einen Lichtstrom, der fünf 100 W-Glühlampen entspricht. Die ebenfalls häufige 150 W-Lampe erzeugt einen Lichtstrom, der mit 11 250 lm mehr als elf 100 W-Glühlampen entspricht!
Eine mögliche Anwendung solch heller Lampen ist z. B. die Pflanzenbeleuchtung. Die Anteile des blauen und roten Bereich des Spektrums sind für diese Anwendung hoch genug. Darüber hinaus sind die Lampen im Betrieb sehr sparsam. Die Lichtausbeute bei den am häufigsten im privaten Bereich eingesetzten Lampen beträgt 70–90 lm/W.

Schwarzlicht

Sie fragen sich sicherlich, was dieser seltsame Ausdruck soll – schwarzes Licht. Zu Recht, denn eigentlich ist dieser Ausdruck wirklich ein wenig ungenau. Diese Lampe sendet kein sichtbares Licht aus, soweit stimmt der Name, sondern sehr langwellige UV-Strahlung. Eigentlich wurden Schwarzlichtlampen für die Arbeit im Labor entwickelt; man benötigte eine UV-Quelle ohne störende Anteile von sichtbarem Licht. So ließen sich Untersuchungen an fluoreszierenden Farbstoffen durchführen oder fluoreszierende Materialien prüfen. Auch Briefmarkenfreunde nutzen dieses Licht, um allzu plumpe Fälschungen, die nicht mit fluoreszierenden Farbstoffen gedruckt wurden, zu entlarven.

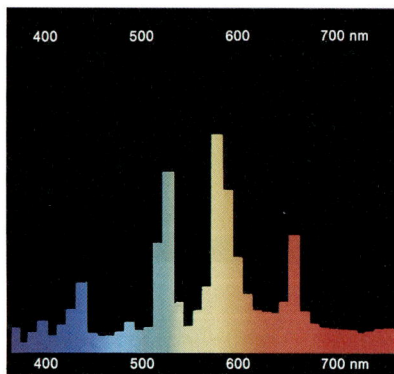

Halogen-Metallverbindungen und Metalle, die zu der Gruppe der seltenen Erden gezählt werden. Das Ergebnis ist ein nahezu kontinuierliches Spektrum, mit einem Licht, das meist sehr weiß wirkt und daher für eine besonders hochwertige Farbwiedergabe geeignet ist. Diese Lampen erzeugen ebenfalls Licht im UV-Bereich, das entweder mit Fluoreszenzfarben umgewandelt oder mit einer Filterscheibe entfernt wird, falls es unerwünscht ist.
Für den Start braucht man eine sehr hohe Spannung, so daß neben einer Strombegrenzung auch ein Zündgerät nötig ist. Die Vielzahl von Füllstoffen im Brennraum neigt dazu, sich in einer ungünstigen Lampenstellung zu entmischen. Das kann sogar zu einer Veränderung des ausgesendeten Spektrums führen, etwa zu einem Rotstich, da einzelne Komponenten der Gasmischung nicht mehr bei der Lichterzeugung beteiligt sind. Um dies zu vermeiden, geben die Hersteller genaue Angaben, in welcher Lage der Brenner betrieben werden darf. Meist ist dies Waagerecht mit erlaubten Abweichungen von etwa 15–20 Grad.

Die Eigenschaft, alle Weißmacher und fluoreszierenden Textilien (z. B. auch Unterwäsche unter dünner Kleidung) sichtbar zu machen, führte zu einer weiten Verbreitung dieser Lampen in Diskotheken. Besonders leistungsfähige Schwarzlichtlampen sind aus speziellen Glassorten hergestellt. Dies ist notwendig, da Glas normalerweise UV-Licht absorbiert und dieser Effekt hier natürlich unerwünscht ist. Diese speziellen, in kleiner Serie gefertigten Lampen sind teurer als eine entsprechende Leuchtstoffröhre normaler Bauart. Zwei Bauweisen sind besonders erwähnenswert.

Als Austauschröhre für die handelsüblichen Leuchtstoffröhren in 60 cm und 120 cm Länge gibt es Schwarzlichtröhren, die an denselben Vorschaltgeräten betrieben werden können. Sie sind sehr gut für Partys und Theateraufführungen geeignet. Der Preis für eine Austauschröhre liegt im Bereich von 50 DM aufwärts. Als kompakte Lösung gibt es eine Entladungslampe, die sich bei nur 6 Watt Stromaufnahme durch eine sehr kompakte Bauweise auszeichnet. Günstig ist, daß diese Entladungslampe einfach anstele einer normalen Glühlampe ohne Vorschaltgerät in einer Schraubfassung betrieben werden kann. Der hohe Preis von ca. 80 bis 100 DM schließt diese Lampe wohl für die meisten Anwendungen aus.

Für die überall angebotenen kleinen batteriebetriebenen Leuchten, die mit einer Leuchtstoffröhre ausgestattet sind, gibt es Austauschröhren mit Schwarzlicht. Mit einem Netzgerät versehen, bieten sich diese Leuchten für Basteleien geradezu an. Leider liegen auch hier die Preise der Austauschröhren meist über 30 DM.

Der Handel bietet auch Glühbirnen an, deren geschwärztes Glas sie wie richtige Schwarzlichtlampen aussehen läßt. Von diesen Lampen möchten wir Ihnen auf jeden Fall abraten, auch wenn sie sehr preiswert sind. Die Gründe dafür liegen auf der Hand. Der hohe Stromverbrauch z. B. einer 75 W-Lampe steht in keinem Verhältnis zu dem UV-Licht, das die Lampe abgibt. Wie Sie in *Abbildung 4* leicht noch einmal sehen können, ist der Anteil dieser Frequenz am Spektrum der Lampe nahezu Null! Sie würden nur teuer Ihre Wohnung heizen und das rechnet sich im Sommer allemal nicht.

Die Lichttechnik der Hobbythek-Leuchten

Vorsicht Strom!

Jedermann könnte einen nicht unter Spannung stehenden Stecker oder eine Lampenfassung montieren. Daran ist nichts gefährlich, solange dieses Teil nicht durch die Steckdose mit dem öffentlichen Stromnetz in Berührung kommt. Doch immer wieder geschehen Unfälle, weil Montagen und Reparaturen nicht sachgemäß ausgeführt oder Schutzleiter nicht oder sogar an den Betriebsstrom angeschlossen werden. Beim Aufhängen von gekauften Hängelampen werden lose Kabelenden nicht isoliert und später beim Abhängen der Lampe passiert dann das Malheur. Wenn es nur einmal „funkt", dann hat das Opfer noch Glück gehabt. Häufig kommt es jedoch zu einem richtigen Stromunfall.

In einem solchen Fall fließt der Strom durch den menschlichen Körper, der als schwächstes Glied dieses Stromkreises zu Schäden kommt. Die Gefährlichkeit eines Stromunfalls hängt von verschiedenen Faktoren ab: von der Stromspannung, der Berührungsfläche, der Feuchtigkeit der Haut und dem Druck der Berührung. Diese Faktoren beeinflussen nämlich den elektrischen Widerstand der Haut. Mit Hilfe des Ohmschen Gesetzes läßt sich der elektrische Widerstand berechnen:

> Stromstärke = Netzspannung/Widerstand.

In ungünstigen Fällen, mit nassen Fingern und großem Druck, kann der gesamte Widerstand des Körpers auf 1000 Ohm absinken. 220 V/1000 Ohm ergeben eine Stromstärke von 0,22 Ampère. Schon ein Minimum dieses Stromes kann tödlich sein, wenn er von einem Arm über das Herz zum anderen Arm fließt.

Aufgrund dieses Risikos raten wir ab, die Verdrahtung einer Schaltung, die mit Strom vom Netz betrieben wird, allein durchzuführen. Sollten Sie jedoch der Meinung sein, sich die Verdrahtung einer Leuchte mit Schalter und Stecker zuzutrauen, ist nur dann nichts dagegen einzuwenden, wenn Sie die Arbeit anschließend von einem Fachmann kontrollieren lassen.

Wesentlich ungefährlicher ist jedoch der Umgang mit niedriger Spannung, für sie wurde der Begriff Schutzkleinspannung geprägt. In diese Klasse fällt auch der gesamte Bereich der Niedervolt-Halogenbeleuchtung, die mit 12 bis 24 V Wechselstrom arbeitet.

Diese Spannung ruft höchstens einen kräftigen Schmerz hervor — mit trockenen oder leicht feuchten Händen spüren Sie gar nichts. Darum nennt man diese Spannung auch *Schutzkleinspannung*.

Niedervolt-Halogenlicht

Die Niedervolttechnik, bei der Strom mit einer Spannung von 12 V verwandt wird, ist die einzige Beleuchtungstechnik, die Ihnen die Möglichkeit bietet, ohne Lebensgefahr selbst Leuchten zu konstruieren. Daß Sie natürlich auch hier sorgfältig und überlegt arbeiten müssen und die immer noch vorhandenen Risiken beachten müssen, versteht sich natürlich von selbst.

Der große Vorteil ist jedoch, daß Sie selbst beim Berühren nicht isolierter, stromführender Teile der Konstruktion, keiner Gesundheitsgefahr ausgesetzt sind. Für diese kleinen Spannungen ist in den VDE-Vorschriften bisher keine Isolierung stromführender Leiter auf der 12 V-Seite vorgeschrieben gewesen. Die Spielzeugeisenbahn ist ein anderes Beispiel für eine Anwendung der Niedervolttechnik.

Um die richtige Spannung zu erhalten und die 12 V-führenden Teile vom Netz zu trennen, wird unbedingt ein Transformator mit galvanischer Trennung benötigt. Vorsicht: mit einem einfachen Vorwiderstand oder einer Drossel können Sie dies nicht erreichen (vgl. *Seite 50*). Wir haben dafür gesorgt, daß Sie qualitativ hochwertige Transformatoren und sonstige Zubehöre preisgünstig über die im Anhang angegebenen Firmen beziehen können. Kleinteile, die für die Verwirklichung eigener Ideen gebraucht werden können, sind auch in Elektronikläden und in vielen Elektroläden erhältlich.

Die Bestimmung über die Schutzkleinspannung, wie sie vom Verband deutscher Elektrotechniker (VDE) formuliert war, war eigentlich auf den Bau von Kinderspielzeug abgezielt. Die Verwendung in der Beleuchtungstechnik erfolgt erst seit wenigen Jahren. Es hat sich dabei allerdings ein richtiger Wildwuchs eingestellt, da VDE und TÜV von der Entwicklung völlig überrascht wurden. Die Stromstärken von Spannseilsystemen wuchsen in immer größere Höhen und selbst die im Handel vertriebenen Leuchten entsprachen nicht immer den Sicherheitsbestimmungen. Die meisten Fehler mit diesem eigentlich leicht zu handhabenden Lichtsystem sind jedoch aus Unwissenheit gemacht worden. Aus diesem Grund sollten Sie sich auf den folgenden Seiten genau darüber informieren, was Sie bei

Abb. 1: Die Niedervolt-Halogenlichter benötigen nur 12 V Spannung. Ihre Montage ist kinderleicht und nicht riskant.

der Verwendung dieses Lichtsystems beachten sollten und wie Sie die möglichen Risiken vermeiden können. Dann können Sie beruhigt zum Schraubenzieher greifen, mit dem Basteln beginnen und den Grad der gewünschten Sicherheit selbst bestimmen.

Während dieses Buch entstand, arbeitete eine Kommission des VDE gerade an der Festlegung von Richtlinien über den Bau von Niedervolt-Beleuchtungssystemen. Da die Kommission noch in der Diskussionsphase war und die Festlegung von Normen mit allen Wi-

derspruchsverfahren mitunter Jahre dauern kann, war es uns leider nicht möglich, auf fertig formulierte Normen zurückzugreifen. Der Kontakt mit Mitgliedern der Kommission ermöglichte uns jedoch, auf kritische Punkte einzugehen, die zur Entscheidung anstehen. Wenn Sie unseren Ratschlägen folgen, dann dürfte es für Sie ein Leichtes sein, auch manches gekaufte Objekt durch kleine Änderungen wesentlich sicherer zu machen.

Ein paar Worte zu elektrischen Einheiten

Wir gehen natürlich nicht davon aus, daß die Leser dieses Buches gelernte Elektriker sind. Und da dieses Gebiet nicht gerade zum Allgemeinwissen gehört, möchten wir Ihnen einen kleinen Einstieg in die Zusammenhänge, die in diesem speziellen Fall der Niedervolt-Technik zwischen den elektrischen Größen bestehen, bieten. Um es nicht zu weit zu treiben, beschränken wir uns auf die Stromstärke, die Spannung, die elektrische Leistung und den elektrischen Widerstand.

Elektrische Spannung

Vereinfacht kann man die Spannung mit dem Druck vergleichen, der z. B. in einer Wasserleitung herrscht. Je höher die Spannung, um so mehr Strom (Elektronen) fließt durch den Draht pro Zeiteinheit. Nur wenn Spannung vorhanden ist, kann Strom fließen, insofern ist die Spannung die Ursache, der Strom die Wirkung. Die Spannung beschreibt den Energieunterschied zwi-

schen zwei Polen — also Klemmen, Leitungen, Anschlüssen usw.
Die Spannung U wird in Volt (V) gemessen.

Stromstärke

Die Stromstärke (I) ist das Maß für die Anzahl der Elektronen, die pro Sekunde durch ein Kabel fließen. Sie wird in Ampère (A) gemessen. Allerdings darf die Stromstärke in einem Kabel nicht zu groß werden, da es je nach Querschnitt nur eine begrenzte Anzahl Elektronen passieren lassen kann und sich sonst erwärmt. Bei der dünnen Wendel einer Glühlampe ist das erwünscht, nicht jedoch bei einem Kabel, das Strom nur transportieren soll.

Elektrischer Widerstand

Der Widerstand (R) ist im Stromnetz das Maß für alles, was sich den Elektronen beim Durchfließen eines Kabels entgegenstellt. Das Ohm (Ω) ist die Maßeinheit für den Widerstand.
Zwischen der Spannung, der Stromstärke und dem elektrischen Widerstand besteht ein einfacher Zusammenhang, das sogenannte *Ohmsche Gesetz.* Es lautet:
Stromstärke (I) = Spannung (U)/ Widerstand (R)
oder kurz: $I = U/R$
Ein Beispiel für die Anwendung des Gesetzes ergibt eine Stromstärke bei 12 V Spannung und einem Widerstand von $10\,\Omega$ von: $I = U/R = 12\text{ V}/10\,\Omega = 1{,}2\text{ A}$.
Mit der Formel kann man zeigen, wieviel Strom bei einer bestimmten Span-

nung und einem bestimmten Widerstand fließt. Je höher der Widerstand, z. B. im Kabel, desto geringer die Stromstärke.
Dünne Drähte besitzen einen höheren Widerstand als dicke. Die Widerstände,

Abb. 2: Der dünne Draht einer Glühwendel stellt einen elektrischen Widerstand dar. Er erwärmt sich, wenn er von elektrischem Strom durchflossen wird.

die man in elektrischen Schaltungen verwendet, sind eigentlich nichts anderes als dünne Drähtchen, die in Keramik eingegossen wurden. Natürlich hängt der Widerstand auch von dem Material ab. Silber und Kupfer sind sehr gute elektrische Leiter, während Eisen eine fünffach, Wolfram eine zweieinhalbfach geringere Leitfähigkeit besitzen. Um die gleiche Leitfähigkeit wie von Kupfer zu erreichen, müßten beim Eisen fünfmal dickere Drähte verlegt werden.
Isolatoren zeichnen sich durch einen extrem hohen Widerstand aus. Es fließt

eben kaum oder kein Strom durch sie durch.
Auch eine Glühwendel ist nichts anderes als ein im Verhältnis zum Zuleitungsdraht sehr dünnes Drähtchen mit schlechterer Leitfähigkeit. Die Arbeit, die die Elektronen aufwenden müssen, um durch den Engpaß zu gelangen, führt zur Erwärmung der Wendel. Da der Widerstand, den eine Glühwendel dem Strom entgegensetzt, recht groß ist, setzt man sie sogar in Mischlichtlampen zur Strombegrenzung ein. Die Erwärmung eines Widerstandes wird mitunter gern genutzt, auch der Heizdraht eines Föns oder eines Heizlüfters ist ein Widerstand.
Schaltet man zwei Widerstände in Reihe, d. h. direkt hintereinander, dann addieren sich deren Widerstände. Schaltet man sie dagegen parallel, wie es in der Niedervolttechnik nötig ist, dann wird es komplizierter. Durch jeden dieser Teilstromkreise fließt der seinem Widerstand entsprechende Strom $I = U/R$.
Sind beide Widerstände gleich, etwa bei zwei gleichstarken Glühlampen, dann fließt durch beide derselbe Strom. Schaltet man jedoch vier 50 W-Lampen an den Trafo, hat der Strom mehr Wege zur Verfügung, es halbiert sich der Widerstand und so könnte theoretisch der doppelte Strom fließen. Praktisch erzeugt der Strom in den Spulen des Transformators (am Innenwiderstand) aber einen Spannungsabfall, der die Ausgangsspannung vermindert. Dadurch erreichen die Lampen ihre volle Leistung nicht mehr, der höhere Strom überlastet auch den Transformator. Dabei kann er sich so überhitzen, daß die Isolation zwischen den Drähten zerstört wird, der Trafo brennt durch, es

sei denn, er ist durch Sicherungen geschützt. Darum sollten Sie nie mehr Lampen an den Trafo anschließen als seine Nennleistung beträgt!

Für die Niedervolttechnik ist noch etwas anderes wichtig: Der Widerstand erhöht sich mit zunehmender Temperatur. Ein zu dünner Draht kann nicht beliebig viele Elektronen leiten, er erwärmt sich. Durch die Wärmebewegung der Atome im Draht werden die Elektronen noch mehr behindert, der Widerstand erhöht sich nochmals. Irgendwann pendelt sich bei einer gewissen Temperatur ein Gleichgewicht ein oder aber der Draht schmilzt. Bei einer Glühwendel ist die Erwärmung erwünscht, an einem Engpaß eines Stromkabels, z. B. an einer Knickstelle, jedoch nicht, da kann sie zur Brandgefahr werden.

Elektrische Leistung

Während die Spannung den Energiehaushalt der Elektronen und die Stromstärke die Anzahl der fließenden Elektronen beschreibt, läßt sich mit der elektrischen Leistung (P) ausdrücken, wieviel Arbeit diese Elektronen verrichten können. Ihre Einheit ist das Watt (W) oder gleichbedeutend das Voltampère (VA). Sie läßt sich aus der Spannung und der Stromstärke berechnen:
Spannung $\times$ Stromstärke = Leistung oder kurz $U \times I = P$.
Die Formel läßt sich auch zu folgender Gleichung umformen: $P/U = I$.
Beim Bau der Lampen hilft uns diese Gleichung, die zu erwartende Stromstärke auf der 12 V-Seite eines Transformators zu berechnen. Bei einer Lei-

stung von 50 VA sieht dies so aus: 50 VA/12 V = 4,17 A.
Diese Stromstärke ist wesentlich größer als die, welche durch eine herkömmliche 50 W-Glühlampe bei 220 V-Netzspannung fließt: 50 W/ 220 V = 0,25 A.
Trotzdem die Stromstärke bei Netzspannung viel niedriger ist, ist sie aufgrund der höheren Spannung viel gefährlicher.

Gleichstrom – Wechselstrom

Beim *Gleichstrom,* der zum Beispiel von einer Batterie geliefert wird, besteht an einem Pol ein Überschuß, am anderen Pol ein Mangel an Elektronen. Verbindet man die beiden Pole, dann versuchen die Elektronen den Unterschied auszugleichen. Sie fließen von einem Pol zum anderen und können dabei eine Arbeit verrichten, etwa eine Glühbirne betreiben.
Wie Sie in *Abbildung 11* (vgl. *Seite 40*) am Verlauf der Kurven sehen konnten, stellt ein Generator bei der Erzeugung von *Wechselstrom* abwechselnd eine positive und eine negative Spannung, einen Überschuß und einen Mangel an Elektronen her. Das hat zur Folge, daß sich die Richtung, in der sich die Elektronen im angeschlossenen Stromkreis fortbewegen, laufend umkehrt. In jeder Sekunde fließen die Elektronen 50mal in die eine Richtung und 50mal in die andere Richtung, immer entsprechend der jeweiligen Spannung.

Grundausrüstung für die Halogenbeleuchtung

Zu einer Halogenbeleuchtung gehören vier wichtige Elemente: die Transformatoren, die Fassungen, die Lampen und die Stromzuführungen.

Transformatoren

Der Transformator als Stromquelle liefert Wechselstrom mit einer Spannung von 12 V und trennt gleichzeitig den Niedervoltstromkreis vom Netz. Diese Trennung ist eine wichtige Voraussetzung für Ihre Sicherheit, denn nur wenn keine leitende Verbindung zum Netzstrom besteht, können lebensgefährdende Ströme mit Sicherheit ausgeschlossen werden.
Ein Transformator ist nichts anderes als zwei aus Drähten gewickelte Spulen, die nur durch ein Magnetfeld verbunden sind. Die erste Spule die mit dem Stromnetz verbunden ist, erzeugt das Magnetfeld, die zweite Spule wandelt das Magnetfeld durch Induktion wieder in elektrischen Strom um. Das Symbol, das in Schaltungsbildern für den Transformator verwandt wird, zeigt diese Trennung deutlich (vgl. *Abbildung 3*).
Die Spannung im zweiten, sekundären Stromkreis hängt von dem Verhältnis der Wicklungszahlen der beiden Spulen ab. Besitzt z. B. die erste Spule 1000 Wicklungen und die zweite Spule nur den zehnten Teil davon, also 100 Wicklungen, dann entsteht im Sekundärstromkreis eine Spannung von 22 V, ein Zehntel der 220 V-Netzspannung. Dafür steigt die Stromstärke jedoch um denselben Faktor auf das

10fache an. Um 12 V zu erreichen, müßte die zweite Spule in diesem Beispiel 55 Wicklungen besitzen.

Um Transformatoren sicher und problemlos zu betreiben, sind einige Punkte unbedingt zu beachten:

1. Verwenden Sie nur Sicherheitstransformatoren mit VDE-Zeichen deren primärer (Netz-) und sekundärer Stromkreis abgesichert ist. Auf der Niedervoltseite ist eine Kombination einer Feinsicherung mit einem Thermoschalter die beste Lösung. Die Transformatoren sollten auf der Netzseite unbedingt fertig verkabelt sein. Entsprechende Bezugsquellen finden Sie im Anhang dieses Buches.

2. Belasten Sie den Transformator nur mit seiner Nennleistung und mischen Sie keinesfalls Lampen verschiedener Leistung.

3. Dimmbare Transformatoren nur mit Dimmer für induktive Last betreiben. Praktisch sind Transformatoren mit eingebautem Dimmer. Sinnvoll ist auch ein bereits vom Hersteller angebrachter Schalter.

4. Bedenken Sie die hohen Stromstärken auf der Niedervoltseite und kaufen Sie darum keinen Trafo mit mehr als 200 VA. Er erzeugt einen Strom von 16,7 Ampère, da benötigen Sie schon ein dickes Kabel mit bis zu 10 mm^2 Querschnitt.

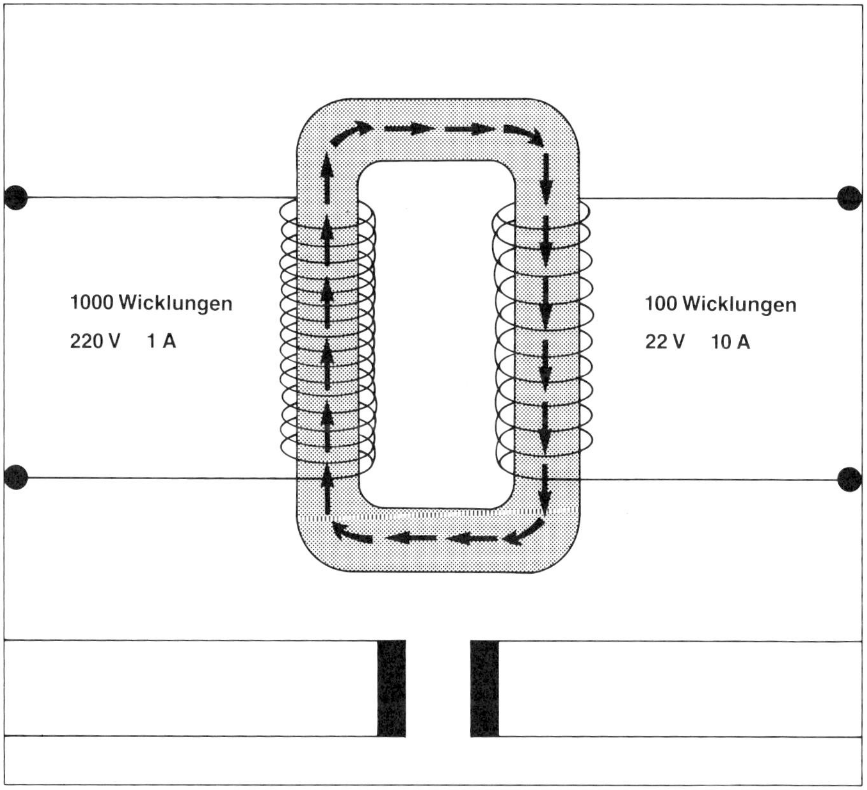

Lampen

Vor Beginn der Lichtinstallation sollten Sie sich darüber im klaren sein, wieviele Lampen welcher Stärke Sie mit einem Trafo betreiben möchten. Möchten Sie unterschiedliche Helligkeiten erzielen, dann sollten Sie zwei getrennte Stromkreise betreiben oder getönte Reflektoren verwenden. Passende Halogenlampen sind mittlerweile in nahezu allen Elektrohandlungen erhältlich. Zu unterscheiden sind dabei im wesentlichen vier Bauweisen.

Die preiswertesten sind die kleinen Lämpchen ohne Reflektor. Sie kosten um 8 DM. Bei diesen Lämpchen ist auf einen ausreichenden Blendschutz zu achten, da sie ihr Licht in alle Richtungen abstrahlen. Außerdem ist es notwendig, sich vor versehentlichem Berühren zu schützen. Nicht jeder Ihrer Besucher weiß, daß der Kolben bis 600 °C heiß werden kann.

Lampen mit Aluminiumreflektor kosten ca. 16 DM. Sie strahlen ihr Licht im Winkel von 10 °C oder 15 °C ab, also recht stark gebündelt und blenden nur nach vorn. Die Reflektoren sind in

1000 Wicklungen

220 V   1 A

100 Wicklungen

22 V   10 A

Abb. 3: Ein wichtiges Teil der Halogenbeleuchtung – der Transformator, der im oberen Teil symbolisch dargestellt ist. Die erste Spule wandelt den Netzstrom in ein Magnetfeld um, die zweite Spule erzeugt durch Induktion wieder elektrischen Strom. Dadurch erhält man zwei getrennte Stromkreise.

einem Gold- und Silberton erhältlich. Eine weitere Bauweise sind Reflektorlampen, die vorn durch eine Glasscheibe abgedeckt sind. Sie werden nur für Schraubsockel angeboten.

Besonders dekorativ wirken die sogenannten Kaltlichtspiegellampen, die einen Glasreflektor besitzen. Der langwellige Teil des Lichtes, zusammen mit der nicht sichtbaren Wärmestrahlung, wird hier nicht durch den Reflektor nach vorn gespiegelt, sondern kann zum großen Teil nach hinten entweichen. So ist die Wärmebelastung bestrahlter Objekte etwas geringer. Die Glasreflektoren sind im Gegensatz zu den vorgenannten relativ schwer. Es bedarf zwar nicht besonders aufwendiger Vorkehrungen in der Leuchte, doch ist eine Sicherung durch Federn oder Drähte gegen das Herausrutschen aus Keramiksockeln angebracht. Leider ist der Preis der Lampen mit 20–25 DM relativ teuer. Einige der Vertriebsfirmen führen sie jedoch zu günstigeren Preisen. Neuerdings werden auch Kaltlichtspiegellampen angeboten, deren Front mit einer Scheibe abgedeckt ist. Sollte einmal, was sehr selten geschieht, ein Kolben platzen, fallen die Splitter garantiert nicht zu Boden.

Bei der benötigten Lampenleistung spielt, wie wir selbst feststellen konnten, sehr stark das persönliche Empfinden mit. Da Sie sich mit dem Kauf eines Transformators schon auf die Leuchtstärke festlegen, hier ein Tip: Orientieren Sie sich bei völliger Ratlosigkeit über die zu erwartende Helligkeit in einem Lampengeschäft, das eine gewisse Auswahl an Halogenleuchten führt oder vergleichen Sie die Helligkeit mit der einer vielleicht vorhandenen Reflektorlampe, deren Helligkeit Sie nach den Hinweisen im Kapitel „Wie berechnet man Lichtstärke" umrechnen können. So dürfte eigentlich ein Fehlkauf ausgeschlossen sein.

Dient eine Leuchte in erster Linie der Dekoration, müßten eigentlich 20 W völlig genügen. Bei einem Spannseilsystem können in einem kleineren Raum sogar schon 100 VA mit fünf 20 W-Lampen völlig ausreichend sein. Hierfür gibt es sogar Transformatoren mit eingebautem Dimmer.

Die hohe Temperatur der Wendel und die geringen Abmessungen der Lampe haben zur Folge, daß auch der Kolben sehr heiß wird; 600 °C kann er gut erreichen. Darum sollten Sie beim Berühren einer Lampe sicher sein, daß sie völlig ausgekühlt ist. Die hohe Temperatur kann unter ungünstigen Umständen sogar zur Gefahr eines Brandes führen, wenn eine heiße Lampe von selbst aus der Fassung rutscht.

Zusätzlich sollten Sie eines beachten: Fassen Sie den wegen der hohen Temperaturen aus einem speziellen Quarzglas gefertigten Kolben nie mit bloßen Fingern an. Das Hautfett, das sich unweigerlich am Glas absetzt (Fingerabdrücke) brennt sich bei hohen Betriebstemperaturen später in das Glas ein. Dies könnte unter Umständen zu Spannungen im Glas führen, die dann den Kolben springen lassen. Sollten Sie das Glas des Kolbens versehentlich einmal berührt haben, können Sie es einfach mit etwas Spiritus und einem Lappen reinigen.

Fassungen

12 V-Halogenlampen werden mit verschiedenen Vorrichtungen zur Stromaufnahme angeboten. Einerseits gibt es einen Schraubsockel, der wiederum nur in entsprechende Fassungen paßt. Wir verwandten eine solche Fassung in unserer Arbeitslampe (vgl. *Seite 73*). Ihre genaue Bezeichnung lautet BA 15d für die 50 W-Reflektorlampe.

Für den Eigenbau erwiesen sich die Halogenlampen mit Stiftsockel zumeist als handlicher, denn bei den Spannseilsystemen stecken die Lampen nicht in eigens dafür gefertigten, verkleideten Fassungen. Sie werden direkt an den Zuleitungen befestigt, und zwar mit Hilfe kleiner Metallröhrchen, in denen zwei Schrauben stecken. Diese Röhrchen stammen nun zumeist nicht aus einer Spezialanfertigung, sie stellen lediglich das Innenleben einer von Plastik befreiten Lüsterklemme dar. Alle Lam-

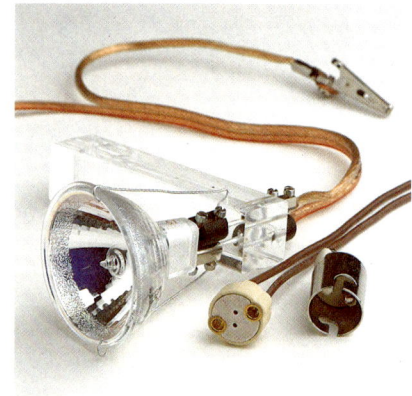

Abb. 4: Hier sind alle notwendigen Kleinteile für die Niedervoltbeleuchtung versammelt: Reflektorlampe mit Abstandshalter und Lüsterklemme und Kabelzuführung. Die Krokodilklemme ermöglicht eine stabile Verbindung zu den Spannseilen. Rechts eine GX 5,3 Keramikfassung, ein BA 15d Schraubsockel.

pen, bei denen die Lampe keiner besonderen mechanischen Belastung ausgesetzt ist und bei denen es unerheblich ist, daß die ersten 10 cm des Drahtes hinter der Lampe relativ warm werden, können ohne weiteres mit so einer „Fassung" ausgestattet werden. Mit einer Schraube der abisolierten Lüsterklemme wird der Draht gehalten, mit der anderen Schraube der Sockelstift der Lampe. Achten Sie streng darauf, daß die Stifte an den Lampen nicht verbogen werden und bei dem geringen Abstand der stromführenden Drähte kein Kurzschluß entsteht. Zur Sicherheit können Sie auch mit einem Stückchen Glasseidenisolierschlauch oder etwas hitzefestem Isolierband für ausreichende Isolierung sorgen. Auch ein Stück eines temperaturbeständigen Schlauches aus dem Automobilbereich ist gut geeignet.

Wichtig ist bei allen Konstruktionen, vor allem bei all denen, die bewegt werden können, daß Sie Abstandshalter anbringen. Sie sollen zuverlässig dafür sorgen, daß sich die stromführenden Drähte nicht berühren können und die Sockelstifte der Lampe nicht zu sehr belastet werden. Ein kurzes Stück einer Holz- oder Acrylglasleiste mit zwei parallelen Bohrungen reicht, wie in unserer Bauanleitung (vgl. *Seite 54* und *61*) beschrieben, für diesen Zweck meist schon aus.

Für andere Zwecke sind Keramikfassungen geeignet. Diese haben die Bezeichnungen GX 4,0 für kleine Lämpchen ohne Reflektor bzw. mit leichtem Aluminiumreflektor und GX 5,3 für Lampen mit Kaltlichtreflektor. Hier müssen Sie die Lampen gegen unbeabsichtigtes Herausrutschen sichern. Es reicht bisweilen schon, sich aus Bin-

dedraht passende Klammern zu biegen, die vorn über den Rand des Reflektors greifen und hinten natürlich so befestigt werden, daß kein Kurzschluß entsteht.

Im Bezugsquellenteil nennen wir Firmen, die Keramikfassungen führen. Die Fassungen kosten etwa 4–5 DM. Meist sind diese Fassungen nicht notwendig, wenn mit den Leuchten, vor allem im montierten Zustand, nicht allzu rüde umgegangen wird und Abstandshalter angebracht wurden.

Stromzuleitungen

Die Stromstärken, mit denen Sie es in der Niedervolttechnik zu tun haben, liegen zwischen 1,7 A bei einem 20 VA-Transformator und beinahe 17 A bei einem 200 VA-Transformator. Für solch große Stromstärken benötigen Sie recht dicke Durchmesser für die Kabel, damit sie sich durch den Widerstand, den sie den Elektronen entgegensetzen, nicht zu sehr erwärmen und die Verluste dadurch nicht zu groß werden. Wenn Sie beispielsweise eine der modernen Spannseilkonstruktionen bauen möchten, dann können bei 5 m Spannweite schon Seile mit Querschnitten von 4–6 mm² notwendig werden. Abhängig ist der notwendige Durchmesser der Zuleitungsdrähte auch von der Länge vom Trafo bis zur letzten Lampe. Um Ihnen umständliche Erklärungen zu ersparen, haben wir Ihnen eine Tabelle mit den benötigten Kabelquerschnitte zusammengestellt.

Diese Werte sind auf einen Spannungsverlust von rund 7% berechnet. Das bedeutet aber nicht, daß die Lampe nur um 7% dunkler wird. Der

Lichtstrom läßt vielmehr um 20% nach, mehr ist eigentlich kaum noch zu tolerieren. Im Einzelfall kann man von den Angaben abweichen, aber bei wesentlich geringeren Drahtquerschnitten und größeren Längen würde Ihre Konstruktion eher einer Elektroheizung ähneln als einem Beleuchtungssystem.

Lampenleistung	Leitungslänge (in m)			
(in W)	2,5 m	5 m	7,5 m	10 m
20	0,75	0,75	0,75	0,75
40	0,75	0,75	1	1,5
50	0,75	1	1,5	2,5
60	0,75	1,5	2,5	2,5
80	0,75	1,5	2,5	4
100	1	2,5	4	4
120	1	2,5	4	6
140	1,5	2,5	4	6
150	1,5	4	4	6
160	1,5	4	6	6
180	2,5	4	6	10
200	2,5	4	6	10

In der Niedervolttechnik notwendige Kabelquerschnitte in mm²

Die Verbindung vom Trafo zur Leuchte wird in der Regel wohl mit dem am Trafo befindlichen Kabel geschehen. Besitzen Sie jedoch einen Trafo ohne Anschlußkabel, oder reicht deren Länge nicht aus, wird es nötig, ein längeres Kabel anzubringen. Je nach Einsatzzweck sind Kabel verschiedener Bezeichnungen geeignet, z. B. mit dem Kürzel ACF im Bereich brennbarer Gegenstände, ansonsten mit den Kürzeln NYM oder NYY für die meisten anderen Einsatzbereiche.

In den Überlegungen zur neuen VDE-Vorschrift wird eine Festlegung der Mindestquerschnitte bei Kabeln auf 1,5 mm² diskutiert. Dies steht zwar noch nicht fest, aber achten Sie jetzt schon darauf, daß jedes von Ihnen verwendete Bauteil in der Leuchte zumindest den vollen Nennstrom des eingesetzten Transformators verträgt. Die gilt besonders für die dünnen Zuleitungen zu den Lampen in Spannseilsystemen. Die schwächsten Kupferkabel des gesamten Systems müssen somit, je nach verwendetem Trafo, mindestens folgende Querschnitte besitzen:

Bei	20 VA	0,75 mm²
	50 VA	0,75 mm²
	100 VA	1,0 mm²
	150 VA	1,0 mm²
	200 VA	>1,5 mm²

Um lange Zeit Freude an dem Beleuchtungssystem zu haben, müssen Sie bestimmte Risiken wie das Berühren der heißen Lampen ausschließen. Die größte Gefahr liegt im versehentlichen Verbinden beider Stromzuleitungen mit leitenden Gegenständen, das einen Kurzschluß verursacht. Zwar sprechen die Sicherungen der Transformatoren normalerweise bei Kurzschluß an, doch nicht immer schnell genug. Dieses Problem konnte bislang leider von keinem Transformatorenhersteller 100%ig gelöst werden. Für die Sicherung eines Transformators ist es egal, ob der Strom durch eine Glühlampe oder durch ein Drähtchen fließt, das versehentlich zwischen zwei stromführende Leitungen gerät. So ist es möglich, daß sich in einem ungünstigen Fall dünne Drähte bei einem Kurzschluß bis über den Schmelzpunkt erhitzen und

beim Herabfallen Brände verursachen können.

Gerade Spannseilkonstruktionen bieten hierfür viele Möglichkeiten, da häufig lose übergelegte Leuchtenkonstruktionen eingesetzt wurden. Diese können bei Berührung beide Spannseile verbinden. Bei vielen käuflichen Systemen gab es derartige Beanstandungen, wie die Stiftung Warentest im Dezemberheft 1988 festgestellt hatte. Um solche Risiken zu vermeiden, sollten Sie darauf achten, daß sich Ihre Hängeleuchtenkonstruktion auf keinen Fall durch Verdrehen oder sonst eine Ungeschicklichkeit kurzschließen kann. Lose über die Spanndrähte gelegte Kabel oder Drähte kommen daher von vornherein nicht in Frage.

Sichere Spannseilsysteme

Für diese Systeme sollen in Zukunft wesentlich strengere Vorschriften gelten. Die Bauart des Lichtsystems muß dann einen versehentlichen Kurzschluß ausschließen.

Bei Spannseilsystemen betrifft dies besonders die Zuleitung zu den Spannseilen. Sie sollte in jedem Fall isoliert sein. Die Spannseile selbst müssen dann zumindest durch Abstandshalter vor einer gegenseitigen Berührung geschützt sein. Dieser kann auch durch eine besonders konstruierte Leuchte gegeben sein, etwa durch unsere Acrylbrücken.

Die sicherste Lösung ist jedoch, mindestens ein, besser noch beide Spannseile isoliert zu verlegen. An den Stellen, wo eine Leuchte befestigt werden soll, entfernen Sie dann vorsichtig den Kunststoffmantel. Wenn Sie die Isolie-

rung dann noch etwas versetzt zueinander entfernen, können Sie auf Abstandshalter auch völlig verzichten. Möchten Sie die Leuchte einmal woanders plazieren, ließe sich die Lücke in der Isolierung leicht wieder durch ein passend zurechtgeschnittenes Stück Isoliermaterial ersetzen. Sie müssen bei der Entfernung des Isoliermateriales allerdings darauf achten, nicht die Adern des Seiles zu verletzten, die Trag- und Leitfähigkeit des Kabels würde dadurch stark beeinträchtigt.

Um eine Beschädigung der Kupferseele zu vermeiden, gibt es zwei Möglichkeiten. Am einfachsten, aber auch etwas aufwendiger ist der Kauf einer speziellen Abisolierzange, die ein exaktes Entfernen der Isolierung gestattet. Sie läßt sich auf jeden Kabeldurchmesser einstellen. Die Isolierung muß abschließend nur noch vorsichtig längs aufgetrennt werden.

Mehr Geschick erfordert das Abisolieren mit einem Messer. Auf keinen Fall sollten Sie senkrecht in das Kabel hineinschneiden. So sind sehr schnell einige Adern verletzt. Besser ist es, die Schneidebewegung flach zur Oberfläche durchzuziehen, etwa so, wie Sie die Bewegung beim Schnitzen eines Holzstückchens ausführen. So bleibt der Schnitt immer unter Kontrolle.

Aus Gründen der Stabilität möchten wir Ihnen abraten, mehr als 5 m zu überspannen. Bei größeren Längen steigen die Kräfte, die auf Kabel und Befestigungselemente einwirken, nämlich enorm an.

Die isolierten Kabel gibt es in verschiedenen Farben und Ausführungen. Für kleinere Spannweiten ist auch Lautsprecherkabel mit ausreichendem Durchmesser geeignet, bei Spannwei-

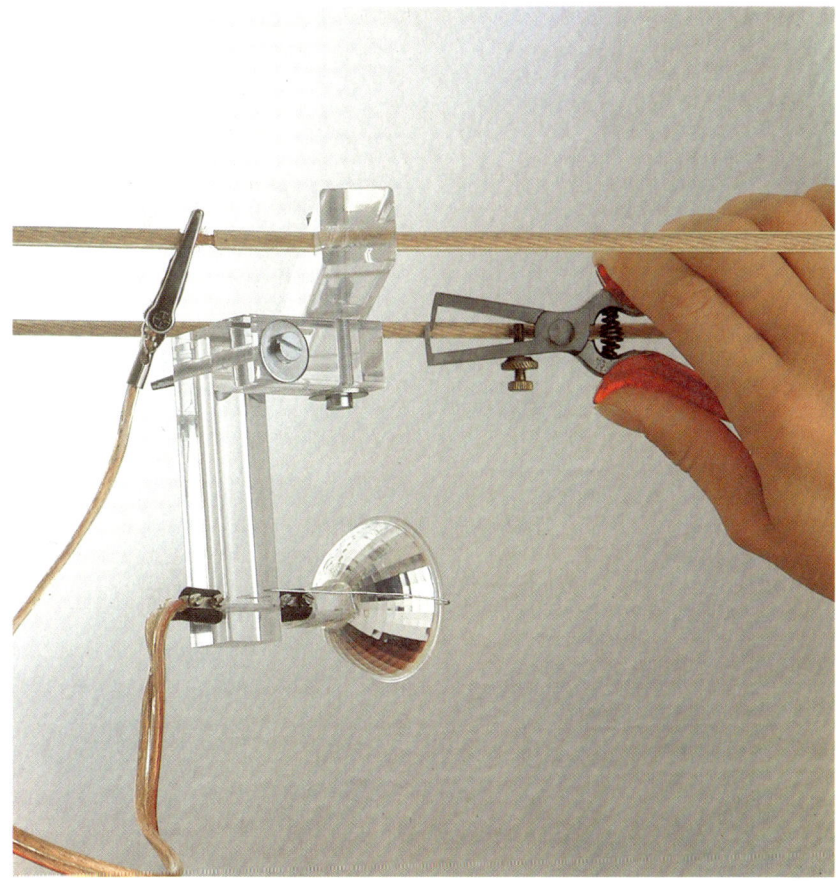

Abb. 5: Zum Abisolieren eignet sich die Kabelzange. Dabei darf die Kupferseele im Draht nicht beschädigt werden.

ten über 5 m sind Kabel mit Kevlarseele oder sogenannte Mischleiter mit Stahlseele nötig. Die isolierten Kabel bieten Ihnen die Möglichkeit, sie direkt zum Transformator zu leiten, ohne ein extra Zuleitungskabel dazwischenschalten zu müssen.

Besondere Sorgfalt sollten Sie allen Verbindungen der Stromzuleitungen zukommen lassen. Wichtig ist dabei,

daß die Kabel und Drähte einen sehr guten Kontakt bekommen, also sehr fest, ohne einen Engpaß für den Strom zu bilden, aneinanderliegen. Dies ist bei den hohen Stromstärken der Spannseilsysteme besonders wichtig. Zwischen Trafo und Spannkabel können Sie die Verbindung durch große Lüsterklemmen oder Dosenklemmen durchführen, die Sie anschließend mit

Isolierband umwickeln. An den Kontakten kann sich eine schlechtleitende Oxidschicht bilden, die von Zeit zu Zeit abgekratzt werden muß.

Bei Spannseilsystemen muß auch der Übergang vom Seil zur Leuchte beachtet werden. Es wurden schon Systeme angeboten, die diesen Übergang mit Hilfe von Rasierklingen bewältigen. Sie können nach dem Studium der vorigen Zeilen selbst beurteilen, daß dies großer Unsinn ist, da der Widerstand an einem solchen Engpaß stark zunimmt, und es folglich zu Erwärmungen kommen muß. Wir haben darum bei unseren Bauvorschlägen sichere Verbindungen bevorzugt, die sich nicht von selbst lösen können. Kleine, nicht isolierte Bereiche in der Nähe der Kontakte stellen unseres Erachtens kein Risiko mehr dar, da es wirklich unwahrscheinlich ist, daß gerade dort Uneingeweihte einen Kurzschluß provozieren. Auch dient es der Sicherheit, wenn Sie im Regelfall die Lampen in einer Höhe von mindestens 2,25 m anbringen; so kann niemand versehentlich dagegenstoßen.

Leuchten ohne Spannseile

Auch für diese Leuchten gilt, daß Sie einerseits einen Kurzschluß in der Leuchte und andererseits das unter Strom setzen anderer metallischer Teile verhindern müssen. Dies läßt sich natürlich am einfachsten dadurch erreichen, daß Sie alle Stromleitungen isoliert verlegen. Wenn Sie aus optischen Gründen dennoch unisolierte Zuleitungen benutzen möchten, gibt es eine einfache Möglichkeit, einen Schutz gegen versehentliches Kurzschließen zu erlangen. Zwar entspricht diese Lösung nicht den strengen amtlichen Kriterien einer Isolierung. Das ist bei Trafos bis 50 VA und bei den geringen Spannungen auch meist gar nicht nötig.

Den Schutz erreichen Sie durch eine mehrschichtige Lackierung des Leiters mit klarem oder farbigem Acryllack. Dies ist natürlich nur bei Leuchtenteilen möglich, die sich nicht stark biegen oder häufig Stöße zu erleiden haben. Der Lack darf ja nicht abblättern. Natürlich isoliert eine solche Lackierung nicht so wirksam wie die eines Stromkabels, schützt aber dennoch bei Nachlässigkeiten und kann so Schäden vermeiden helfen. Auch hier müssen Sie schon bei der Konstruierung der Leuchte unnötige Belastungen der Zuleitungen verhindern. Bereits gekaufte Leuchten können Sie häufig durch eine solche Lackierung etwas sicherer gestalten.

Wenn Sie die vorgenannten Hinweise genau gelesen haben, liegt einem frohen Schaffen eigentlich nichts mehr im Wege. Sie müssen nur eine passende Halogenlampe zwischen die 12 V-Pole des Transformators schalten und schon ist die Montage im Prinzip erledigt. Bevor Sie aber eine Leuchte in Betrieb nehmen, überprüfen Sie immer zuerst die genaue Ausführung aller stromführenden Teile.

Bei Stromstärken bis 4,2 A wie sie bei Trafos bis 50 VA vorkommen ist neben einer Verbindung der Kabel mit Lüsterklemmen auch die mit Steckern aus der Autoelektrik möglich, die bis 5 A Belastbarkeit erhältlich sind. Von dort stammen auch die Schalter, die wir bei schwächeren Leuchten verwandt haben.

Durch die hohen Stromstärken bilden sich an Kontaktstellen, die nicht fest verbunden sind leicht Funken. Sie sollten darum alle Kontakte so legen, daß sie zu leicht entzündlichen Objekten wie etwa Teppichböden oder ähnlichem einen gewissen Abstand von einigen Zentimetern besitzen. Es könnte sich ja auch bei sorgfältiger Arbeit einmal ein Kabel lockern. So aber kann auch im ungünstigsten Fall nie etwas passieren.

Verdrahtung der Halogenleuchten

Bei den fertig montierten Transformatoren, die Sie über die angegebenen Versandfirmen beziehen können, haben Sie keine Probleme mit der Netzseite. Vereinfacht gesagt, sind die freien Kabelenden des Transformators eine 12 V liefernde Steckdose. Bei einer einzelnen Halogenlampe verbinden Sie ganz einfach je einen Stift des Lampensockels mit einem der Trafoanschlüsse. Dabei ist es egal, welches Kabel an welchen Stift angeschlossen wird. Bei mehreren Lampen schließen Sie diese immer parallel zueinander, nie in Reihe hintereinander an. Alles, was Sie als Leuchte konstruieren, stellt so gesehen nur eine Verlängerung der Anschlußkabel des Transformators dar.

In den Schaltplänen, die in *Abbildung 6* die Anschlußmöglichkeiten verdeutlichen, sind darum nur Linien, die die Lampen und den Trafo verbinden. Die

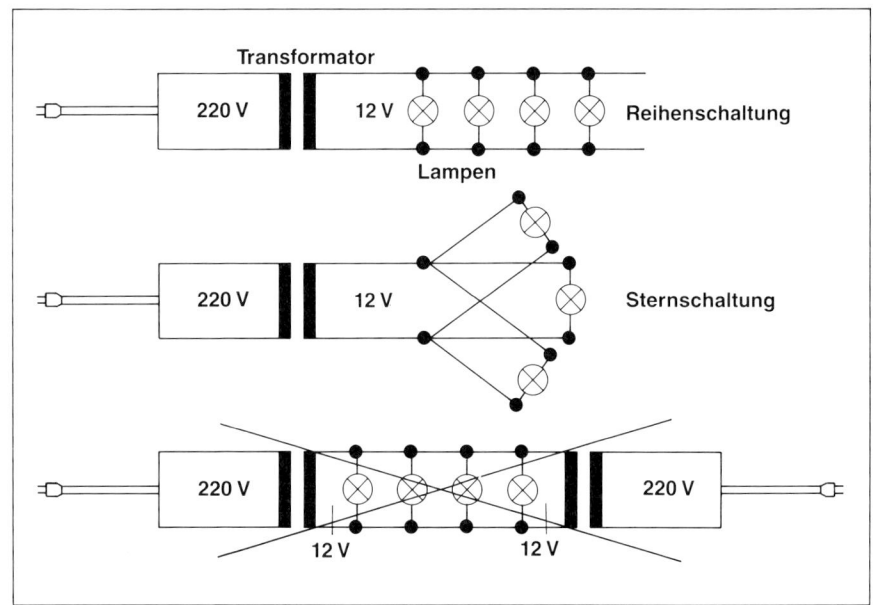

Abb. 6: Schaltplan für die Verdrahtung der Halogenleuchten. Vorsicht: Niemals zwei Transformatoren an ein Spannseilsystem anschließen.

Symbole bedeuten: ein durchkreuzter Kreis für die Lampe, dickere Punkte für leitende Verbindungen zweier Kabel und zwei stehende Rechtecke für den Transformator.

Sie können die einzelnen Lampen ring- oder auch sternförmig verbinden. Die Seilsysteme und Effektstrahler sind dagegen ringförmig geschaltet.

Auf keinen Fall sollten Sie zwei Transformatoren an ein Spannsystem anschließen! Sollte ein Transformator einmal nicht eingesteckt sein, dann liegt an den freien Enden des Netzsteckers wieder die Netzspannung von 220 V an, da der zweite Trafo den Strom ja auch wieder in umgekehrter Richtung transformieren kann. Diese Schaltung wird manchmal benützt, um bei großen Spannweiten von beiden Seiten aus Strom in die Seile zu leiten. Dies ist aber nur sicher, wenn die Anschlußkabel fest verlegt sind. Besser wäre in diesem Fall eine Stromversorgung von der Mitte des Spannseiles aus, wobei die Seile wie bei der sternförmigen Verbindung geschaltet würden.

Spannseile und Magnetfelder

Im Zusammenhang mit der Diskussion um eine gesundheitliche Beeinträchtigung durch Hochspannungsleitungen wurden in letzter Zeit die Normen für nach außen wirkende elektromagnetische Felder verschärft. Diese möglichen Gefahren bestehen aber nur, wenn die Hin- und Rückleitung, wie etwa bei Freileitungen üblich, weit auseinander liegen.

Bei normalen Stromkabeln kommt das nicht zur Geltung, weil sich die Magnetfelder der hin- und zurückfließenden Ströme aufgrund der geringen Entfernung gegenseitig aufheben. Bei Spannseilsystemen in der Niedervolttechnik liegt der Fall allerdings etwas anders: Hier wird der Abstand der beiden stromführenden Kabel aus dekorativen Gründen mitunter extrem weit gewählt, so daß durch die verwendeten hohen Stromstärken nennenswerte elektromagnetische Felder entstehen können. Um diese zu begrenzen, sollten Sie den Abstand der Spannseile nicht zu weit wählen. Eine Entfernung von 10–15 cm reicht völlig aus. Bei den Zuleitungen, deren Kabel wieder eng beieinander verlaufen, heben sich die Magnetfelder ohnehin wieder auf.

Die Montage von Leuchten mit Glühlampen

Bei der Installation an unseren Leuchten bereiten Glühlampen keine Probleme, sofern Sie bereits fertig mit Stecker und Schalter oder mit Aufhängung montierte Fassungen kaufen. Diese ermöglichen Ihnen, auf das gefährliche Hantieren mit 220 V-Netzstrom-führenden Kabeln zu verzichten. Sie erhalten fertige Montagen im Elektro- oder Hobbybedarfshandel.

Für Stehlampen gibt es sie in zwei Ausführungen, entweder mit einem seitwärts fortgeführten Kabel oder aber mit dem Kabel aus dem unteren Ende der Fassung ragend.

Bei unseren Glasstablampen ist das Anbringen von Fassungen sehr einfach. Hierfür gibt es im Elektro- oder Hobbyhandel Gewinderöhrchen aus Messing oder Kunststoff, die unten in die Fassung eingeschraubt werden

können. Nun müssen Sie nur noch in den Sockel Ihrer Lampe ein passendes Loch bohren, und dann die Fassung mit Hilfe des Röhrchens in das Loch einstecken.

Bei der Konstruktion der Leuchte nicht vergessen, Vorkehrungen gegen das Blenden zu treffen und die Größe der Lampen zu berücksichtigen. Bei Stablampen bedeutet dies, daß mindestens zwei dichte Reihen von Glasstäben die Lampe und die nicht sehr dekorative Fassung verbergen sollten.

Für die Montage der Energiesparlampen gilt das gleiche wie für die Glühlampen, wobei die Größe und das höhere Gewicht bei der Konstruktion der Leuchte berücksichtigt werden müssen.

Möchten Sie eine Flasche als Lampensockel verwenden, wird eine Glühlampen-Montage in einen für die Flasche passenden Korken gesteckt, in den Sie zuvor ein Loch eingepaßt haben. Verläßt das Kabel die Fassung am Ende, dann können Sie in den Korken eine Nut schneiden, durch die das Kabel wieder aus der Flasche herausgeführt wird.

Soll das Kabel durch eine Bohrung in der Flasche führen, dann läßt es sich nicht umgehen, hierzu den Stecker oder die Fassung abzunehmen und später wieder anzubringen. Führen Sie am besten daheim die Arbeiten durch und lassen Sie dann Ihr Werk von einem Elektriker abnehmen. Hierbei sollten Sie einige Regeln beachten, die auch allgemein für den Umgang mit Netzstrom gelten:

– Die Leitungsadern sollten an den Anschlußstellen durch Ösen oder Klemmen oder Verlöten gegen das Abspleißen einzelner Drähte gesichert sein.

- In Steckern oder Fassungen muß eine Zugentlastung, das ist ein Bügel, der das Kabel festhält, angebracht sein.
- Wenn ein Gerät für Schutzleiter vorgesehen ist, dann muß dieser auch angeschlossen sein. Das *grüngelbe* Kabel des Schutzleiters muß immer unbedingt an die vorgesehenen Klemmen angeschlossen werden, auch wenn die Lampe ohne diese Verbindung funktioniert. Diese haben ein Symbol aufgedruckt (ein senkrechter Strich über drei parallelen waagrechten Strichen), wie in *Abbildung 12 Seite 40* zu sehen.
- Der Schutzleiter muß länger gelassen werden, damit er als letzter ausreißt, wenn die Zugentlastung einmal versagen sollte.

Der Anschluß eines Steckers ist dann sehr einfach. An die Befestigungspunkte der beiden Stifte wird das schwarze (oder braune) Kabel für die Phase und das blaue Kabel für den Nulleiter angeschlossen. An der Klemme für den Schutzkontakt wird das grün-gelbe Kabel befestigt. Die Klemme fällt außer durch das Symbol schon durch ihre Verbindung mit den federnden Bügeln am Rand des Steckers auf, die den Kontakt mit dem Schutzleiter in der Steckdose gewährleisten. Der Schutzleiter darf auf keinen Fall falsch angeschlossen werden, da sonst das ganze Gerät unter Strom stehen könnte!

Spannseilsysteme selbst gemacht

Diese Lichtsysteme sind genau das Richtige für eine wirklich modern eingerichtete Wohnung. Sie verbreiten einen Hauch von High-Tech und bieten darüber hinaus die Möglichkeit, Akzente zu setzen, mit Licht zu gestalten. Es ist also allerhöchste Zeit, um an die Arbeit zu gehen und mit der Planung eines solchen Systems zu beginnen. Über die Sicherheitsaspekte haben Sie sich schon in den vorherigen Kapiteln ausgiebig informieren können, auch über notwendige Kabelstärken, die Ausführung von Fassungen und ähnlicher Komponenten. In diesem Kapitel nun möchten wir Ihnen vor allem einige Bauanleitungen für die eingesetzten Leuchten vorstellen, die Ihnen zeigen sollen, wie Sie die angesprochenen Sicherheitsprobleme lösen können.

Die Spannseile

Die Spannseile bilden das Grundelement Ihrer neuen Beleuchtung. Die Anbringung der Spannseile ist die einfachste Übung, die Sie auf dem Weg zum Lichtsystem zu bewältigen haben. Nachdem Sie sich für die Spannweite und die Anzahl der Lampen entschieden haben, können Sie anhand der Tabelle auf *Seite 53* nachlesen, ob Sie 4 oder 6 mm starke Kabel benötigen. Befestigungssätze erhalten Sie entweder bei den angegebenen Bezugsquellen oder im Eisenwarenhandel.
Für ein System benötigen Sie vier Hakenschrauben, die mit einem Dübel in der Wand befestigt werden, vier Seilkauschen, um aus den Spannseilen Ösen bilden zu können und pro Seil ein Spannschloß, mit dem das zuerst recht lockere Seil gespannt wird.

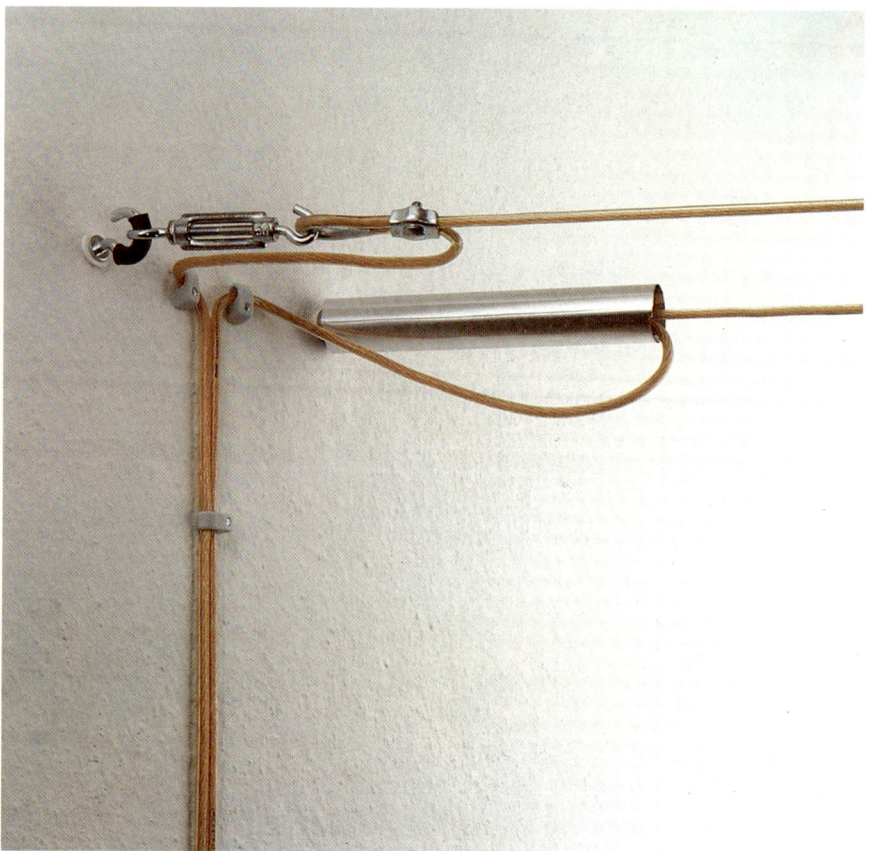

Abb. 1: So werden die Spannseilsysteme an der Wand befestigt. Dabei muß darauf geachtet werden, daß die Zuleitungskabel nicht unter Zugspannung stehen.

Wenn Sie zwei isolierte Seile verwenden, kaufen Sie diese am besten so lang, daß sie sich bequem bis zum Trafo ziehen lassen. Ansonsten müssen wenigstens die Zuleitungen zum Spannseil isoliert gestaltet werden. Kabel entsprechenden Durchmessers sind im Lautsprecherzubehör erhältlich. Voraussichtlich wird die neue VDE-Vorschrift mindestens ein isoliertes Kabel

auch im Spannbereich vorschreiben, daher können Sie eigentlich direkt beide Kabel isoliert verlegen.
Wir haben unsere Bauvorschläge für die Leuchten auf einen Kabelabstand von 15 cm ausgelegt. Wenn Sie ihn kleiner wählen möchten, dann sollten Sie Abstandshalter anbringen. Bohren Sie zuerst die Löcher für die Dübel und befestigen Sie die Haken. Dann bilden

Sie an einem Ende des Kabels eine kleine Schlaufe, und fixieren sie mit einer Seilkausche. Diese Schlaufe hängen Sie mit dem Seilspanner an den Haken. Auf der anderen Seite bringen Sie die zweite Schlaufe so an, daß das Seil schon relativ straff hängt. Anschließend können sie es leicht spannen.

Wenn Sie keine isolierten Spannkabel verwenden, sollten Sie die Haken z. B. mit einem Gummischlauch isolieren. Es könnte ja in der Wand ein Eisenträger oder ein anderes Metallstück verlaufen und einen Kurzschluß verursachen.

Ein großes Problem kann Ihnen schon im voraus zu schaffen machen. Es kommt leider häufig vor, daß Dübel nur unter großen Schwierigkeiten in der Wand Halt finden. Prüfen Sie dies, bevor Sie größere Ausgaben tätigen. Im schlimmsten Fall müssen Sie auf ein Spannsystem verzichten, aber wenigstens haben Sie keinen Verlust erlitten. Die Befestigung sieht nicht sonderlich hübsch aus. Abhilfe schaffen silbrig glänzende Metallfolien, die Sie im Bastelbedarf erhalten. Daraus formen Sie kleine Röhren, die die Seilenden verdecken. Sie können auch einfach schwarzgestrichene Pappröhrchen nehmen. Manchmal findet man auch verchromte Rohre passenden Durchmessers.

Gegenüber dem Spannschloß führen Sie die Kabel zum Boden, wo Sie den Trafo anschließen können. Die Kabel befestigen Sie mit normalen Seilklemmen an der Wand. Die Verbindung isolierter Zuleitungskabel mit den Spannseilen können Sie mit entsprechenden Lüster- oder Dosenklemmen durchführen. Die Verbindung verschwindet unter den Röhren.

Acrylbrücken der Hobbythek

Wir haben dem Acrylglas, dem Polymethylmethacrylat (PMMA), einen ganzen Teil dieses Buches gewidmet. Da es leicht zu verarbeiten ist und überaus dekorativ wirkt, ist es für Halogenleuchten einfach ideal geeignet. Polymethylmetacrylat isoliert, ist recht hitzebeständig und liefert den gewünschten High-Tech-Look frei Haus.

Die Funktionen in der Leuchte, die Stromzufuhr und die Befestigung der Lampe, haben wir bei diesen Leuchten getrennt. Nebenbei dienen die Leuchten auch noch als Abstandshalter und erhöhen dadurch noch zusätzlich die Sicherheit des Systems.

Die Brücke

Grundlage zu allen drei Modellen ist die eigentliche Brücke. Sie hängt bei unserer Konstruktion auf beiden Seiten etwa 2,5 cm über die Spannseile hinaus. Die Länge des Stabes ist daher bei unserem Seilabstand von 15 cm etwa 20 cm, die Kantenlänge beträgt 15 bis 20 mm. Der Stab läßt sich auf zweierlei Weise an den Spannseilen befestigen. Sie können die Seile durch zwei genügend dicke Bohrungen führen, die im Seilabstand durch den Stab gebohrt sind. Diese Befestigung ist nur beim Aufhängen des Systems unpraktisch. Später zeichnet sich diese Lösung durch eine sehr hohe Stabilität aus, die Brücke kann höchstens mitsamt dem Seilsystem herabfallen. Liegt Ihnen jedoch viel an einer größeren Flexibilität der Leuchte, dann bohren Sie ebenso wie bei der ersten Lösung ein Loch in

den Stab und erweitern es mit einer Säge zu einem Spalt, der zum Aufstecken auf das Spannseil dient. Als Abstandshalter ist die Leuchte dann aber nur noch bedingt geeignet.

Die Acrylbrücke als Downlight

Mit dieser Brücke haben Sie beinahe schon Ihre erste Halogenleuchte fertig. Sie richtet ihr Licht allerdings nur senkrecht nach unten oder nach oben. An dieser einfachen Konstruktion erklären wir Ihnen die Befestigung der Lampe. Sie müssen nur die Mitte des Stabes mit zwei Bohrungen versehen, die einen Mittelpunktabstand von 5 mm aufweisen müssen. Der Verlauf dieser Bohrungen ist senkrecht zu dem der Spannseile. In diese 2 mm durchmessenden Bohrungen lassen sich sehr einfach kurze Stücke eines Drahtes einführen, beispielsweise Schweißdraht ist da gut geeignet. Diese Stücke sollten zu beiden Seiten etwa 3−4 mm überstehen. An den Enden befestigen Sie nun abisolierte Lüsterklemmen, die einerseits die Lampe halten, andererseits die Zuleitungskabel aufnehmen. Damit diese Lüsterklemmen nicht versehentlich zusammengeraten, stecken Sie ein kurzes Stück eines hitzefesten Materials dazwischen, etwa ein Stückchen hitzefesten Gummischlauch aus der Automobiltechnik.

Nun bringen Sie zu beiden Seiten des Stabes, etwas versetzt zu den beiden stromführenden Drähten, kleine, etwa 5 mm tiefe Bohrungen an. Sie nehmen die Sicherungsdrähte auf, die ein versehentliches Herausfallen der Lampen verhindern sollen. Die Sicherungsdrähte können Sie sich mit einer kleinen Zange aus Bindedraht oder besser aus einem dünnen Stahldraht leicht zurechtbiegen (vgl. *Abbildung 2*).

Natürlich ist es auch möglich, Keramikfassungen zu verwenden. In diesem Fall müssen Sie aber den Sicherungsbügeln besondere Aufmerksamkeit schenken, da die Lampen recht leicht aus den Schlitzen herausrutschen können. Die Kabelenden der Keramikfassungen leiten Sie wie die Schweißdrähte durch Bohrungen auf die andere Seite und verbinden sie mit Hilfe zweier isolierter Steckverbindungen aus der Automobilelektrik mit dem Zuleitungskabel.

Jetzt muß nur noch das Zuleitungskabel mit den Spannseilen verbunden werden. Als Kabel eignen sich 2,5 mm^2 starke Lautsprecherkabel. Entweder können Sie ein Ende der Zuleitung auf 4−5 cm abisolieren, die Einzeldrähte etwas verzwirbeln und dann um das Spannseil wickeln. Befestigt wird die Verbindung dann durch eine Zylinderschraube M 5 mit einer Flügelschraube und zwei großen Unterlegscheiben. Sie können die Verbindung aber auch genau so gut durch Krokodilklemmen gestalten, die Verbindung ist ebenso sicher.

Die fertige Leuchte findet ihren Platz zwischen den abisolierten Stellen der Spannseile und der Strom wird beiderseits der Leuchte abgegriffen.

Die vertikal schwenkbare Brücke

Die beschriebene Grundform läßt sich natürlich weiterentwickeln. Mit einer Zylinderschraube M 5 × 50 können Sie einen schwenkbaren Arm an der Brücke befestigen. Sie bohren dazu parallel zu den Bohrungen für die Spannseile ein 5 mm starkes Loch durch die Mitte des Stabes. Der zweite, etwa 7−10 cm lange Stab, erhält 1 cm von seinem Ende entfernt ebenfalls eine gleichstarke Bohrung. Beide Stäbe können somit in jeder beliebigen Stellung verbunden werden.

An seinem anderen Ende bringen Sie eine Lampenhalterung an, wie wir es bei der vorigen Leuchte beschrieben haben. Nun müssen Sie nur noch das Zuleitungskabel und die Lampe mit Sicherungsbügel montieren und fertig ist die Leuchte.

Abb. 2: Ob schwenkbar oder nicht, Acrylglas eignet sich hervorragend als Abstandshalter und Brücke für die Halogenspots.

Mobil in alle Richtungen

Wenn Sie noch ein weiteres Drehgelenk an der Leuchte anbringen, läßt sich die Lampe in alle Richtungen schwenken. Den in der vorigen Leuchte beschriebenen Schwenkarm mit Lampenhalterung können Sie in dieser Leuchte ebenfalls verwenden. Sie müssen nur ein Verbindungsstück einfügen.

Durchbohren Sie die Brücke nicht parallel zu den Spannseilen, sondern senkrecht dazu in der Mitte. Das Verbindungsstück muß nur geringfügig länger als der doppelte Durchmesser des Stabes sein, in unserem Fall reichen 5 cm völlig. Es erhält je eine Bohrung an den Enden, im rechten Winkel zueinander. So können Sie das Verbindungsstück leicht um die senkrechte Achse an der Brücke drehen und den Schwenkarm am Verbindungsstück wie an der Brücke verwenden.

Es geht auch preiswerter

Acrylglas ist nicht gerade billig und eine 2 m Stange kann bei 2 cm Kantenlänge schon 60 bis 70 DM kosten. Wesentlich preiswerter ist daher die Verwendung von Holz. Es läßt sich noch leichter verarbeiten und paßt sich, je nach Lackierung, jeder Einrichtung an. Verwendbar sind Stäbe mit quadratischen Querschnitten, die eine Kantenlänge von mindestens 14 mm besitzen sollten.

Sie sollten bei der Montage der Lampenfassung nur eines beachten. Da die Lampe eine sehr große Hitze abstrahlt, ist der Lack in der unmittelbaren Nachbarschaft besonderen Belastungen

ausgesetzt. Es ist daher ratsam, die Stäbe aus Schweißdraht, die durch den Schwenkarm reichen, auf der Lampenseite etwa 1 cm länger vorzusehen. So kann die Hitze der Lampe leichter abgestrahlt werden.

Umgang mit der Niedervolttechnik

Auch wenn Sie ein fertiges Niedervolt-Produkt gekauft haben, sind diese Zeilen für Sie wichtig, denn leider wird der Käufer allzuoft nicht ausreichend über mögliche Risiken aufgeklärt. Übergroß sind die Risiken jedoch nicht, andernfalls hätten wir Ihnen vom Eigenbau einer Halogenleuchte mit Sicherheit abgeraten. Dieses faszinierende Lichtsystem eignet sich hervorragend zum Selbermachen — sofern man natürlich bestimmte Regeln beachtet. Sie fahren mit dem Auto ja auch nicht ohne nach rechts zu schauen in eine Kreuzung ein.

In den vorausgegangenen Kapiteln haben wir darum immer wieder vor möglichen Gefahren, die durch Kurzschlüsse, Funken und heiße Lampenkolben entstehen können, gewarnt. Wenn Sie schon eine Halogenleuchte oder ein Spannseilsystem besitzen, sollten Sie diese kritisch auf mögliche Risiken überprüfen. Beim Eigenbau achten Sie ja sowieso im eigenen Interesse auf eine sorgfältige Ausführung. Informieren Sie alle Personen, die mit dem System in Kontakt kommen können, daß, obwohl man die blanken Kabel problemlos berühren kann, dennoch versteckte Gefahren lauern können. Denn es ist schon vorgekommen,

daß Spannseile in Weihnachts- oder Karnelvalsdekorationen einbezogen worden sind, wo das Lametta oder die Drahtbefestigungen der Girlanden einen Kurzschluß verursachten.

Ziehen Sie den Netzstecker des Trafos, wenn Sie im Bereich der Spanndrähte auf einer Leiter stehen. Sollten Sie das Gleichgewicht verlieren, dann ist es nur zu verlockend, an den Seilen Halt zu suchen. Falls Sie diese dabei herabreißen, so können wenigstens keine Sicherheitsprobleme entstehen. Dasselbe gilt natürlich auch für den Transport der Leiter durch den Raum.

Wenn Sie Kinder haben, müssen Sie abschätzen, ob diese alt genug sind, groben Unfug zu vermeiden. Spanndrähte sind für Kinder sicherlich eine sehr willkommene Befestigung für allerlei Spielgerät — die Verwendung als Klettergerüst eingeschlossen. Doch keine Panik, auch vor dem Spiel mit Steckdosen müssen Kinder gewarnt werden, dennoch findet man diese „Gefahrenherde" in jeder Wohnung.

Leben mit Licht

Falsches Licht kann krank machen

Kennen Sie auch diese seltsame trübe Stimmung, die gerade in regnerischen Novemberwochen überall verbreitet ist? Vor allem nach einem besonders goldenem Oktober befinden sich viele Menschen in einem Stimmungstief. Ganz unverständlich ist dieses Gefühl nach neueren Erkenntnissen nicht.

Mediziner fanden in den letzten Jahren einen überraschenden Zusammenhang zwischen unserer geistigen Verfassung und der Lichtmenge, der wir ausgesetzt sind. Es kann sogar vorkommen, daß ein Mangel an Licht, vor allem im Winterhalbjahr bei empfindsamen Personen zu psychischen Störungen führt. Diese besondere Form von Depression, die in seltenen Fällen bis zur Selbstmordneigung führen kann, stellte die Ärzte lange vor ein Rätsel — bis der Zusammenhang mit dem fehlenden Licht geklärt werden konnte. Demzufolge scheint zusätzlich zur psychiatrischen Behandlung eine genial einfache Behandlungsmethode erfolgversprechend zu sein: ein regelmäßiger Aufenthalt vor einer sehr hellen, beleuchteten Fläche!

Die belebende Wirkung winterlicher Spaziergänge ist so gesehen nicht nur auf die Bewegung in frischer Luft zurückzuführen, sondern auch auf das Einfangen einer Extraportion Licht, die wir in unseren Wohnungen und an unseren Arbeitsplätzen allzuleicht versäumen.

Zu wenig Licht kann aber nicht nur für die Psyche ungünstig sein, sondern auch für die Augen. Seit Generationen predigen Mütter ihren Sprößlingen, daß Lesen bei schlechtem Licht die Augen verdirbt, doch meist ohne durchschlagenden Erfolg. Es könnte sein, daß diesen weitsichtigen Müttern jetzt endlich wissenschaftliche Rückendeckung zuteil wird. Amerikanische Forscher fanden heraus, daß Kurzsichtigkeit entstehen kann, wenn dem Auge in der Wachstumsphase über lange Zeit nur einförmige optische Reize geboten werden. Die Reizung von Sehzellen auf der Netzhaut beeinflußt das Längenwachstum des Auges. Bei der Geburt sind Kinder meist noch weitsichtig, erst im Laufe der Zeit paßt sich das Auge durch Wachstum in der Längsachse den Sehbedürfnissen an und wird normalsichtig. Bei Leseratten ist es möglich, daß das Auge bei seinem normalen Anpassungsprozeß über das Ziel hinausschießt, da die für das Auge reizarmen Buchseiten den Netzhautzellen vorgaukeln, das Ziel der Anpassung noch nicht erreicht zu haben.

Lesen im Dämmerlicht ist demnach noch erheblich stärker für diesen Vorgang verantwortlich und „verdirbt" die Augen wirklich. Mit anderen Worten: zu starkes Längenwachstum des Augapfels kann zur Kurzsichtigkeit führen. Es ist also sinnvoll, wenn man schon nicht auf das „schädliche Lesen" verzichten möchte, wenigstens für ausreichendes Licht zu sorgen.

Um Schädigungen Ihrer Augen auszuschließen, werden wir Ihnen noch genau zeigen, wieviel Licht zum Lesen dieses Buches nötig ist.

Licht und Wohnen

Was haben wir mit dem höhlenbewohnenden Neandertaler oder mit Julius Cäsar in seinem Kaiserpalast gemeinsam? Die Antwort ist sehr einfach: Wir müssen uns gleich ihnen überlegen, wie wir die uns zur Verfügung stehenden Wohnräume beleuchten möchten. Ein Neandertaler hatte wohl nur eine sehr begrenzte Wahlmöglichkeit, sofern er neben dem alltäglichen Kampf ums Überleben überhaupt einen Gedanken darauf verschwenden konnte. Ein Lagerfeuer oder auch eine Fackel ließen ästhetischen Gesichtspunkten nicht gerade viel Spielraum. Auch der große Julius Caesar mußte sich in seinem Palast mit Öllampen, Kerzen und Feuern begnügen.

Uns jedoch steht eine Vielzahl von Leuchten der verschiedensten Bauarten zur Verfügung. In unseren modernen „Höhlen" können wir jeden Raum ins richtige Licht setzen. Wir haben Gestaltungsmöglichkeiten, von denen ein römischer Caesar nur träumen konnte. Und das schönste daran ist, daß der Preis für diesen „Luxus" für jeden tragbar ist.

Voraussetzung dafür ist jedoch, daß man dem Einsatz des Lichtes in der Wohnung den gleichen Stellenwert einräumt wie z. B. der Wahl der Sitzgarnitur im Wohnzimmer. Denn die Planung der Beleuchtung und die Wahl der Lichtquellen hat zumindest eine ebenso große Bedeutung für das Erscheinungsbild eines Raumes wie die restliche Einrichtung. Eine stimmungsvolle Sitzecke, den Arbeitsplatz am Schreibtisch oder auch die dekorative Pflanze in der Ecke richtig und ausreichend zu beleuchten, ist gar nicht so schwer, wenn Sie einige Punkte beachten.

Das richtige Licht im Wohnbereich

Tagsüber ist das beste Licht das natürliche Sonnenlicht. Darum sind die Fenster auch Ihr wichtigstes Beleuchtungsmittel. Sie bilden die Grenze zwischen der Außenwelt und Ihrer Wohnung und durch sie kommt kostenlos die Natur ins Zimmer.

Nach Einbruch der Dunkelheit ist das Wohnzimmer der Raum, dessen Beleuchtung wohl am einfachsten zu gestalten ist. Verlassen Sie sich vor allem auf Ihr gutes Gefühl. Es gibt aber dennoch ein paar Tips, die einen Raum wesentlich wohnlicher erscheinen lassen. Den angenehmsten Effekt hat es, wenn Sie das Wohnzimmer nicht nur mit einer einzigen zentralen Lichtquelle beleuchten. Ein Kristallüster mag noch so prächtig sein, der Gemütlichkeit ist er trotzdem nicht dienlich, wenn er den Raum allein völlig auszuleuchten hat. Mehrere kleine Lichtquellen über den Raum verteilt sind um einiges günstiger. Dabei sollten Sie darauf achten, daß Sie auf wechselnde Ansprüche an die Lichtstärke reagieren können, am besten von schummrig bis strahlend hell. Auf jeden Fall ist es empfehlenswert, die Möglichkeit zu haben, den Raum in mehrere Lichtzonen aufzuteilen, das läßt ihn angenehmer und größer erscheinen.

Möchten Sie einmal allein ein gutes Buch lesen, dann kann dafür schon eine günstig plazierte Stehlampe ausreichend sein, denn das fördert die Konzentration und wirkt gemütlich.

Beim entspannten Gespräch unter Freunden ist es günstig, den Bereich

Abb. 1: Erst die richtige Beleuchtung sorgt für eine gemütliche Atmosphäre im Wohnbereich.

der Sitzgruppe ausreichend zu beleuchten, eine „Lichtinsel" zu bilden, den restlichen Raum aber nicht völlig abzudunkeln. Ein Deckenstrahler etwa, der für indirektes Licht sorgt, oder eine dekorative Leuchte in einem anderen Bereich des Zimmers verhindern, daß

die Lichtkontraste im Raum zu groß werden und auf die Dauer ermüdend wirken.

Besonders schön ist es, wenn schöne Pflanzen, Bilder oder auch die schönsten Stücke Ihrer Schmetterlingssammlung durch Spots ins rechte Licht gerückt werden. Auf jeden Fall sollte niemand von einer Lampe verdeckt oder gar geblendet sein.

Der richtige Fernsehgenuß stellt sich erst ein – einmal vom Programm abgesehen –, wenn die Lichtstärke des Bildschirmes ungefähr mit der des Hintergrundes übereinstimmt. Dabei müssen Sie aber vermeiden, daß Sie von der Lichtquelle geblendet werden oder sich Lichter auf der Mattscheibe spiegeln.

Für das Wohnzimmer sind Glühlampen aufgrund ihres warmen, flackerfreien Lichtes besonders gut geeignet. Eine Grundhelligkeit wird jedoch auch von Energiesparlampen sehr gut erzeugt, vor allem von elektronisch geregelten aufgrund der hohen Betriebsfrequenz. Mit diesen wenigen Hinweisen wollen wir nur Ihre Phantasie anregen und Ihnen Mut machen, einmal eine Veränderung Ihrer Wohnung nicht durch Möbelrücken, sondern durch gezielten Einsatz von Licht zu versuchen.

Genügend Licht bei der Arbeit

Die richtige Beleuchtung von Arbeitsflächen ist wesentlich besser untersucht als etwa die von Wohnzimmern. In der Arbeitswelt läßt sich das Ergebnis aber auch leichter an geringeren Unfallzahlen und erhöhter Produktionsleistung überprüfen, die sich erheblich auch in barer Münze auszahlen. Gemütlichkeit kann man dagegen nicht messen. Trotzdem lassen sich einige dieser Erkenntnisse aus der Arbeitswelt auch auf die Wohnung übertragen.

Wir haben ja schon Lichtstärken und ihre Berechnung behandelt. Anhand des Lichtstromes, den eine Lampe abgibt, kann man die Helligkeit leicht abschätzen. Um aber mit diesem Wert etwas anfangen zu können, geben wir zuvor ein paar Hinweise, wieviel Licht eigentlich für bestimmte Arbeiten nötig ist.

Dabei sollten Sie den höheren Lichtbedarf älterer Menschen berücksichtigen. Warum ältere Menschen mehr Licht benötigen hat biologische Gründe.

Warum wir mit viel Licht schärfer sehen

Sie müssen nicht unbedingt kurzsichtig geworden sein, um nachträglich über zuwenig Licht bei der Arbeit zu klagen. Dazu reicht es schon, wenn Sie die zweite Lebenshälfte erreichen. Im Alter nimmt die Fähigkeit des Auges ab, sich auf verschieden weite Objekte scharf einstellen zu können. Viele Menschen können dann nahe Gegenstände nur noch mit einer Brille scharf sehen; sie sind altersweitsichtig geworden.

Die Schärfe wird im Auge durch einen Ringmuskel reguliert, der die Wölbung der Augenlinse und dadurch die Lage des Brennpunktes der Linse verändert (vgl. *Seite 18*). Dies kann er jedoch nur, wenn die Linse elastisch ist, aber genau diese wichtige Eigenschaft verliert sie mit dem Alter.

Warum hilft aber neben einer Brille auch starke Beleuchtung beim Lesen? Die Antwort weiß jeder, der ab und zu fotografiert. Ist die Blende weit geöffnet, um schlechte Beleuchtung auszugleichen, ist der Bereich, der gerade noch scharf abgebildet wird, sehr klein. Man

nennt dieses Problem mangelnde *Tiefenschärfe*. Bei kleiner Blendenöffnung wird der scharfe Bereich um ein Vielfaches größer.

Wenn Sie beim Arbeiten und Lesen für starke Beleuchtung sorgen, zieht sich die Iris zusammen. Dabei tritt im Auge derselbe Effekt auf wie bei der Kamera. Sie können Objekte noch scharf sehen, für die Sie sonst schon eine Brille benötigen würden.

Auch wenn Sie noch junge Augen haben, bringt Ihnen viel Licht beim Sehen eine große Erleichterung. Ihre Augen sind dann nicht überfordert, sich exakt auf eine bestimmte Entfernung einzustellen. Sie haben durch die größere Tiefenschärfe weniger zu korrigieren; das entspannt auf Dauer. Darum ein Ratschlag: Beim Arbeiten kann es nie genug Licht geben.

Wieviel Licht für welche Arbeit?

Durch Beobachtungen in der Arbeitswelt sind einige Grundlagen geschaffen worden, um Anhaltspunkte für die Lichtmenge zu geben, die Sie sich für gewisse Arbeiten gönnen sollten. Je nach Arbeitsvorgang kann zum Beispiel in der Industrie ein Rückgang des Ausschusses von bis zu 90% erreicht werden. Dies ist natürlich ein Extremwert, der bei der Erhöhung des Lichtangebotes von 1000 Lux auf 4000 Lux bei der Montage von winzigen Teilchen erreicht wurde.

Jede Arbeit in der Wohnung, sei es in der Küche, am Schreibtisch oder im Hobbykeller, benötigt eine Mindestlichtmenge, um einer Ermüdung der Augen oder gar einer Verletzungsgefahr vorzubeugen. Bei älteren Menschen kann der Lichtbedarf, gerade bei niedrigen Lichtstärken, auch doppelt so hoch ausfallen, wie bei einem zwanzigjährigen Menschen. Die folgenden Angaben sind für ein mittleres Alter gedacht.

Um die Angaben einordnen zu können, sollten Sie sich als das Beispiel eine 100 W-Glühlampe vorstellen. Das gesamte Licht dieser Lampe auf 1 m^2 gebündelt, ergibt eine Lichtstärke von 1000 Lux (zur Berechnung der Lichtstärke, vgl. *Seite 29*):

— Eine Lichtstärke von *100 lx* ist in Treppenhäusern und Fluren als untere Grenze gerade noch ausreichend.
— Bei *200–300 lx* können Sie große Details mit hohen Kontrasten gut wahrnehmen. Diese Lichtstärke ist für alle allgemeinen Tätigkeiten die untere Grenze. Das Aufräumen des Arbeitsplatzes fällt zum Beispiel darunter. Es ist eine günstige Grundhelligkeit für alle Räume, in denen Sie in irgendeiner Weise tätig sind.
— *500 lx* reichen für alle Sehaufgaben, bei denen die Kontraste nicht zu gering und die Objekte nicht allzu klein sind. Bügeln, Lesen, Kochen und Handarbeiten sind Tätigkeiten, die mit dieser Lichtmenge leicht zu bewältigen sind.
— *1000–2000 lx* sollten Sie für alle Tätigkeiten vorsehen, bei denen Sie mit kleinsten Einzelteilen hantieren, etwa beim Elektronikbasteln oder Modellbau. Auch wenn Sie einer Verletzungsgefahr ausgesetzt sind, wie etwa in der Werkstatt oder beim Hantieren mit scharfen Messern in

der Küche müssen Sie für ausreichende Beleuchtung sorgen.

Natürlich benötigen Sie für die hohen Lichtstärken keine Massen von Leuchtkörpern. Es reicht oft schon aus, wenn Sie sich eine Reflektorleuchte nahe an das zu beleuchtende Objekt heranziehen können. Noch einmal als Beispiel die 100 W-Glühlampe: ihr Licht auf einen Kreis von 50 cm Durchmesser gebündelt ergibt schon eine Helligkeit von rund 5000 Lux. Da bleiben keine Wünsche mehr offen.

Bei einigen Tätigkeiten ist es sinnvoll, gerichtetes Licht einer Reflektorlampe zur Verfügung zu haben. Immer wenn Sie feinste Höhenunterschiede feststellen möchten, sind die entstehenden Schatten sehr hilfreich. Falten, Kratzer, feine Schräubchen, die sich farblich kaum abheben, sind Dinge, die bei gerichtetem Licht besonders gut sichtbar sind. Bei vielen anderen Tätigkeiten, etwa in der Küche oder in der Werkstatt hat sich dagegen das sparsame, indirekte Licht von Leuchtstoffröhren sehr gut bewährt.

Das richtige Licht für Ihre Pflanzen

Vielleicht wollten Sie den schönen Philodendron ja am liebsten in die Wohnzimmerecke stellen oder neben das Regal, wenn es dort nur nicht so dunkel wäre. Denn wie das Zimmergärtnerleben so spielt, werden die Pflanzen am Fenster immer größer und trennen mag sich von seinen geliebten Pfleglingen wohl niemand gerne. Doch gibt es inzwischen Lichtquellen, die für Pflanzen gut geeignet sind. Warum aber teurere

spezielle Lampen kaufen – reicht denn nicht eine Glühlampe?

Die Antwort lautet kurz und bündig: nein! Denn eine Glühlampe sendet ein kontinuierliches Spektrum aus mit dem Hauptanteil im Bereich der Wärmestrahlung, wie Sie in *Abbildung 4, Seite 32* sehen konnten. Im Lampenhandel gibt es immer wieder Lampen, die als Pflanzenlicht verkauft werden und eigentlich nichts anderes sind als Glühlampen, die zum Ausfiltern des IR-Anteils eingefärbt sind und noch zusätzlich einen Reflektor besitzen. Trotzdem sie eine etwas geringere Wärmestrahlung als herkömmliche Glühlampen aufweisen, sind sie nicht zu empfehlen, da sie bei Pflanzen zu extremem Längenwachstum führen.

Pflanzen benötigen Licht mit einem ganz anderen Spektrum. Die Pflanze erzeugt aus dem Licht Energie. Mit Hilfe des Lichtes werden aus Kohlendioxid und Wasser Energieträger hergestellt, die den Stoffwechsel der Pflanze antreiben. Diesen Vorgang nennt man *Photosynthese*. Verantwortlich für diese wichtige Aufgabe ist der grüne Blattfarbstoff, das *Chlorophyll*. Das Chlorophyll verwertet aber nur Licht bestimmter Wellenlängen, wie die Absorptionskurve des Chlorophylls in *Abbildung 2* zeigt. Zwei Wellenlängebereiche sind besonders wichtig: blau bis violettes Licht zwischen 380 und 480 nm mit einem Maximum bei 430 nm, sowie der Bereich von orange bis rot zwischen 600 und 760 nm mit einem Maximum bei 660 nm. Hier wird auch deutlich, warum das Chlorophyll die Pflanzen grün färbt. Das Chlorophyll kann grünes Licht des Sonnenspektrums nicht verwerten und reflektiert es einfach. Die anderen Wellenlän-

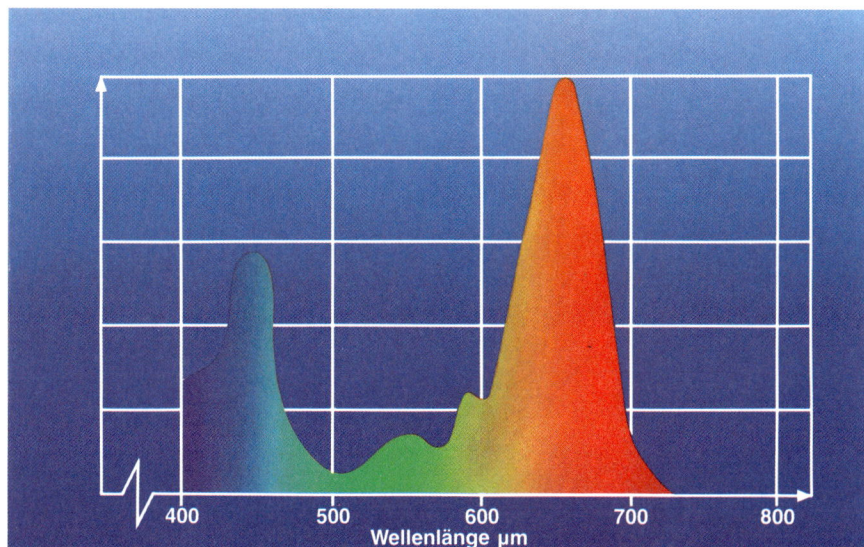

Abb. 2: Absorptionskurve des Chlorophylls. Deutlich sind die beiden Absorptionsmaxima im blau-violetten und orangeroten Bereich des Spektrums zu sehen.

gen können dagegen zur Energieproduktion genutzt werden.

Wichtig bei der Pflanzenbeleuchtung ist, daß die Wirkungen der beiden Wellenlängenbereiche bedacht werden. Blaues bis violettes Licht trägt zur Photosynthese bei, verlangsamt aber das Längenwachstum der Pflanzen. Der andere Wellenbereich, das rote Licht, fördert das Längenwachstum und ist für die Energieproduktion noch entscheidender als das blaue Licht. Reines Rotlicht kann darum zum sogenannten Vergeilen führen, extremes Längenwachstum mit nur wenigen Seitentrieben, da das Längenwachstum nicht durch blaues Licht gehemmt wird. Wichtig ist rotes Licht auch für das Erkennen der Tageslänge, die für manche Pflanzen zum Start der Blüte sehr wich-

tig ist. Die tropischen Pflanzen in unseren Wohnungen sind meist auf gleichmäßige Tageslängen eingestellt. Sie nehmen den stetigen Wechsel jedoch nicht übel, solange sie im Winter ausreichend beleuchtet worden.

Glühlampen können nur orange bis rote Wellenbereiche abdecken, während die meiste Energie in schädliche Wärme umgewandelt wird. Blätter, die der Lampe zu nahe kommen, verdunsten übermäßig Wasser und werden dadurch geschädigt. Bei ausschließlicher Beleuchtung mit Glühlicht neigen Pflanzen zu extremem Längenwachstum, da der bremsende Blaulichtanteil fehlt. Darüber hinaus sind Glühlampen, wie Sie wissen, nicht gerade sehr wirtschaftlich.

Neben der Photosynthese werden in

der Pflanze noch viele andere Funktionen vom Licht gesteuert, vom Längenwachstum über die Blattgröße bis zur Bildung von Blüten. Dabei ist nicht nur das Spektrum des Lichts entscheidend, sondern auch die Stärke und die Dauer der Lichteinstrahlung. Die einzelnen Pflanzen reagieren sehr unterschiedlich auf das Licht, was ja nicht verwunderlich ist, denn jede Pflanze ist durch die Evolution auf ganz spezielle Lebensbedingungen ausgelegt.

Aus diesem Grund und natürlich aus Sparsamkeitsgründen verwenden selbst Profis in Gärtnereien nicht das völlig perfekte Licht, sondern eine möglichst wirtschaftliche und einigermaßen den Anforderungen entsprechende Lampe.

Doch welches Licht soll der Hobbygärtner für seine Pflanzen nehmen, wenn er keine Glühbirne verwenden darf? Glücklicherweise müssen Sie daraus keine Wissenschaft machen, die Pflanzen sind, wenn die Lichtmenge stimmt und kein falsches Licht verwandt wird, recht genügsam. Eine Erkenntnis aus dem Gartenbau ist jedoch sehr interessant: eine sehr starke Zusatzbestrahlung über wenige Stunden ist häufig genauso wirksam wie eine langfristige mäßige Beleuchtung.

Wieviel Licht benötigen die Pflanzen nun eigentlich? Folgende Tabelle soll Ihnen darum bei der Planung der Pflanzenbeleuchtung behilflich sein, wobei zu beachten ist, daß der Lichtbedarf einer Pflanze mit der Temperatur zunimmt.

Notwendige Beleuchtungsstärke

	1 großer Lichtbedarf	**2** mittlerer Lichtbedarf	**3** geringer Lichtbedarf
für Erhalt der Pflanzen	1500 Lux	1000 Lux	500 Lux
für Wachstum bzw. Blütenbildung	3000 Lux	2000 Lux	1000 Lux
Pflanzenmerkmale	keine oder wenige kleine Blätter, bunte Blätter, Blütenknospen	gegliederte, hartlaubige Blätter, ausgebildete Blüten	viele, breite weiche Blätter
dominante Pflanzen	Birkenfeige Phoenix-Palme Yucca-Palme	Gummibaumarten Philodendron Zyperngras	Areca-Palme Bergpalme Geigenfeige
halbhohe, füllende Pflanzen	Buntnessel Euphorbia Flamingoblume Zimmeraralie	Aralie Asparagus-Sorten Begonia-Sorten Bromeliaceae Dieffenbachia Sansevieria Zierananas	Aglaonema-Sorten Calathea-Sorten Drachenbaum-Sorten Frauenhaarfarn Nestfarn Schwertfarn
Bodendecker oder Ranken	Alpenveilchen Flammendes Kätchen Fleißiges Lieschen Geraniengewächse Hibiskus Kakteen Solanaceae	Efeu Hoya-Carnosa Kletterficus Klimme	Clivie Scindapsus Usambaraveilchen

Der angegebene Lichtbedarf der Pflanzen gilt für 20 °C Umgebungstemperatur. Höhere Temperaturen ergeben auch höheren Lichtbedarf, wobei die erforderliche Beleuchtungsstärke prozentual stärker steigt als die Temperatur. Wird z. B. eine Pflanze bei 20 °C Umgebungstemperatur mit 2000 Lux beleuchtet, so benötigt sie bei 25 °C ca. 2800 Lux.

Aus Kostengründen sollten Sie darauf achten, nicht gerade die lichthungrigsten Pflanzen in die dunkelste Ecke des Wohnzimmers zu verbannen. Doch bietet künstliches Licht die Möglichkeit, an Lichtmangel leidenden Pflanzen zu helfen und auch in dunklen Wohnungen ein wenig Grün um sich zu haben. Gesucht sind darum Lampen, die sehr sparsam geeignetes Licht produzieren. Doch sollte Ihre Pflanzenbeleuchtung natürlich auch dekorativen Gesichtspunkten standhalten. Gerade da gibt es einige einfache Möglichkeiten.

Abb. 3: Fertige Pflanzenbeleuchtungssets (Quecksilberdampf-Lampe) ermöglichen ein gesundes Pflanzenwachstum in dunklen Räumen.

Eine sehr gute Lösung, wenn auch nicht gerade die preiswerteste, stellen Quecksilberdampflampen dar. Sie haben bei hoher Lichtleistung einen geringen Stromverbrauch und sind als fertige Strahlersets zu beziehen (vgl. *Abbildung 3*). Einige große Lampenhersteller bieten diese Lichtsets an, sie kosten zwischen 150 und 200 DM. Sie können damit in 1 m Entfernung bei einem Lichtstrom von 2000 lm noch eine Helligkeit von rund 1000 Lux in einem Kreis von 90 cm Durchmesser erzielen. Die Lampe hält rund 8000 Stunden. Ebenfalls gut geeignet sind die strahlend hellen Metalldampfhalogenleuchten.

Preiswerter ist die Wahl einer für normale Beleuchtungszwecke entwickelten Leuchtstoffröhre, die im benötigten Bereich ausreichendes Licht liefert. Die sogenannte *Dreibandenleuchte* ist hierfür gut geeignet. Sie gibt besonders viel Licht im blauen, grünen und roten Bereich ab (vgl. *Abbildung 4*). Zwei Drittel sind davon für die Pflanze nutzbar. Günstig ist hier die Lichtfarbe *Weiß,* bei Grünpflanzen geht auch *Warmweiß.* Diese Lampe bietet sich an, wenn sie eine Hängeleuchte mit Re-

flektor besitzen oder kaufen möchten. Die Lichtausbeute zweier solcher Röhren von 120 cm Länge ist in 1 m Entfernung auf einer Fläche von 2 × 1 m noch 500 Lux, wenn die Leuchte annehmbare Reflektoren besitzt.

Die einfachste Lösung bieten Ihnen die modernen Energiesparlampen mit Reflektor. Sie haben den entscheidenden Vorteil, daß Sie in jede passende Steh- oder Hängelampe, die das etwas höhere Gewicht verträgt, eingesetzt werden können. Es gibt diese Lampen in Reflektorausführung und sogar elektronisch geregelt, so daß diese Lampen bei einem Stückpreis von etwa 50 DM eine recht günstige Lösung darstellen. Sie sind vor allem zur zusätzlichen Beleuchtung relativ dicht über den Pflanzen geeignet, da ihr Lichtstrom mit rund 900−1200 lm bei 18−20 W leider nicht allzu hoch ist. Zwei dieser Lampen ersetzen ungefähr eine Quecksilberdampflampe von 50−80 W.

Aquarienfreunde aufgepaßt! Die vorgestellten Lampen reichen nach Ansicht der Experten mit ihrem Spektrum auch für Wasserpflanzen völlig aus.

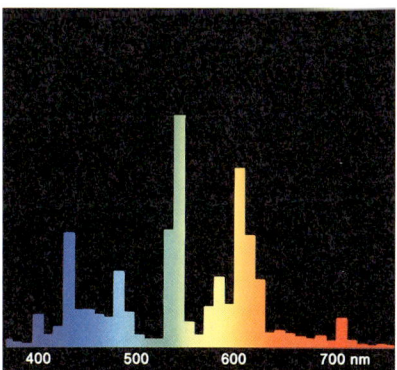

Abb. 4: Auch die sparsamen Leuchtstoffröhren sind zur Pflanzenbeleuchtung geeignet, wie das zugehörige Dreibanden-Spektrum zeigt.

Dekorative Arbeits- und Effektstrahler mit Halogenlicht

Konzentriertes Arbeiten geht mit der richtigen Beleuchtung wesentlich leichter. Ob es die Hausaufgaben sind, die Steuerabrechnung oder auch ein freundlicher Brief an die Urlaubsbekanntschaft, im Dunkeln läßt sich vielleicht gut munkeln, aber sicherlich nicht gut schreiben. Das richtige Licht liefern Ihnen unsere Arbeitsleuchten, die nicht nur gut aussehen, sondern auch leicht herzustellen sind.

Arbeitsleuchten

Ein Mini-Spot mit Teleskoparmen

Ideal als kleine Lese- und Arbeitsleuchte, aber auch zur Effektbeleuchtung geeignet, ist dieses kleine Modell. Das Besondere an dieser Leuchte sind die Teleskop-Arme der Leuchte, die es ermöglichen, die Höhe des Strahlers auf bis zu 80 cm einzustellen. Ermöglicht wird dies durch die Verwendung von Teleskop-Kofferradioantennen, die im Elektronikfachhandel erhältlich sind. Geeignet sind Ausführungen, die an der Unterseite des kurzen Gelenkstükkes ein Gewindeloch besitzen, meist Gewinde der Größe M3 oder M4.
Der Transformator wird in einem kleinen Sperrholzgehäuse untergebracht, das einfach zu bauen ist. Die genauen Maße des Gehäuses hängen natürlich vom verwendeten Transformator ab. Die folgenden Zuschnitte einer 6 mm starken Sperrholzplatte müßten jedoch bei den meisten Fabrikaten völlig ausreichend sein. Prüfen Sie es aber bitte vor dem Holzkauf nach.

Abb. 1: Eine ideale Leselampe ist der Mini-Spot mit Teleskop-Armen.

---

2 mal 11,5 × 8,5 cm für die Grund- und Deckplatte
2 mal 11,5 × 6,5 cm für die Längsseiten
2 mal 7,3 × 6,5 cm für die Schmalseiten

Im Abstand von 60 mm, etwa 2 cm vom Rand entfernt, bohren Sie nun an einer der Schmalseiten der Deckplatte die Löcher, welche die kurzen Enden der Antennen aufnehmen sollen. Die Befestigung der Antennen ist zwar je nach Ausführung verschieden leicht durch-

zuführen. Unter Umständen ist es notwendig, zwei zusätzliche Löcher für die Befestigungsschrauben zu bohren. Ein Loch in der Deckplatte nimmt den Miniaturschalter mit Zentralbefestigung auf (5 mm Durchmesser), und eine Aussparung in einem Seitenteil läßt genügend Platz für das Netzkabel. Nun können Sie die Deckplatte und die Seitenteile zu einem Gehäuseoberteil zusammenfügen. Da im Gebrauch keine großen Kräfte auftreten, reicht eine Verbindung mit Holzleim völlig aus. Besser halten die Verbindungen, wenn zur Unterstützung von innen kurze Stücke eines Viertelholzes, wie es für Fußleisten Verwendung findet, in die Winkel geleimt werden.

Unter die Köpfe der Befestigungsschrauben klemmen Sie an der Gehäuseinnenseite die Anschlußlitzen an, die Antennenenden, Schalter und Trafo miteinander verbinden. Der Trafo wird auf die Bodenplatte aufgeschraubt. Hierfür sind an den Befestigungspunkten vier Bohrungen in der Bodenplatte und von unten Senkkopfschrauben M3 × 15 anzubringen. Entsprechende Muttern bieten dem Trafo sicheren Halt. Um das Gehäuseoberteil mit der Bodenplatte zu verbinden, genügen zwei bis drei Holzschrauben, die durch vorgebohrte Löcher am Rand der Bodenplatte in die Wandung des Gehäuseoberteils reichen. Wenn Sie genügend Geduld haben, können Sie noch alle Kanten mit Schleifpapier oder einem elektrischen Schleifgerät abrunden und erhalten so ein elegantes *Softline*-Gehäuse. Lackieren sollten Sie das Gehäuse ausschließlich mit umweltverträglichen Lacken, die das blaue Umweltzeichen tragen. Die Verkabelung der Lampe erfolgt nach dem bereits bekannten allgemeinen Schema (vgl. *Seite 56*).

Es fehlt nur noch die Befestigung des Mini-Spots. Wir haben hier eine möglichst einfache Lösung gewählt. Ausgangspunkt ist eine Keramikfassung G4. An die Befestigungslöcher der Fassung schrauben Sie nun je eine Lüsterklemme, die Sie zuvor von ihrer Isolierung befreiten. Die Originalschrauben sind meist in der Länge nicht ausreichend, sie können jedoch gegen Zylinderkopfschrauben der Größe M2,6 × 8 ausgetauscht werden. Unter die Schraubenköpfe werden die

stark gekürzten Anschlußlitzen der Keramikfassung geklemmt. Jetzt müssen nur noch die Antennen vorbereitet werden. Zuerst zwicken Sie mit einem Saitenschneider die Zierknöpfe der beiden Enden ab. Dann, sehr vorsichtig, damit das harte Messing nicht bricht, an den Enden der Antennen je ein 1 bis 2 cm langes Stück rechtwinklig abbiegen. Die genaue Länge der Abschnitte hängt von der Ausführung der Keramikfassung ab. Die umgebogenen Enden klemmen Sie nun in die freien Löcher der Lüsterklemmen, aber nur so festziehen, daß sich die Fassung noch schwenken läßt.

Sollten Sie einen Mini-Spot mit Metallreflektor verwenden, dann achten Sie beim Schwenken der Lampe darauf, daß der Reflektor die beiden Teleskopstäbe nicht berührt. Er könnte, falls Sie keine Vorkehrungen getroffen haben, einen Kurzschluß hervorrufen. Um Kurzschlüsse zu vermeiden, sollten Sie darum alle Metallteile dieser Leuchte, die nicht unbedingt zusammengeschoben werden müssen, mehrfach mit klarem Lack überstreichen. Besonders gilt dies für das unterste und das oberste Segment, da dort am ehesten Kurzschlüsse entstehen können.

Eine praktische Arbeitsleuchte

Alle Tätigkeiten, die durch Schattenbildung kleinste Erhebungen oder Gegenstände sichtbar werden lassen, benötigen gerichtetes Licht. Wir schlagen Ihnen für diese Zwecke eine praktische

Arbeitsleuchte vor, die mit einer 50 W-Flood-Reflektorlampe betrieben wird. Als Gehäuse für die Aufnahme des Transformators können Sie ein Industrie-Eisenblechgehäuse oder auch ein selbstgebautes Sperrholzgehäuse verwenden. Möchten Sie das Gehäuse selbst bauen, dann verfahren Sie wie bei der Mini-Spot-Leuchte. An Zuschnitten benötigen Sie hierfür aus 6 mm starkem Sperrholz

2 mal 12 cm × 10 cm
2 mal 12 cm × 6,8 cm
2 mal 8,8 cm × 6,8 cm

Die Arme der Arbeitsleuchte bestehen aus zwei 50 cm langen Stücken eines Aluminium-Vierkantrohres (10 × 10 mm). Für die Konstruktion der Gelenke und der Befestigung am Gehäuse dienen 40 cm eines Aluminiumbandes der Stärke 2 × 15 mm; 10 mm Breite wären noch günstiger, sind aber kaum zu erhalten. Zuerst muß das Gestell am Gehäuse befestigt werden. Das unterste Gelenk dient zugleich dem Drehen der Lampe sowie dem Schwenken. Die Befestigung des U-förmig gebogenen Bandes, das in der Mitte durchbohrt ist, erfolgt durch eine Schraube M4 × 15, eine Beilagscheibe sowie zweier Muttern auf der Gehäuseinnenseite. Die zweite Mutter ermöglicht es, die Befestigung fest aber zugleich drehbar einzustellen. Die Schenkel des U-Stückes und das anschließende Vierkantrohr sind durchbohrt und werden mit einer Schraube M5 mit Flügelmutter zusammengehalten.

Als nächstes ist das Mittelgelenk an der Reihe. Am oberen Ende des ersten

Abb. 2: Wer viel bastelt, kann sich mit dieser Beleuchtung gute Arbeitsbedingungen schaffen.

Rohrstückes sind zwei Alustreifen mit zwei Schrauben M4 × 20 befestigt und zwar so, daß die eine Hälfte der Streifen übersteht. Zwischen den freien Enden können Sie nun das zweite Vierkantrohr beweglich befestigen. Eine Schraube M5 × 20 mit Flügelmutter ist auch an diesem Drehgelenk angebracht. Als Gewichtsausgleich für die Birne und Fassung ist es sinnvoll, das Rohr durch eine Bohrung im Verhältnis 12 : 38 cm zu teilen.

Nun zur Befestigung der Lampenfassung: Wir verwandten hierfür eine Bajonettfassung Ba 15d für eine 50 W-Reflektorlampe. Sie ist einfach zwischen zwei Alubänder eingeklemmt, die mit Schrauben M4 × 25 zusammengehalten werden. Das Gelenk zum Leuchtenarm bildet wieder eine Schraube mit Flügelmutter. Da die Fassung etwas dicker als das Alurohr ist, muß der Zwischenraum mit Beilagscheiben aufgefüllt werden.

Bei dieser Konstruktion muß die Lampe über ein Kabel mit Strom versorgt werden. Sie können es aus einer 6 mm-Bohrung im Gehäuse durch die Rohre bis zur Fassung führen. Eine Zwillingslitze 2 × 0,75 mm reicht für diesen Zweck völlig aus. Sie müssen nur darauf achten, daß sie an den Gelenken locker genug verlegt ist. Wenn Sie möchten, können Sie noch einen Schalter mit 5A Belastbarkeit zwischen Lampe und Trafo schalten.

Ein großer Vorteil dieser Konstruktion liegt in ihrem geringen Gewicht. Sie können darum auf das Anbringen von Federn, die das Herunterklappen der Arme verhindern, verzichten. Die mit den Flügelmuttern einstellbare Reibungskraft verleiht der Lampe ausreichende Stabilität.

Halogen-Effektstrahler

Diese Gruppe von Leuchten ist besonders geeignet, wenn Sie schöne Bilder, Figuren oder Geräte optisch hervorheben möchten. Sie können mit dem engbegrenzten Leuchtfleck eines dieser Halogenstrahler in Ihrer Wohnung reizvolle Akzente setzen, oder an die Decke oder Wand gerichtet, zur Gesamtbeleuchtung beitragen.

Ein Duostrahler mit Mini-Spots

Diese Leuchte unterscheidet sich von der vorhergehenden vor allem durch die verwendeten Lampen, zierliche 20 W-Mini-Spots mit Metallreflektor, die von einem 50 VA-Transformator versorgt werden. Auch hier werden die Lampen durch Kabel, die durch ein Rohr geführt werden, mit Strom versorgt. Der wesentliche Unterschied liegt jedoch in der Befestigung der Strahler.

Die Mini-Spots werden von Keramikfassungen des Typs G4 gehalten. Diese Keramikfassung wird nun mit Hilfe zweier Bohrungen an einen U-förmig gebogenen Aluminiumstreifen geschraubt. Dieser 1 mm starke Streifen sollte eine Länge von 80 mm und eine Breite von 10 mm besitzen. Eine Hartholzkugel mit 25 mm Durchmesser und einer Bohrung von 8 mm dient als Drehgelenk, das mit einer eingedrehten Holzschraube am Rohr fixiert werden kann. An dieser Holzkugel werden die freien Arme des U-Streifens, die 5 mm von beiden Enden noch eine Bohrung erhalten, mit zwei Holz-

schrauben (2,5 × 8) schwenkbar befestigt. Aus dieser Konstruktion ergibt sich für den zu biegenden Streifen, daß die freien Enden rund 52 mm lang sein müssen und der Mittelteil etwa 25 mm. Sollten Sie nur eine Holzkugel mit abweichenden Maßen erhalten, müssen

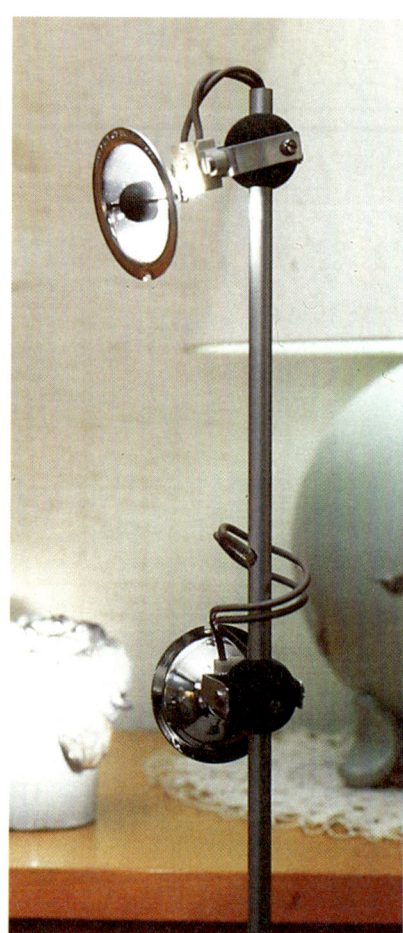

Abb. 3: Die beiden Spots des Duostrahlers sind in alle Richtungen schwenkbar.

Sie die Abweichungen bei den Streifen berücksichtigen.

Der Bohrung der Holzkugel entsprechend befestigen Sie die fertigen Schwenkelemente an einem runden Aluminiumrohr mit 8 mm Durchmesser und einer Länge von 60 cm. Dieses Rohr steckt in der Deckplatte eines Sperrholzgehäuses, das dieselben Maße besitzt wie wir schon bei der Arbeitsleuchte auf *Seite 74* beschrieben haben. Befestigt wird das Rohr mit einer Kabelschelle aus dem Elektrohandel an einer der Seitenwände.

Die Anschlüsse der Keramikfassungen können Sie mit den Zuleitungen verlöten oder zusammenstecken wie auf *Seite 89* beschrieben. Für die Zuleitung des unteren Spots ist noch eine 5 mm-Bohrung in der Höhe der unteren Kugel nötig, bei der oberen Lampe führen Sie die Kabel aus der oberen Rohröffnung. Sie sollten beim Schwenken der Lampe nicht an die Mini-Spots fassen. Sie werden im Betrieb sehr heiß, und die dünnen Metallstifte des Sockels könnten überdies beschädigt werden. Die Keramikfassung bietet hierfür einen wesentlich stabileren und sicheren Griff.

Dreifach-Strahler mit Maxi-Spots

Wir haben unser Strahlensortiment natürlich noch weiterentwickelt. Unser Dreifach-Strahler dient nicht nur als dekorativer Blickfang. Hier lassen sich sogar drei bis fünf Halogen-Reflektorstrahler unabhängig voneinander in alle Richtungen drehen und auf einem Zwillingsmast verschieben. Dieser Zwillingsmast besteht aus zwei 140 cm langen Alustäben, deren Abstand durch die Befestigung im Trafogehäuse und die Halterungen der Reflektoren fixiert wird.

Die beiden Alustäbe mit einem Durchmesser von 8 mm werden in einem Abstand von 15 mm montiert. Als Sockel dient in diesem Falle ein umfunktionierter Kunststofftopf eines Hydrokultursystems. Diese Töpfe sind in verschiedenen Farben zu erhalten, recht stabil und nicht sehr teuer – so ersparen Sie sich den Bau eines Gehäuses. Wir benötigen für diese Lampe einen Topf mit 14 cm Durchmesser und einer Höhe von 9,5 cm. Da die Töpfe meist höher sind, sägen Sie am besten den Rand passend ab. Als Boden des Gehäuses dient eine kreisrunde, 6 mm starke Sperrholzplatte, deren Durchmesser von dem Innendurchmesser des Topfrandes abhängt. Der Topf wird über die Bodenplatte gestülpt und durch kleine Bohrungen nahe des Topfrandes kann die Platte mit Senkkopf-Holzschrauben etwa der Größe 2,5 × 16 gesichert werden. Am Rand des Topfbodens erhält der Topf eine Bohrung für den Schalter und im Bereich der Bodenplatte eine Nut, die Platz für das Stromkabel schafft.

In der Mitte des Topfbodens sind nun die beiden Löcher zu bohren, die die Alustangen aufnehmen. Der Abstand der Mittelpunkte der Bohrungen muß hierbei 15 mm betragen, der Durchmesser 8 mm. Zusätzlichen Halt bieten zwei Kunststoffklötzchen von 20 mm Breite und 60 mm Länge. Sie erhalten ebenfalls passende Bohrungen und dienen als zusätzliche Führung für die Stangen. Hierzu werden die Klötzchen von unten durch den Topf mit entspre-

chenden Spanplattenschrauben befestigt. Sie sollten allerdings das Vorbohren in einem kleineren Durchmesser und das Unterlegen einer Beilagscheibe nicht vergessen. Es reicht völlig, wenn die Stangen ca. 1 cm weit in den Topf hineinreichen. Mit Epoxid-

Abb. 4: Universell einsetzbar und dekorativ: der Dreifach-Strahler.

harzkleber lassen sich nun die Stangen ausreichend stabil am Gehäuse befestigen.

Wie werden die Lampen an den Stangen befestigt? Die Lösung ist wieder einmal sehr einfach: Sie benötigen insgesamt vier Holzkugeln mit einem Durchmesser von 35 mm, eine davon für den oberen Abschluß der Stangen. Die Kugel für den Abschluß erhält zwei Bohrungen von 8 mm, die nur bis zur Hälfte eindringen, auf keinen Fall aber durchstoßen dürfen. Der Abstand der Bohrungen ist natürlich derselbe wie bei den Stangen, also 15 mm Mittelpunktabstand. Da sie die Kugel, die ja zwei Stangen aufnehmen soll, nicht mittig anbohren können sondern versetzt, läßt sich bei dieser Lampe die Verwendung eines Bohrständers sowie eines passenden Schraubstocks wohl kaum vermeiden. Die drei anderen Kugeln erhalten ebenfalls entsprechende Bohrungen, die hier jedoch die Kugeln durchstoßen.

Die Maxi-Spotlampen besitzen einen sogenannten Bajonettsockel BA15d, der in eine entsprechende Fassung eingeführt wird. Die Fassung hat einen ringförmigen Kragen, mit 4 Löchern (3 mm Durchmesser).

Durch zwei der Löcher stecken Sie nach hinten Metallschrauben M3 × 25 und befestigen Sie sie am Ring mit Muttern. Die drehbare Befestigung an den Kugeln läßt sich mit Hilfe von Holz- oder Kunststoffringen mit ca. 30 mm Innendurchmesser und 6 mm Stärke leicht verwirklichen. Passende Ringe gibt es in jedem Vorhang- oder eventuell im Bastelgeschäft. Jeder Ring erhält eine radiale Bohrung von 3 mm und genau gegenüber eine von 2 mm Durchmesser. Über die Kugel können Sie nun oben und unten je einen Ring legen, und in die 3 mm Löcher die Schrauben aus der Fassung hineinstecken, ohne daß sie innen überstehen. Mit Epoxidharzkleber sind die Schrauben im Nu befestigt.

In die 2 mm-Bohrungen kleben Sie kleine Schräubchen, um deren etwas überstehenden Kopf ein Gummiring oder eine Zugfeder gelegt wird. So lassen sich die Ringe, obwohl an der Kugel befestigt, leicht drehen. Seitlich erhält die Kugel zwei Bohrungen für kleine Holzschrauben, die die Alustangen berühren und mit ihrer Spitze die Eloxalschicht durchbohren.

Die Eloxalschicht ist eine relativ dicke Schicht Aluminiumoxid, die den Strom nicht leiten kann. Sie schützt daher vor Kurzschlüssen, die durch unbeabsichtigtes Berühren der Stangen mit einem Metallgegenstand entstehen können.

Die Schraubenlöcher sollten Sie an der Außenseite etwas aufweiten. So kann problemlos ein Stückchen Anschlußlitze mit hineingesteckt werden. Das andere Ende der Litze findet seinen Platz im Anschluß in den Kontaktschrauben der Fassung. Die Länge der Litzen sollte etwa 10 cm betragen. Die Fassung läßt sich dann leicht um 360 Grad schwenken. In begrenztem Umfang ist die Fassung auch in der Senkrechten zu schwenken.

Um die Leuchte in Betrieb zu nehmen, müssen Sie nur noch die Kugeln mit den Strahlern aufstecken, in der gewünschten Höhe festschrauben und zuletzt noch die Abschlußkugel befestigen. Wenn Sie möchten, können Sie die Kugeln und Ringe vor der Montage mit Acrylfarbe streichen.

Der Trafo wird wie üblich auf der Bodenplatte festgeschraubt und das Netzkabel durch die Nut nach außen geführt. Bei drei bis fünf Lampen ist ein 100 VA-Trafo, bei zwei Lampen ein 50 VA-Trafo ausreichend. Das 12 V-Kabel und die Stangen werden leitend verbunden, indem ein Stück abisolierte Litze um eine Stange gelegt und verzwirbelt wird. Um einen besseren Stromübergang zu sichern, sollten Sie die isolierende Eloxalschicht an dieser Stelle mit Schleifpapier entfernen.

Ein dekorativer Deckenstrahler

Indirektes Licht ist besonders gut zur gleichmäßigen Aufhellung eines Wohnraumes geeignet. Besonders gut gelingt dies mit einem Deckenstrahler. Das gerichtete Licht der Lampe wird von der Decke reflektiert und als weiches, schattenarmes Licht im Raum verteilt. Unsere besonders zierliche Konstruktion besticht vor allem durch einen Kaltlichtreflektor. Trotz des höhe-

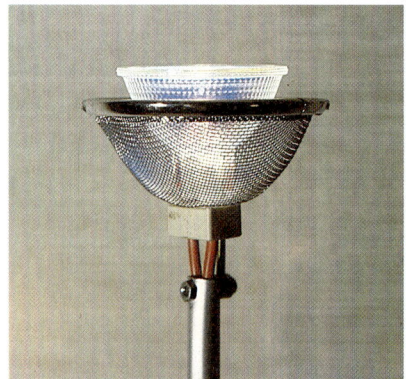

Abb. 5: Ein Deckenstrahler mit Kaltlichtreflektor verbreitet indirektes Licht.

ren Preises sollten Sie nicht auf eine solche Birne verzichten.

Das obere Ende des Lampenmasts trägt die Lampenfassung, z. B. die Keramikfassung GX 5,3. Die Fassung ist an einem U-förmigen Blechstreifen von 10 mm Breite und 1 mm Stärke festgeschraubt. Unter der Fassung bohren Sie ein Loch mit 5 mm Durchmesser, um die Anschlußlitzen durchführen zu können. Die Schenkel des U-förmigen Streifens, sowie die Spitze des Masts erhalten eine Bohrung von 3 mm, um den Streifen mit einer Schraube M3 × 15 am Mast befestigen zu können.

Als Verzierung können Sie noch ein Teesieb aus rostfreiem Stahl, dessen Griff und Haken Sie zuvor abgesägt haben, mit den Halteschrauben über der Fassung befestigen. Um Platz für den Lampensockel zu schaffen, können Sie mit einer spitzen Schere ein passendes Loch in das Netz schneiden.

An die Anschlüsse der Fassung klemmen Sie eine Zwillingslitze (2 × 0,75 mm²), die durch den Mast nach unten geführt wird. Die Befestigung des Trafos und die Verkabelung im Sokkel entsprechen der vorhergegangenen Stehlampe.

Die Konstruktion des Sockels entspricht im wesentlichen der unserer Stehlampe, nur in einer anderen Größe, da hier nur ein 50 VA-Trafo benötigt wird. Als Durchmesser des Topfes genügen 11,5 cm völlig, an Höhe sollten Sie ca. 7 cm durch Absägen des Randes anstreben. Als Halterung für den Lampenmast dient wiederum eine halbierte Holzkugel, die eine Bohrung von 10 mm erhält. Nachdem alle Teile passend montiert wurden, wird der Mast mit Epoxidharzkleber im Topfboden und der Holzkugel fixiert.

Faszinierende Variationen in Glas

Licht und Lampen kann man sich ohne Glas eigentlich gar nicht mehr vorstellen. Schon die Römer setzten es in Fensteröffnungen ein, und unsere moderne Wohnkultur mit lichtdurchfluteten Räumen ist ohne Glas nicht denkbar. Beliebt war Glas schon immer als schmückendes Beiwerk an den verschiedensten Lampen – von Kronleuchtern über bunte Tiffanylampen bis zu den modernen Designerlampen. Immer wieder wird Glas, seiner optischen Eigenschaften wegen, gerne eingesetzt. Und so konnten auch wir von der *Hobbythek* nicht widerstehen, denn Glas garantiert ein ganz besonderes Ergebnis. Doch Glas ist nicht nur schöner Schmuck, es ist darüber hinaus ein interessanter Werkstoff, daß wir uns etwas näher damit befassen wollten.

Was ist Glas?

Eine unüberschaubare Menge von Stoffen unterschiedlichster Zusammensetzung wird Glas genannt. Auch in der Natur werden glasige Materialien gebildet. Ein Beispiel dafür ist das Mineral „Obsidian", das vulkanischen Ursprungs ist. Ähnlich dem vom Menschen geschaffenen Glas besteht es aus Sand, Natrium- und Calciumverbindungen.

In frühester Zeit wurden daraus die verschiedensten Waffen, wie Messer, Pfeile oder Speerspitzen, hergestellt. Von den Azteken in Mexiko wurde Obsidian zu Kult- und Gebrauchsgegenständen verarbeitet. Eine andere Variante von natürlichem Glas finden wir in den „Fulguriten". Das sind Blitzröhren, die im Sand unter Einwirkung hoher Temperaturen entstehen. Verantwortlich dafür sind Blitze, die bis zu mehreren Metern tief in das Erdreich einschlagen und dabei die Bodenpartikel regelrecht miteinander verschmelzen.

Den Hauptanteil in allen Gläsern, ob natürlich oder künstlich, stellen die „Glasbildner". Sie verbinden sich nach dem Erstarren der Glasschmelze zu einem verzweigten Netzwerk. Diese Aufgabe können die Sauerstoffverbindungen von Silizium (Si), Bor (B), Germanium (Ge), Phosphor (P) und Arsen (As) übernehmen. Da diese Stoffe im festen Zustand nicht zwangsläufig „glasig" sind, muß Glas durch seine Eigenschaften – nicht vorrangig durch seine Zusammensetzung – definiert sein. Wissenschaftler beantworten die Frage „Was ist Glas?" folgendermaßen: „Eine erstarrte, unterkühlte Flüssigkeit wird als Glas bezeichnet." Oder: „Glas sind alle Stoffe, die strukturmäßig einer Flüssigkeit ähneln, deren Zähigkeit bei normalen Umgebungstemperaturen aber so hoch ist, daß sie als feste Körper anzusprechen sind." Diese Aussagen sind am leichtesten auf der Molekülebene zu verstehen Als Beispiel soll die Kieselsäure (SiO_2) dienen, eine Verbindung aus einem Silizium- und zwei Sauerstoff-Atomen. Sie ist der häufigste Glasbildner, nicht zuletzt deshalb, weil sie in der Natur in Form von Quarz oder Sand in nahezu unerschöpflichem Maße vorkommt. Die meisten Vorkommen können wegen starker Verunreinigung dennoch nicht für die Glasherstellung genutzt werden.

Im flüssigen Zustand bilden viele Moleküle aus Kieselsäure ein ungeordnetes Netzwerk aus Tetraedern. Dabei ist dann jeweils ein Silizium-Atom von vier Sauerstoff-Atomen umringt (vgl. *Abbildung 1*). Wird die Glasmasse abgekühlt, so geschieht das, was jeder von der Eisbildung des Wassers her kennt und was es bei der Glasherstellung zu vermeiden gilt: Ab einer bestimmten Temperatur beginnen die Moleküle, sich zu ordnen – die *Kristallisation* setzt ein. Aus dem Wasser werden dann strukturierte Eiskristalle. Der Stoff ist in den festen Zustand übergegangen – beim Glas nennt man dieses Phänomen *Entglasen*. Genau das wird bei der Glasherstellung vermieden, die Moleküle bekommen nicht die Gelegenheit zur Kristallbildung.

Im einfachsten Fall kann dies durch eine besonders rasche Abkühlung verhindert werden. Die Moleküle haben sozusagen nicht mehr die Zeit, sich neu zu gruppieren. Aber auch die Zusammensetzung des Glases kann dabei eine entscheidende Rolle spielen. In speziellen Fällen wird das Auskristallisieren des Glases gezielt erzeugt. Das Produkt wird als *Glaskeramik* bezeichnet. Seine erstaunliche Beständigkeit gegenüber Temperaturschwankungen erlaubt heute die Verwendung von Glas als Herdplatten, Hauswirtschaftsglas und Teleskop-Spiegelträger (Zerodur). Andere Glaskeramiken ermöglichen die Herstellung von hochwertigen naturgetreuen Zahnkronen.

Neben den Glasbildnern werden dem Gemenge *Glaswandler* zugesetzt. Ihre Aufgabe ist es, die starren Verbindungen der Kieselsäure zu spalten. Dadurch kann die Verarbeitungstemperatur des Glases erheblich gemindert werden. Die wichtigsten Glaswandler sind Magnesium (Mg), Kalium (K), Na-

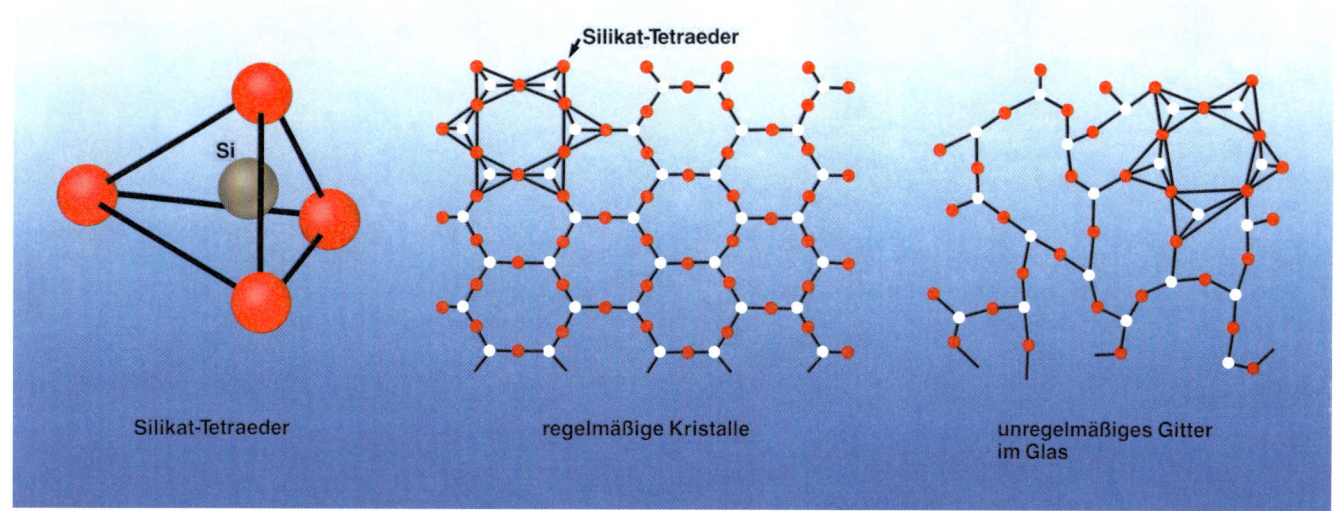

Abb. 1: Glas besteht im wesentlichen aus Silikat-Tetraedern, die ein unregelmäßiges Gitter aufbauen.

trium (Na) und Calcium (Ca). Natrium wird in der Form von Soda (Na_2CO_3) oder Glaubersalz (Na_2SO_4) dem Gemenge hinzugefügt. Nur das Natrium verbleibt im Glas, die überflüssige Kohlensäure bzw. schweflige Säure verflüchtigen sich.

Der Glaswandler Kalium wurde früher durch Auslaugen von Holzasche gewonnen. Dies geschah in großen Pötten. Davon zeugt heute noch der Name Pottasche. Heute wird Kalium aus Salzlagerstätten gewonnen.

Die Zugabe der Bestandteile Calcium und Magnesium gestaltet sich besonders einfach. Diese Elemente sind Bestandteil von Kalkspat, Kreide oder Marmor ($CaCO_3$), von Magnesit ($MgCO_3$) oder Dolomit ($CaMg(CO_3)_2$). In der Natur sind sie in ausreichender Reinheit genügend zu finden. Neben ihrer Funktion als Glaswandler sorgen Calcium und Magnesium auch für bessere mechanische Eigenschaften und für eine höhere chemische Stabilität.

Die Liste der Elemente und Verbindungen, die bei der Glasproduktion einen erwünschten Effekt erzielen, ließe sich nahezu unendlich fortsetzen. Auch heute gehören die Glasrezepte noch zu den bestgehüteten Geheimnissen.

Arbeiten mit Glas

Das Prinzip des Glasschnittes

Obwohl es sich bei Glas demnach um eine Flüssigkeit handelt, kann man es nicht so einfach verformen. Die Ursache hierfür ist die sehr hohe Oberflächenspannung des Glases. Ritzt man diese Oberfläche nun an, wird die Spannung herabgesetzt und das Glas läßt sich brechen. Das ist das Prinzip des Glasschneidens. Es ist einerseits zwar oft wünschenswert, hat aber andererseits auch Nachteile. Beschädigt werden kann das Glas während des Schneidens durch Unebenheiten der Unterlage oder durch Reste von Glassplittern.

Die Arbeitsplatte

Aus diesem Grund läßt sich Glas am besten auf einer ebenen, nicht zu festen Arbeitsplatte schneiden. Dazu kann der Küchentisch benutzt werden. Er kann mit einem Zeichenkartonbogen oder einigen Lagen Zeitungspapier belegt werden. Möchten Sie sich intensiver dem Hobby Glas zuwenden, empfehlen wir Ihnen die Anschaffung einer stabilen Gummimatte oder einer Tischlerplatte aus Weichholz, z. B. Pappel- oder Lindenholz. Wichtig ist, daß Sie die Arbeitsplatte vor jedem Schnitt von Glassplittern säubern. Das Reinigen geht am besten mit Handfeger und Kehrblech.

Die Glasschneider

Die angebotene Palette ist mittlerweile ziemlich groß geworden. Um es vorweg zu sagen: Wer unsere später vorgestellten Modelle nachbauen will, ist mit dem billigsten Glasschneider gut bedient. 3 bis 4 DM sind dafür schon ausreichend. Natürlich haben teurere Glasschneider ihre Vorteile. Die besseren Hartmetallrädchen schneiden das Glas leichter und sauberer, zudem sind die so ausgestatteten Glasschneider haltbarer. Möchten Sie häufiger mit Glas arbeiten, informieren Sie sich am besten in einem Fachgeschäft. Denn hier gibt es heute für jeden Zweck geeignete Glasschneider.

Einen Tip möchten wir Ihnen aber jetzt schon geben: Falls Sie eine gerade Linie ziehen wollen, empfiehlt es sich, eine Anschlagleiste zu verwenden. Dafür genügt schon ein einfaches Holz-

Abb. 2: Verschiedene Glasschneider.

lineal. Um geschwungene Formen zu schneiden, müssen Sie dagegen den Schnitt aus der freien Hand führen. Darauf sollten Sie schon beim Kauf des Glasschneiders achten und zu einem Modell greifen, bei dem das Rädchen sichtbar ist. So können Sie wesentlich leichter die vorgezeichnete Linie ver-

folgen. Übrigens, wenn Sie ein wenig mehr Geld ausgeben möchten, sollten Sie sich einmal Glasschneider ansehen, die nicht wie üblich senkrecht, sondern nahezu waagerecht geführt werden können. Das erleichtert das genaue Führen des Schneiders ganz erheblich. Leider sind solche Glasschneider nicht ganz billig. Je nach Ausführung müssen Sie mit mindestens 30 DM rechnen.

Flachglas

Der Schnitt

Der Glasschneider wird an der oberen Kante der Glasplatte angesetzt und unter gleichmäßigem Druck bis zur unteren Seite durchgezogen. Vermeiden Sie möglichst das nochmalige Ansetzen des Glasschneiders. Zum einen leidet das Rädchen ganz erheblich und zum anderen wird der Bruch häufig un-

Abb. 3: a) Der Glasschneider wird unter gleichmäßigem Druck entlang des Lineals durchgezogen. b) Unter die Rißlinie wird ein Streichholz gelegt, und nach dem Anfeuchten läßt sich die Platte mit leichtem Druck teilen.

sauber. Nach dem Anritzen wird die Scheibe mit der bearbeiteten Seite nach oben über ein Streichholz oder etwas Vergleichbares gelegt. Dann wird zu beiden Seiten des Holzes leichter Druck ausgeübt.

Im Normalfall gibt es dabei keine Probleme. Falls Sie aber einmal altes oder sehr dickes Glas verwenden, kann es sein, daß Sie die Platte so nicht teilen können. Ein paar Tricks können dabei noch ein wenig nachhelfen: Bei einer durchsichtigen Platte können Sie durch leichtes Klopfen der rückseitig erkennbaren Rißlinie den Bruch von der Kante her langsam vortreiben. Diese Methode ist etwas roh, bietet aber in problematischen Fällen immerhin die Möglichkeit, der Glasplatte doch noch zu Leibe zu rücken.

Eine andere Möglichkeit, das Glas leichter zu brechen, besteht im Anfeuchten des Risses. Schon lange weiß man, daß Wasser die Spannung an der zu brechenden Stelle herabsetzt und damit die zum Bruch notwendige Kraft mindert. Zudem werden die Schnittstellen durch das Anfeuchten glatter.

Unser spezieller Tip an Sie: Geben Sie zusätzlich noch ein paar Tropfen Spülmittel ins Wasser. Aber wirklich nur wenige Tropfen, sonst kehrt sich der Effekt um, denn in Spülmitteln sind langkettige, also große Moleküle enthalten, die das Eindringen des Wassers behindern können.

Besonders beim Bruch der Glasstäbe haben wir damit wesentlich bessere Ergebnisse erzielt. Wir vermuten, daß das Wasser dann noch besser in die Ritze eindringen kann, da das Spülmittel die Oberflächenspannung des Wassers herabsetzt. Aber testen Sie doch selbst mal den Unterschied!

Das Abschleifen der Schnittkanten

Wenn Sie mit dem Material Glas umgehen, vergessen Sie nie, daß alle Kanten äußerst scharf sind. Falls nach der Fertigstellung eines Glasobjektes noch freie Berührungspunkte zu Schnittstellen bestehen, müssen diese unbedingt geschliffen werden.

Legen Sie Wert auf einen hochwertigen Schliff, so müssen Sie zum Glaser gehen. Solche Facharbeiten sind aber leider sehr teuer. Im Normalfall genügt aber schon das Abschleifen, das Sie selber zu Hause durchführen können. Sie können dafür Naßschleifpapier verwenden, das Sie in jedem Baumarkt erhalten. Auf lange Sicht ist jedoch das Arbeiten mit einem Schleifstein, auch Sensenstein genannt, billiger; für diese Arbeiten ist er sehr gut geeignet.

Glasstaub ist gefährlich für die Lungen, deshalb dürfen Sie in jedem Fall nur feucht arbeiten. So wird der Staub gebunden. Am besten begeben Sie sich mit der zu schleifenden Glasplatte in Küche oder Badezimmer und arbeiten direkt am Spülbecken. Die haltende Hand können Sie mit einem Tuch oder einem Arbeitshandschuh vor Schnittverletzungen schützen. Feuchten Sie das Papier oder den Schleifstein gut an und lassen Sie im weiteren Verlauf das Wasser über die Kante laufen.

Das Bohren in Glas

Auf das Bohren in Glas sollten Sie nach Möglichkeit verzichten. Es ist zwar verhältnismäßig leicht zu bewerkstelligen, doch laufen Sie immer auch Gefahr,

Abb. 4: Bohren in Glas erfordert einen Spezialbohrer und muß unter Kühlung erfolgen; daher befindet sich innerhalb des Salzteigwalls Wasser.

daß Glas in unvorhergesehener Weise bricht. Gerade bei teuren Glasarten, die relativ heterogen sind, hatten wir mit diesem Problem zu kämpfen. Wir haben daher nur einen Bauvorschlag, der Bohrlöcher in Glas erfordert.

Vier Dinge sind unbedingt für eine erfolgreiche Bohrung erforderlich, eine ebene Unterlage, Kühlung der Bohrstelle, ein spezieller Bohrer und ein Bohrständer. Die ebene Unterlage schützt Glas vor Spannungen, die sonst zum Bruch führen würden. Geeignet ist hierfür jedes Brett, das dick genug ist, um sich nicht zu verziehen und in das Sie unbesorgt hineinbohren können. Die Kühlung erfolgt wie beim Bohren in Stein und Marmor. Formen Sie einen Ring aus Salzteig oder Knetmasse und füllen Sie ihn mit Wasser. Das kühlt den Bohrer ausreichend. Entscheidend ist jedoch ein spezieller Glasbohrer, der sich wesentlich von den herkömmlichen Spiralbohrern unterscheidet. Er besteht nur aus einem Stift, in den ein dreieckiger Hartmetall-Bohrkopf eingelassen ist. Jedes Eisenwaren- oder Werkzeuggeschäft führt diese Bohrer. Sie sind aber nicht ganz billig. Die Preise schwanken zwischen 9 und 12 DM. Ein Preisvergleich lohnt sich also. Der hohe Preis bedingt, daß Sie sich genau überlegen müssen, welche Lochdurchmesser unbedingt nötig sind.

Mit einem Bohrständer umgehen Sie die Gefahr, daß Ihr Bohrer auf der glatten Scheibe wegrutscht. Steht Ihnen ein solcher Ständer nicht zur Verfügung, behelfen Sie sich, indem Sie mit einer Kante des Bohrers zuvor an der richtigen Stelle von Hand eine kleine Kerbe anbringen. Mit einer ruhigen Hand haben Sie gute Aussichten auf eine gelungene Bohrung.

Glasstäbe

Glas hat die einzigartige Eigenschaft, sowohl gegen Wasser als auch gegen Laugen und Säuren recht beständig zu sein. Zusätzlich verträgt es auch noch hohe Temperaturen. Daher werden Glasstäbe in jedem Labor zum Umrühren von Substanzen benutzt. Auch Sie haben vielleicht den einen oder anderen Glasstab zu Hause, denn zur Herstellung unserer selbstgemachten Kosmetik sind sie ebenso brauchbar. Darüber hinaus nutzt sie der Glasbläser zur Fertigung von kunsthandwerklichen Produkten. Wenn Sie Glasstäbe kaufen wollen, können Sie im Branchen-Fernsprechbuch unter den Stichwörtern „Glasbläserei" oder „Laborbedarf" nachschlagen.

An dieser Stelle möchten wir erst einmal darauf hinweisen, daß es zwei verschiedene Sorten von Glasstäben im Handel gibt. Bitte achten Sie deshalb unbedingt darauf, daß man Ihnen Weichglas verkauft. Es läßt sich schon ab einer Temperatur von 700 °C an den Enden abrunden und sogar verbiegen. Damit Sie einfacher an die Glasstäbe gelangen, haben wir uns für Sie, wie gewohnt, um geeignete Bezugsquellen gekümmert. Die Anschriften, inklusive der Preise, können Sie unserem Bezugsquellennachweis im Anhang entnehmen. Normalerweise werden Glasstäbe in einer Länge von 1,50 m und im Durchmesser von 4 mm bis 25 mm angeboten. Wir haben uns auf 9 mm Glasstäbe festgelegt. Sie sind gut zu verarbeiten und bieten die meisten Anwendungsmöglichkeiten.

Das Zuschneiden von Glasstäben

Als Werkzeug genügt eine Ampullensäge. Diese erhalten Sie für einige Pfennige in der Apotheke. Einfacher läßt es sich jedoch mit einem Glasschneider arbeiten. Auch hier genügt der preiswerteste Glasschneider. Markieren Sie sich die entsprechende Stelle am Stab mit einem Filzstift und ritzen Sie ihn dann quer an. Die Stelle wird angefeuchtet und mit der angeritzten Stelle nach oben zeigend über ein Streichholz oder ein Stück Draht gelegt. Durch Druck auf beiden Seiten bricht der Stab mühelos durch. Häufig bleiben auf einer Seite des Stabes überstehende Nasen zurück. Mit einer Kombizange können diese leicht entfernt werden.

Das Abrunden der Schnittenden

Der nächste Schritt in der Bearbeitung der Glasstäbe macht besonderen Spaß. Es sollen jetzt die Schnittenden der Glasstäbe abgerundet werden. Das geschieht mit Hilfe einer geeigneten Flamme. Benutzen Sie bei diesen Arbeiten unbedingt eine Schutzbrille, da kleine Glaspartikel immer einmal abspringen können.

Sie können Ihren Campingkocher ebenso verwenden wie die Flamme am Gasherd oder eine Lötlampe. Nur achten Sie strikt darauf, daß Sie keine Geräte in Innenräumen einsetzen, die hierfür nicht zugelassen sind.

Wenn Sie alle Stangen geschnitten und gesäubert haben, können Sie sich nun an das Anschmelzen begeben. Je nach Flammentemperatur ist es sehr wichtig, daß Sie den Glasstab ständig zwischen den Fingern drehen, damit die Spitze nicht krumm wird. Da Glas eine außerordentlich schlechte Wärmeleitfähigkeit aufweist, kann man den Stab wenige Zentimeter von der Flamme entfernt in den Händen halten, ohne daß er zu heiß wird.

Vor dem Beginn dieser Arbeit suchen Sie sich eine geeignete Unterlage für die Stäbe. Die erhitzte Stelle des Glases darf auf keinen Fall auf eine kalte Unterlage gelangen. Sonst würde der äußere Teil des Glases schneller abkühlen als der innere. Dadurch entstehen Spannungen, die den Stab zerspringen lassen.

Sehr praktisch ist ein mit Löchern versehener Holzblock, in dem man die Stäbe mit der heißen Seite nach oben abstellen kann. Sie können das Glas auch auf eine nichtbrennbare Unterlage, wie z. B. eine alte Kachel oder eine Metallplatte, so ablegen, daß die heiße Spitze überhängt. Die Stäbe benötigen eine ganze Weile zum Abkühlen. Sie können durchaus mit 3 bis 5 Minuten rechnen. Achten Sie darauf, daß sich nichts Entzündbares in der Nähe befindet.

Aus dem gleichen Grund müssen Sie ganz vorsichtig mit dem Glasstab in die Flamme gehen. Das Glas muß sich ganz langsam bis ins Innerste erwärmen, damit keine Spannungen entstehen. Erst wenn sich am Stab ein Hof aus gelbem Licht bildet, können Sie ihn in den heißesten Bereich der Flamme bringen (vgl. *Abbildung 5*).

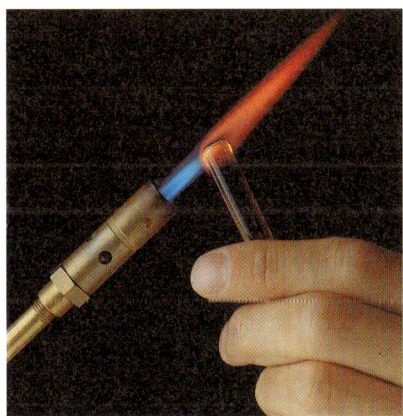

Abb. 5: Scharfkantige Glasstäbe lassen sich in einer heißen Flamme abrunden.

Das gleiche gilt auch beim Beenden des Arbeitsvorganges. Der Stab muß langsam aus der Flamme herausgenommen werden. Dadurch kann er sich schon etwas abkühlen. In der gewerblichen Glasherstellung und -verarbei-

tung gibt es dafür Kühlöfen. Hierin werden die Glaswaren so langsam abgekühlt, daß keine Spannungen entstehen können.

Das Biegen der Glasstäbe

Der Stab wid unter stetigem Drehen in die Flamme gehalten, bis sich das freihängende Ende verbiegt. Sie können jetzt langsam nachfassen und ihn in die gewünschte Form bringen. Hier hat zu schnelles Arbeiten noch einen weiteren Nachteil. Das Glas wird dabei nicht richtig durchgewärmt, so daß die einzelnen Glasmoleküle nicht richtig mitfließen können. Unschöne Falten in der Biegung sind die Folge.

Der Winkel der Biegung ist einige Male leicht zu korrigieren, die Biegung selbst ist jedoch nicht rückgängig zu machen. Zeigen sich die ersten weißlichen Stellen am Stab, so haben Sie das Material überstrapaziert. Es ist „entglast" (vgl. *Abschnitt* „Was ist Glas?"). Sie müssen dann auch mit schnellerem Glasbruch rechnen.

Um auch wirklich die gewünschte Stelle zu biegen, ist es sinnvoll, diese durch zwei Striche rechts und links im Abstand von ca. 3 cm mit einem Filzschreiber zu markieren. So kann die Markierung in der Flamme nicht verbrennen.

Der richtige Kleber

Klebstoffe bieten die einzigartige Möglichkeit, Gegenstände aus gleichem oder unterschiedlichem Material miteinander zu verbinden. Damit ersetzt es andere Fügeverfahren wie Nieten, Schrauben, Löten oder Schweißen.

UV-Kleber

Seinen Namen trägt der Kleber, da seine Härtung durch UV-Licht gestartet wird.

Dieser Kleber ist grundsätzlich für jede Glas-Glas-Verbindung sehr gut geeignet. Ausgenommen sind solche Glasarten, bei denen das Licht die Klebestelle durch ihre Tönung nicht erreicht. Sie wirken dann wie ein Filter. Durch solch einen Effekt oder durch schwache Sonneneinstrahlung kann sich der Aushärtungsprozeß von normalerweise ca. 10–20 Sekunden auf bis zu 2 Minuten verlängern. Im schlimmsten Fall ist eine Klebung nicht mehr möglich.

Die zu verklebenden Glasteile werden zunächst gut gesäubert. Dazu eignet sich Spülwasser, Spiritus oder Aceton. Bedenken Sie, daß dieser Kleber nicht lückenfüllend ist. Er kann nur bei paßgenauen Verbindungen eingesetzt werden.

Nach dem Säubern wird der Kleber einseitig dünn aufgetragen. Bis sich die Teile in der richtigen Position befinden, sollten sie nicht der prallen Sonne ausgesetzt werden. Überschüssiger Kleber kann problemlos mit Spiritus oder Aceton beseitigt werden. Nach der Aushärtung ist die Entfernung von Klebstoffresten nur noch durch Schneiden, Kratzen oder Schleifen möglich.

Bevor Sie den Kleber verwenden, bedenken Sie bitte, daß es sich um einen Stoff mit reizenden Eigenschaften handelt. Arbeiten Sie daher nur in gut belüfteten Räumen und vermeiden Sie jeglichen Hautkontakt. Gegebenenfalls waschen Sie die betroffene Stelle sofort mit viel Seifenwasser.

Gießharz

Gießharz ist ein glasklarer Kleber. Damit sind mit ihm, wie mit dem UV-Kleber, „unsichtbare" Klebungen möglich. Sein Anwendungsbereich geht jedoch weit über den der UV-Kleber hinaus. Zum einen kann er verschiedenste Materialien miteinander verbinden, zum anderen kann er in beliebiger Dicke aufgetragen werden. Dadurch kann er Paßungenauigkeiten optimal ausgleichen.

Das Gießharz besteht im Gegensatz zum UV-Kleber aus zwei Komponenten. Bei jedem Gebrauch müssen sie frisch vermengt werden. Man nennt diese Art von Klebstoffen auch *Zweikomponentenkleber*. Die eigentliche Klebmasse besteht aus ungesättigten Polyestern und Styrol. Nach Zugabe eines Härters (organisches Peroxid) bilden Polyester-Moleküle zusammen mit Styrol-Molekülen ein dreidimensionales, stark verzweigtes Netz.

Beim Kauf von Gießharz müssen Sie unbedingt auf den Zusatz „Glaskleberglasklar" achten. Nur dieses Harz ist wirklich glasklar, denn ihm ist ein Lichtstabilisierungsfaktor beigesetzt, der das Vergilben verhindert. Die übliche Verpackungsgröße liegt bei 250 ml Inhalt. Je nach Fabrikat kostet eine solche Dose zwischen 9 und 15 DM. Ein Vergleich der Preise kann also durchaus lohnenswert sein. Erhältlich ist der Kleber in Hobbyläden, Baumärkten und in Geschäften für Malbedarf.

Wir haben Gießharz eingesetzt, um die Materialien Glas, Holz und Metall miteinander zu verbinden. Besonders vorteilhaft ist der Kleber für das Eingießen der Glasstäbe in Holzbretter, wie wir es beim Bau unserer Glasstablampen vorschlagen (vgl. *Seite 88*). Die lange Aushärtezeit von bis zu 12 Stunden sollten Sie jedoch bei der Planung Ihrer Arbeiten berücksichtigen. Bitte beachten Sie aber auch bei diesem Material die Sicherheitshinweise. Arbeiten Sie immer in gut belüfteten Räumen und vermeiden Sie Hautkontakt. Das gilt für das Harz und für den Härter.

Manchmal gestaltet sich das schon ein wenig schwierig, denn die Verpackungen sind sehr unhandlich. Vor allem das genaue Dosieren des Härters ist etwas problematisch. Am einfachsten geht es mit einer Pipette, die Sie sich in der

Abb. 6: Zum Anrühren des Gießharzes kann man eine Spritze und eine Pipette für den Härter gut gebrauchen.

Apotheke kaufen können. Am besten machen Sie zunächst eine Klebeprobe, damit Sie sich vom richtigen Mischungsverhältnis, wie es in der Gebrauchsanleitung vorgegeben ist, überzeugen können. Das Polyester-harz ist bequem mit Hilfe einer Einwegspritze zu entnehmen. Ein kleiner Deckel, ausgekleidet mit etwas Alufolie (alter Joghurt-Deckel), dient als Mischgefäß. Zum Umrühren selbst ist ein Streichholz gut zu gebrauchen. Das fertige Gemisch können Sie dann wieder mit der Einwegspritze aufziehen. Auf diese Weise haben Sie die Möglichkeit zur punktgenauen Dosierung des Klebers.

Kontaktklebstoffe

Diese Klebstoffe können für nahezu alle Materialien verwandt werden. Sie sind für Holz, Kunststoffe (außer Styropor und Weich-PVC), Gummi und Metalle geeignet. Wir stellen sie Ihnen an dieser Stelle vor, da wir Kontaktkleber eingesetzt haben, um Marmor/Holz- und Holz/Holz-Verbindungen herzustellen. Sie finden sich in nahezu jedem Haushalt und sind bei Beachtung der Anleitung leicht anzuwenden.

Leuchten für den schönsten Teil des Abends

Abb. 1: Jede dieser dekorativen Glasleuchten läßt sich leicht nachbauen.

Glasstablampen

Der Sockel

Wir haben zwei Lampenarten entwikkelt, die einen Sockel benötigen. Sie unterscheiden sich vor allem in der Anzahl der Bohrlöcher. Für die Stablampen ist als Sockel ein mindestens 2,5 cm starkes Holzbrett nötig. Mit einem Bohrständer läßt sich jede beliebige Anordnung von Bohrlöchern verwirklichen. Um nun eine Anzahl Bohrungen genau in eine Reihe zu bringen, sollten Sie sich eine Führung für den Bohrer improvisieren. Am einfachsten ist es, eine kleine Leiste entlang der gewünschten Bohrlochreihe mit Schraubzwingen zu befestigen und den Bohrer daran anzulehnen. So müssen Sie nur noch auf gleichen Abstand der Löcher achten. Wählen Sie einen Bohrer, der etwa 0,5 mm dicker als die Glasstangen ist, da diese im Durchmesser sehr stark schwanken. Die Toleranz wird durch das Gießharz ausgeglichen.

Für unsere Segellampe ist jeder Sockel möglich. Wir fanden in dem kleinen Eifelflüßchen Rur eine schöne, angerundete Schieferplatte, die hervorragend als Sockel geeignet. Mit einem Steinbohrer läßt sich Schiefer sehr leicht bohren. Doch Vorsicht: auf keinen Fall dürfen Sie mit dem Schlagbohrer arbeiten, weil die Platte sonst leicht zerspringen könnte. Hilfreich ist es, den Steinbohrer mit Wasser zu kühlen. Befestigen Sie einfach rund um die Bohrstelle einen kleinen Wall aus Salzteig, füllen Sie das entstehende Bekken mit Wasser und schon kann es losgehen (vgl. *Seite 83*). Übrigens: Salzteig läßt im Nu aus gleichen Teilen Mehl und Salz mit etwas Wasser anrühren.

Wir wählten für dieses Kapitel Lampen, die in erster Linie der Verzierung eines Raumes dienen, dem Erzeugen einer gemütlichen Atmosphäre, und nicht unbedingt der ausreichenden Produktion von Licht für all die Arbeiten, die ein Haushalt auch an dunklen Winterabenden fordert. Diese Beschränkung ergab sich vor allem aus dem Material, das wir verwendeten, dem Glas. Uns kamen in Verbindung mit funkelnden Glasstäben und bunten Glasscheiben keine Arbeitslampen in den Sinn, die

dem Material entsprochen hätten oder gleichzeitig noch praktisch gewesen wären. Nach unseren Anregungen erhalten Sie wunderschöne Lampen, die jeder Wohnung zur Zierde gereichen.

Ob Sie nun Kerzen, Glühbirnen, Halogenstrahler oder Energiesparlampen verwenden möchten, unsere Bauvorschläge lassen sich jeder dieser Lichtquellen anpassen, Sie müssen nur die Besonderheiten der jeweiligen Lichtquelle beachten.

Mehr Aufwand können Sie, wenn Sie möchten, bei unserer Lampe mit einem Schirm aus Opalescent-Glas betreiben. Wir kauften eine passende Fließe aus Carrara-Marmor. Diese kostete im Fachhandel 4 DM. Darunter kommt als Träger eine mindestens 2,5 cm dicke Holzplatte mit gleichen Maßen. Marmor läßt sich mitt Wasserkühlung ähnlich gut bohren wie Schiefer und erfordert dieselben Vorkehrungen. Achten Sie aber auf eine ebene Unterlage, sonst könnte die dünne Fließe doch noch brechen.

Die Stromversorgung

In der Zuleitung der Stromkabel zur Glühlampe sind Sie vom gestalterischen Gesichtspunkt aus sehr frei. Hierfür ist eigentlich jedes gut leitende Material in entsprechender Stärke zu verwenden. Metallstäbe in einer Dicke von etwa 4−6 mm dienen uns, wie Sie in *Abbildung 2* sehen können, zur freischwebenden Montage unserer Halogenlampen.

Bei unseren Lampen nahmen wir kurze Stäbe aus Edelstahl. Einige von Ihnen kennen dieses Material schon aus dem *Hobbythek-Buch* „Wohnen und Leben mit Pflanzen". Dort verwandten wir es als Kletterhilfen zur Fassadenbegrünung. Genauso gut sind aber auch Messingstäbe oder sonstige Metallstäbe geeignet. Sehr technisch sehen auch Gewindestangen aus, die Sie wie die vorgenannten ebenfalls im Metallwarenhandel erhalten. Kaum geeignet sind in diesem Fall Rundstäbe aus den handelsüblichen Aluminiumlegierungen. Sie bilden an ihrer Oberfläche

Abb. 2: Elektrische Zuleitung zu einer Glasstableuchte.

sehr schnell eine dicke, nicht leitende Oxidschicht aus, die unseren Zwecken hinderlich ist.

Der Kontakt vom Kabel des Transformators zu den Metallstäben erfolgt durch Zwischenstücke, die Sie sich selbst anfertigen können. Um Arbeiten wie Löten zu vermeiden, nahmen wir dazu Kupferschweißdraht von 2 mm Durchmesser, der später mit Silberbronze gestrichen wird.

Um ein Reststück unserer Metallstäbe wird eine enge Spirale aus den 2 mm-Drähten gewickelt. Wenn Sie Draht und Metallstab gemeinsam in einen Schraubstock einspannen, dürfte dies unter Zuhilfenahme einer Zange kein größeres Problem sein. Ist die Spirale mit etwa fünf Windungen gebogen, wird das zum Einspannen verwandte

Stück mit einer Metallsäge entfernt. Die Spirale drücken Sie nun mit einer Zange etwas zusammen, damit die Öffnung etwas enger wird.

Mit so einer Spirale läßt sich eine zuverlässige Verbindung von einem Kabel zu den dickeren Metallstäben verwirklichen. Die dünnen Drähte können beliebig auf der Grundplatte geführt werden. Wie Sie in *Abbildung 2* sehen können, verschwinden die Drähte unauffällig unter die Grundplatte, wo mit einer Lüsterklemme der Übergang zum Trafokabel verwirklicht wird.

Sollten Sie mit diesen spröden Drähten jedoch nicht zurechtkommen, sind 2 mm starke Schweißdrähte besser geeignet, wie sie zum Schweißen von Aluminium verwandt werden. Mit diesen haben wir gute Erfahrungen gesammelt, wenn wir auch nicht völlig ausschließen können, daß über längere Zeiträume durch Bildung einer Oxidschicht eine Überarbeitung der Verbindungen notwendig werden könnte.

Damit nicht durch zufälliges Berühren der stromführenden Teile ein Kurzschluß entstehen kann, ist es nötig die Leitungen zu isolieren. Wir schlagen darum vor, die Zuleitungen, nachdem sie auf guten Sitz geprüft wurden, wieder auseinanderzunehmen und bis auf die direkten Kontaktstellen zu lackieren. Um ganz sicher zu gehen, sollten Sie die Lackierung 2−3 mal wiederholen. So sind Sie gegen Kurzschlüsse gewappnet. Auf den letzten Zentimetern zur Halogenbirne sollten Sie auf die Lackierung verzichten. Dort hilft ein kleines Hölzchen, in das zwei Löcher im Abstand der Sockelstifte gebohrt wurden, den Abstand der Kabel zu wahren. Ein Stückchen Glasseiden-

schlauch sorgt dafür, daß sich die abisolierten Lüsterklemmen nicht berühren, die die Lampe halten.

Die Montage der Glasstablampen

Endlich kommen wir zu den Stablampen, von denen wir Ihnen drei unserer
Modelle vorstellen. Das Bauprinzip ist
bei allen gleich; sie unterscheiden sich
nur durch die Länge und die Anordnung der Glasstäbe. Daß diese Lampen mit Halogenlicht ausgestattet sind,
ist natürlich nur als Vorschlag zu sehen,
denn dies ist nun mal für die meisten
noch neu.

Sie benötigen für den Bau der Leuchte:

---

1 Holzbrett 22 × 30 × 2,5 cm
(eher dicker)
wasserlöslichen Acryllack
10−20 ml Gießharz
evtl. 4 Holzkegel bzw. -Kugeln als
Füße
Glasstäbe in den Zuschnitten, die
Sie aus der Tabelle ersehen können

Und für die Elektrik:

---

2 Metallstäbe 15 cm lang, Durchmesser 4−6 mm
1−1,5 m Draht für Zuleitungen und
Fassungen
1 Halogenspot 20 W oder 50 W
Trafo 20 VA oder 50 VA
2 Lüsterklemmen
Schräubchen

Länge der Glasstäbe für die Lampen A, B und C in Zentimetern

A	B	C
2 × 14	6	2 × 6
2 × 17	8	2 × 7
2 × 20	2 × 10	7 × 8!
2 × 23	2 × 12	2 × 9
2 × 26	2 × 14	2 × 10
2 × 29	2 × 16	2 × 11
2 × 32	2 × 18	2 × 12
2 × 35	2 × 20	2 × 13
2 × 38	2 × 22	2 × 14
2 × 41	2 × 24	2 × 15
2 × 44	2 × 26	2 × 16
2 × 47	2 × 28	2 × 17
50	2 × 30	2 × 18
	32	2 × 19
	34	2 × 20
	36	2 × 21
	38	22
	40	2 × 28
		2 × 29
		2 × 30
		2 × 31
		2 × 32
		33

Die Montage der Glasstäbe ist bei allen
Modellen gleich. Zunächst werden, wie
oben beschrieben, die für die Glasstäbe nötigen Löcher gebohrt. Um
genügende Stabilität zu gewährleisten, müssen die Stäbe mindestens
1−1,5 cm tief im Holz verankert sein.
Je nach Beleuchtung folgen nun die

Bohrungen für die beiden Halterungen
der Lampe in derselben Tiefe. Die Anordnung der Bohrlöcher wird aus *Abbildung 3* ersichtlich, wobei Sie natürlich
immer variieren können. Für die beiden
Bohrungen, die die Metallstäbe für die
Lampe aufnehmen, wählen Sie den
Bohrer in der entsprechenden Stärke,
da die Stäbe nur eingesteckt werden
sollen.
Nun wird das Brett zunächst lackiert.
Nehmen Sie am besten wasserver-
dünnbare Acrylfarbe mit dem Umwelt-
engel; sie enthält mit maximal 10%
Lösungsmittelanteil erheblich weniger
Schadstoffe als die herkömmlichen
Lacke, die zum Teil über 70% Lösungs-
mittel enthalten.
Als Füße können Sie Möbelgleiter ver-
wenden, dekorativer wirken jedoch Ku-
geln und Kegel aus Holz. Sie sind in
Bastel- und Hobbyläden preiswert zu
erhalten. In diesem Falle werden die
Füße direkt mitlackiert.
Nun folgt der Zuschnitt der Glasstäbe.
Sie sollten sich vor dem Brechen der
Stäbe genau überlegen, wie Sie aus
den Stäben die erforderlichen Zu-
schnitte erhalten. Reste einer gewis-
sen Länge sind keinesfalls verloren.
Man kann sie zu Serviettenhaltern o. ä.
biegen.

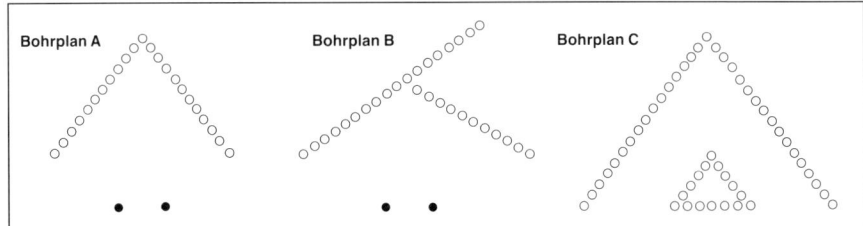

Abb. 3: Grundrisse der Glasstableuchten.

Das Einsetzen der Stäbe

Legen Sie sich jetzt alle abgerundeten Stäbe in der richtigen Reihenfolge zurecht. Vor dem Verkleben werden sie nochmals gut gesäubert. Spülmittelwasser oder Spiritus eignen sich gleichermaßen gut. Nun rühren Sie gerade soviel Gießharz an, wie zum Einsetzen einer Reihe notwendig ist. Je nach Anzahl der Stäbe sind dies 2–4 ml Kleber. In die Löcher wird nur soviel Kleber eingefüllt, daß er beim Eindrehen der Stäbe gerade an der Oberfläche sichtbar wird.

Zwei Holzleisten fixieren die Stäbe während des Trocknens. Sie werden von beiden Seiten gegen die Stäbe gehalten und mit Bändern oder Schraubzwingen befestigt. Um Toleranzen der Stäbe auszugleichen, ist es günstig, zwischen Stäbe und Leiste einen Lappen oder ein gefaltetes Küchentuch zu stecken, damit auch dünnere Stäbe fixiert werden.

Die Elektrik

Sind die Glasstäbe befestigt, können die beiden Metallstäbe eingesteckt werden. Sie haben je nach Lampe eine Länge von etwa 10–15 cm.

Wie oben beschrieben und aus *Abbildung 2* ersichtlich, steckt man nun die vorgefertigten Spiralen auf die Metallstäbe auf und führt die Stromzuleitungen an den Übergang zum Trafokabel, wo eine Lüsterklemme die Verbindung ermöglicht.

Abschließend sorgen Sie für eine ausreichende Isolierung der freiliegenden Drähte mit Acryllack.

Sie benötigen für die Elektrik der Lampe mit Bohrplan C:

---

1 Trafo 20 VA
1 Halogenbirnchen 20 W ohne Reflektor
1 Keramikfassung Typ GX 4,0
1 Lüsterklemme

Das Bauprinzip entspricht genau den beiden vorhergehenden Lampen. Sie unterscheiden sich nur in der Beleuchtung. Hier wird ein 20 W-Birnchen ohne Reflektor verwandt, das auf einer Keramikfassung befestigt ist.

Bohren Sie an der Stelle des Brettes, die für die Birne vorgesehen ist, zwei 3 mm-Löcher oder ein etwas weiteres, durch das die Kabel der Keramikhalterung geführt werden. Auf der Unterseite des Sockels werden die Kabel durch Lüsterklemme mit dem Trafokabel verbunden. Die Lüsterklemme läßt sich einfach mit einem kleinen Schräubchen am Sockel befestigen. Das kleine Birnchen wird durch die Fassung senkrecht gehalten.

Übrigens: Lack- und Klebereste gehören keinesfalls in den Hausmüll! Die Müllabfuhr sammelt diese Gifte gesondert an speziellen Sammelpunkten. Die kleine Mühe zahlt sich auf Dauer für uns alle aus.

Leuchten aus Glas und Stahl

Diese Leuchten kommen wohl am ehesten dem Vorbild einer Designerlampe nahe. Sie bestechen durch ihre leichte Erscheinung, die auf dem dünnen Trägermaterial beruht. Sie harmonieren daher sehr gut mit Halogenlicht, das diese Bauform ja erst ermöglicht.

Das Prinzip dieser Leuchten ist sehr einfach. In zwei Löchern, die in einen Sockel gebohrt sind, stecken zwei Stahlstäbe. Diese sind am oberen Ende abgeknickt und tragen einen Glasschirm, der aus der Blickrichtung des Betrachters beleuchtet wird. Der Bau ist problemlos. Sie benötigen keine umfangreiche Werkstatt, um eine dieser Leuchten zu bauen. Eines sollten Sie jedoch zumindest bei den höheren Leuchten beachten. Der Lampenschirm besteht bei den folgenden Bauvorschlägen aus Glas, was ein relativ hohes Gewicht zur Folge hat. Aus Sicherheitsgründen sollten Sie, falls Sie Kinder haben, auf dieses schöne Material verzichten. Es könnte ja sein, daß beim Herumtollen einmal sehr heftig gegen die Leuchten gestoßen wird. Bei einer solchen unabsichtlichen Gewaltanwendung könnte das Glas der Schirme zu Bruch gehen, herabfallen und vielleicht sogar zu Verletzungen führen. Ersetzen Sie in diesem Fall das Glas ganz einfach durch einen anderen Werkstoff. Von Japanpapier über farbiges Kunststoffmaterial bis hin zu farbigem oder bemaltem Acrylglas gibt es eine Vielzahl von Alternativen, die die Grundform dennoch erhalten.

Das gemeinsame Kennzeichen der folgenden Leuchten ist die Verwendung von 6 mm starken Stahlstäben. Dabei ist es unerheblich, ob Sie Edelstahl verwenden oder Silberstahl, eine nicht rostfreie Stahlsorte, denn die Stahlstäbe erhalten ja vor Inbetriebnahme eine isolierende Lackierung.

Eine kleine Stehleuchte

Ein Schmuckstück jeder Wohnung ist diese Leuchte, die von ihrer Größe her sowohl auf dem Boden, als auch auf einem Beistelltischchen Platz findet. Wir haben sie weitgehend aus Resten hergestellt, die bei unseren Versuchen anfielen, das sieht man ihr aber keineswegs an.

Als Sockel dient ein grob gebrochenes 4 cm dickes Stück einer Bodenplatte aus Marmor oder einem anderen Gestein. Es ist dabei nur die obere Fläche poliert. Derlei finden Sie häufig kostenlos oder für sehr wenig Geld in den Restecontainern von Marmorgroßhandlungen. Mit ein paar wohldosierten Hammerschlägen können Sie die Form der Platte sogar in gewissen Grenzen korrigieren. Dabei sollten Sie aber ein Tuch unterlegen, damit keine Schlagspuren auf dem Stein entstehen und keine Splitter herumfliegen. Eine Brille zum Schutz Ihrer Augen ist empfehlenswert.

Auch ein flacher, abgerundeter Stein aus einem Fluß ist sehr gut geeignet. Achten Sie aber auf gute Standsicherheit.

In den Sockel bohren Sie zwei Löcher, welche die 6 mm starken Stahlstäbe aufnehmen. Die Löcher dürfen nicht durch die Platte oder den Stein hindurchreichen, müssen aber mindestens 3–3,5 cm tief sein. Der Abstand der Löcher beträgt 9–10 cm. Aus einem Acrylstab oder einer schmalen Holzleiste schneiden Sie Abstandshalter, die die Stahlstäbe und die Zuleitungsdrähte zu den Sockelstiften auf Distanz halten.

Die Stahlstäbe, die eine Länge von etwa 100 cm haben sollten, werden nun an zwei Stellen jeweils rechtwinklig umgebogen. Der Stab wird das erste Mal nach 50 cm rechtwinklig um- und nach weiteren 25 cm wieder zurück in die ursprüngliche Richtung gebogen. Das läßt sich in einem kleinen Radius nur mit einem Schraubstock und einem nicht zu zierlichen Hammer bewerkstelligen. Die Stelle, die Sie mit dem Hammer treffen, sollten Sie mit Filz, dicken Pappstreifen oder etwas ähnlichem schützen, da Sie die entstehen-

den Kerben sonst kaum noch entfernen können. Die Verformung geht leichter, wenn Sie die Hammerschläge durch vorsichtiges, gleichzeitiges Biegen mit der Hand unterstützen.

Im Bereich des ersten Knickes findet der erste Abstandshalter seinen Platz. Die lange Seite der Stäbe stecken Sie in die vorgebohrten Löcher, an dem kurzen Ende befestigen Sie den Glasschirm.

Der Glasschirm besteht aus einer einfachen Glasscheibe von 20 × 20 cm und einer Stärke von 2–3 mm. Für sich allein wirkt die Scheibe nicht sehr dekorativ. Sie wird daher durch Bekleben mit Glasstäben und Bruchstücken von Einscheibensicherheitsglas verziert. Diese Verzierungen funkeln im auftreffenden Licht und erzeugen interessante Lichtreflexe.

Das Einscheibensicherheitsglas stammt von alten Autoscheiben, die Sie sich auf einem Schrottplatz besorgen können. Der Vorteil dieses Glases liegt darin, daß die Bruchstücke nicht scharfkantig wie bei normalem Glas sind.

Befestigen Sie nun die Glasscheibe an den Stahlstäben mit vier einfachen Kabelhaltern, wie sie für das Verlegen von Kabeln an Wänden eingesetzt werden. Den Nagel der Halter ersetzen Sie durch Schrauben mit Mutter, etwa M3 × 2, die durch eine 4 mm starke Bohrung in der Glasscheibe geführt werden. Durch Anhalten der Glasscheibe an die Stäbe legen Sie die nötigen Bohrpunkte fest.

Das Bohren in Glas haben wir auf Seite 83 beschrieben. Mit einer ebenen Unterlage und einem Bohrständer dürfte es Ihnen kein unüberwindliches Hindernis sein. Sollte Ihnen aber dennoch

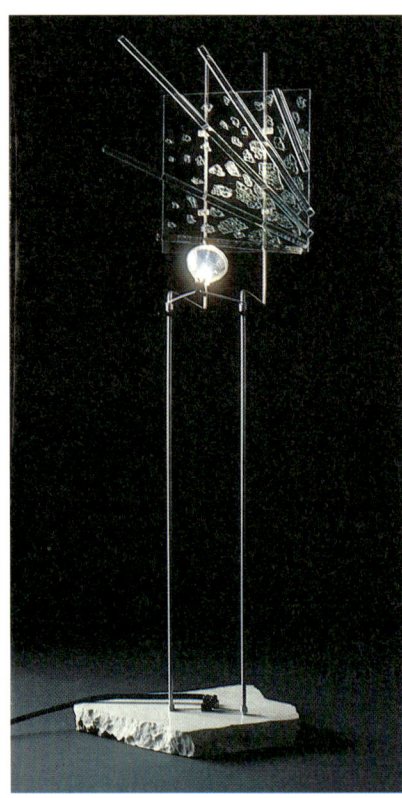

Abb. 4: Die kleine Stehleuchte ist ein Schmuckstück für jede Wohnung.

einmal eine Scheibe springen, dann verlieren Sie durch die Verwendung einfachen Fensterglases nur einen geringen Wert.

Die Lampe wird wie bei den Stableuchten durch Drähte mit Strom versorgt, die in einer Spirale um die Stahlstangen gewickelt sind. Im Bereich der Lüsterklemmen schützt auch hier ein kleines Distanzstück die Sockelstifte vor Belastung. Durch ein hitzefestes Gummistückchen läßt sich das Risiko eines Kurzschlusses verringern. Wie bei den Stablampen ist die Stromversorgung im Sockelbereich ausgeführt. Eine Lüsterklemme dient als Verbindung zum Trafokabel. Da die Leuchte wohl in erster Linie zur Dekoration dient, reicht in den meisten Fällen eine 20 W-Halogenlampe völlig aus.

Die Halterung der Lampe läßt sich natürlich auch ähnlich gestalten, wie unsere Lichtbrücken bei den Spannseilsystemen (vgl. *Seite 61*). In diesem Falle wären Abstandshalter und Lampenhalterung in einem Bauteil vereint.

Die Zugentlastung des Kabels können Sie mit einem Kabelhalter leicht erreichen. Hierzu wird er ganz einfach mit einem kleinen Dübel und einer 2 mm starken Schraube in dem Stein befestigt.

Eine dekorative Fächerleuchte

Diese Leuchte kann das Schmuckstück eines jeden Wohnraums werden. Ihr dekorativer Fächer aus farbigem Opalescentglas „schwebt" beinahe im Raum und verleiht der Leuchte einen ganz besonderen Eindruck von Leichtigkeit.

Das Prinzip dieser Leuchte entspricht der vorhergehenden bis auf eine kleine Ausnahme. Der Fächer wird nicht an senkrechten Stützen befestigt, sondern schon nach dem ersten Knick der Stahlstäbe.

Als Sockel nahmen wir eine 2 cm dicke, etwa 40 × 50 cm messende Bodenplatte aus Carrara-Marmor. Diese erhalten Sie im Fachhandel schon für rund 14 DM. Bei einer Leuchte mit geringerer Höhe als der hier beschriebe-

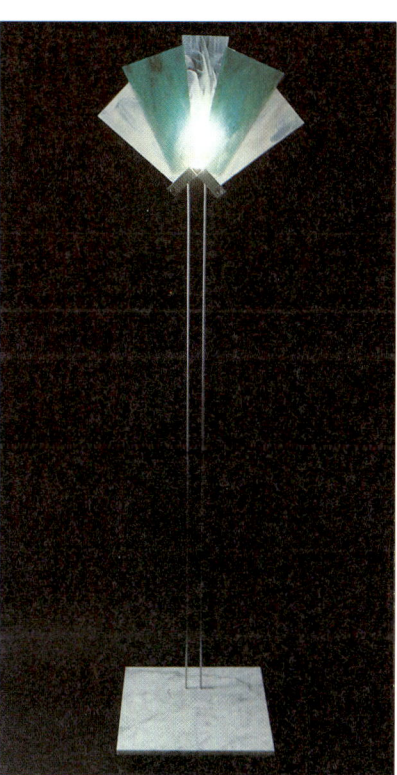

Abb. 5: Farbiges Opalescentglas verleiht der Leuchte ihre fast schwebende Erscheinung.

nen, genügt natürlich auch eine kleinere Bodenplatte.

Sie erhält zwei Bohrungen von 6 mm Durchmesser im Abstand von rund 5 cm. Wenn Sie einen Bohrständer verwenden, plazieren Sie die Bohrungen am besten im Randbereich einer der Längsseiten der Platte. Verfügen Sie über eine ruhige und starke Hand, können Sie die nötigen Bohrungen auch ohne Bohrständer durchführen. Ein unter Umständen störendes Spiel der Stangen in der Führung ist dann aber kaum vermeidbar.

Die 2 cm der Platte reichen nicht aus, um den Stahlstäben genügenden Halt zu bieten. Wir empfehlen darum, durch untergeklebte Plattenbruchstücke die Dicke der Platte auf etwa 6 cm zu erhöhen. Als Klebstoff ist ein guter Kontaktkleber völlig ausreichend.

Die solchermaßen verstärkte Platte stellen Sie nun auf Füßchen, die Sie an den Ecken der Platte anbringen. Geeignet sind hier wiederum in einer passenden Farbe lackierte Holzkegel oder -kugeln wie sie schon bei den Stablampen Verwendung fanden. Holzkegel lassen sich einfach unter die Platte kleben, etwas aufwendiger ist die Befestigung einer Kugel.

Die im Handel erhältlichen Kugeln besitzen meist schon eine durchgehende Bohrung. Mit einem darin eingeklebten, 1 cm überstehenden Holzdübel entsprechender Dicke läßt sich die Kugel einfach in der Bodenplatte befestigen. Diese erhält dazu auf der Unterseite eine nur 1 cm tiefe Bohrung, in der der Holzdübel meist schon genügend Halt findet oder bei Bedarf verklebt werden kann.

Als Länge für die Stahlstäbe wählen wir knapp 2 m. Dieser Wert stellt wohl die obere Grenze dar, die noch praktikabel ist. Sie können natürlich jede geringere Höhe wählen, je nachdem, welche Abmessungen Sie im Eisenwarenhandel erhalten.

Die beiden Stäbe knicken Sie nun jeweils 25 cm vor einem Ende rechtwinklig um. An diesen Enden befestigen Sie den Fächer. Das Gewicht des Fächers würde die Stangen sehr weit nach vorne biegen. Um dies zu verhindern, müssen Sie nach einem ersten Test sein Gewicht ausgleichen, indem Sie die Stäbe an der Austrittsstelle aus der Bodenplatte leicht nach hinten abknikken. So liegt der Schwerpunkt der Leuchte direkt über den Bohrungen.

Besonders wichtig sind bei dieser Leuchte die Abstandshalter der Stahlstäbe. Sie verhindern, daß bei einem kaum zu vermeidenden Schwingen der Leuchte Kräfte entstehen, die Lampe oder Glasfächer gefährden könnten. Sie sollten mindestens im Bereich des Knickes einen Abstandshalter vorsehen, besser wäre noch ein weiterer in halber Höhe der Stäbe.

Der Glasfächer besteht aus rautenförmigen Zuschnitten. Seine Festigkeit erhält der Fächer durch eine flächige Verklebung mit dem Gießharz, das wir schon bei den Stablampen verwandten. Achten Sie darauf, daß die Glasplatten sehr weit überlappen, sonst ist die Stabilität des Fächers nur ungenügend.

Dem Übergang zu den Stahlstäben widmen Sie besondere Sorgfalt. Es ist nicht möglich, den Fächer einfach durch Bohrungen im Glas aufzustekken. Das spröde Glas würde sofort springen. Wir bauten darum eine Halterung aus 2 mm-starken und 25 mm-breiten Aluminiumbändern. Sie benöti-

gen vier Streifen von etwa 7 cm Länge. In *Abbildung 6* wird deutlich, wie die Bänder am Fächer mit dem Gießharz angeklebt werden. Die Bänder stehen etwa 25 mm über den Rand des Fächers über. Das gibt Ihnen die Möglichkeit, die Verbindung mit den Stäben mittels Bohrungen in den Bändern zu erreichen. Da der Abstand der Bohrungen größer ist als der der Stäbe, müs-

Abb. 6: Durch Alubänder und Feststellringe wird die Glasfächerkonstruktion gesichert.

sen die Stäbe schräg durch die Bohrungen geführt werden. So ist es notwendig, die Bohrungen etwas größer zu bemessen; 8−9 mm müßten aber genügen.

Halt findet der Fächer an den Stangen durch Feststellringe, wie sie im Modellbau für Drähte bis 6 mm Durchmesser Verwendung finden. Je ein Ring vor und hinter dem Fächer gibt ausreichenden Halt. Damit die Bänder nicht zusammengedrückt werden, ist es sinnvoll in den Spalt zwischen den Boh-

rungen Unterlegscheiben einzukleben, die so die Festigkeit der Halterung erhöhen.

Für die elektrischen Anschlüsse der Leuchte gilt dasselbe, wie für die kleine Stehleuchte. Auch hier ist es eine Frage des Geschmackes, welche Beleuchtungsstärke Sie wünschen. Besonders geeignet ist hier ein Transformator mit Dimmer.

Hoffentlich haben Ihnen diese Bauvorschläge Mut gemacht, es einmal selbst mit einem dekorativen Schmuckstück zu versuchen. Unter Berücksichtigung der nötigen Sicherheitsaspekte lassen sich auch noch die gewagtesten Konstruktionen verwirklichen. Nutzen Sie die Freiheit, die Ihnen diese Technik bietet!

Die große Segelleuchte

Diese besonders dekorative Leuchte mag vielleicht gar nicht danach aussehen, sie ist aber dennoch eine unserer preiswertesten Leuchten. Das liegt nicht zuletzt an den überaus preiswerten Materialien, die Verwendung fanden. Diese Leuchte soll Ihnen zeigen, daß auch mit weniger edlen Materialien wunderschöne Kreationen möglich sind.

Eine flache Schieferplatte aus einem Fluß bildet hier den Sockel. Ein größeres Bruchstück aus geriffeltem Glas für den Lampenschirm findet sich häufig bei Haus- oder Ladenrenovierungen. Entsprechend des Durchmessers des Sockelsteines und der vorhandenen Glasscheibe haben wir eine Grundlinie des Glasschirmes festgelegt, etwa 35 cm. Die Höhe des Dreieckes beträgt insgesamt etwa 70 cm.

Zwei 9 mm-starke Glasstäbe klebten wir mit Gießharz von hinten auf die Glasscheibe und ließen sie 2—3 cm überstehen. Sie halten den Schirm in Löchern, die im Sockel vorgebohrt wurden (vgl. *Abbildung 7*). Zusätzlich dient ein dritter Glasstab, der erst am oberen Ende, der Scheibe angeklebt ist, als Ausleger.

Als Verzierung können Glasstäbe in regelmäßiger Anordnung mit Gießharz vorn auf die Scheibe aufgeklebt werden. So ergeben sich reizvolle Lichtreflexe. Als Lichtquelle dient bei dieser Leuchte eine kopfverspiegelte Glühbirne. Sie steckt in einer E 27 Schraubfassung, die wie im Kapitel „Die Montage von Leuchten mit Glühlampen" auf *Seite 57* beschrieben, mit einem Messingröhrchen in eine Bohrung im Sockel gesteckt wird.

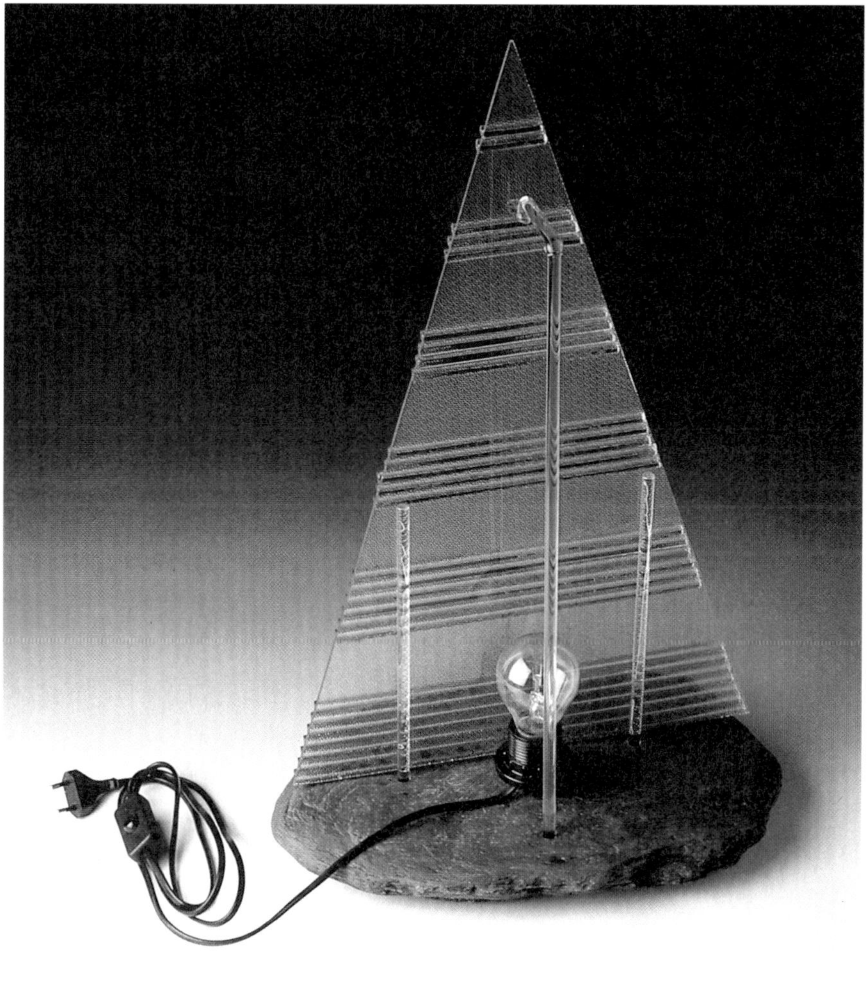

Eine Leuchte im Stil des Art-Deco

Diese Leuchte ist so einfach herzustellen, daß wir auf eine ausführliche Beschreibung leicht verzichten können.

Das bestimmende Element an dieser Leuchte ist der von hinten angestrahlte Schirm aus Opalescentglas. Er besteht aus mehreren Teilstücken, die mit Gießharz verklebt wurden.

Der fertige Glasschirm, dessen Größe sich nach dem Sockel richtet, wird ebenfalls mit Gießharz auf dem Sockel aufgeklebt. Dies ist sehr leicht möglich, wenn Sie ein etwa 15 cm langes Stück eines rechtwinkligen Aluminiumprofiles zu Hilfe nehmen. Ein Schenkel hält den Glasschirm, der andere liegt auf dem Sockel auf. Eine Profilbreite von 25—30 mm dürfte hierfür in den meisten Fällen völlig ausreichend sein. Um eine unschöne Schattenbildung durch das Profil zu vermeiden, sollten Sie im unteren Bereich des Schirmes auf durchscheinendes Glas verzichten.

Der Sockel besteht aus einer Marmorfliese, die mit Kontaktkleber auf ein Holzbrett geklebt wird. Beleuchtet wird der Schirm mit einer Reflektorlampe. Wie die nötige Elektrik anzubringen ist, können Sie bei den Stablampen nachlesen.

Abb. 7: Die große Segelleuchte von hinten gesehen.

Leuchten aus Acrylglas

Durchsichtige Stoffe haben die Menschen schon immer fasziniert. Bis vor etwa 6000 Jahren gab es solche Stoffe nur in der Form, wie sie in der Natur vorkamen. Und da waren sie doch recht selten. Der glasklare Bergkristall gehört dazu, der kostbare Diamant und verschiedene andere Edelsteine, oder die verschiedenfarbigen vulkanischen Gläser. Vor rund 6000 Jahren fand man heraus, wie man Glas künstlich herstellen konnte. Der Hauptrohstoff ist bis heute einer der auf der Erde am weitesten verbreiteten Stoffe, nämlich Sand (Siliziumdioxid = Quarz = Kieselsäure). Aber man brauchte zum Schmelzen relativ hohe Temperaturen − 1400 bis 1600 °C −, und so war Glas in der ersten Zeit fast so kostbar wie Gold.

Es hat dann bis Anfang des 20. Jahrhunderts gedauert, bis man einen Stoff entdeckte, der in Farbe und optischen Eigenschaften dem Glas sehr ähnlich ist, dabei aber viel leichter und bereits bei 160 °C verformbar ist, relativ bruchunempfindlich und mit Sägen, Fräsen und anderen Schneidwerkzeugen fast wie Holz bearbeitbar ist. Vor gut 50 Jahren wurde dieser Wunderstoff von dem Erfinder und Chemiker Röhm aus Darmstadt entwickelt. Er erhielt den Namen *Plexiglas*. Das ist eine Bezeichnung, die sich, wie manche andere Markennamen auch, inzwischen statt der eigentlichen exakten Bezeichnung für dieses Glas eingebürgert hat.

Korrekter muß von *Acrylglas* gesprochen werden; und das ist auch die Bezeichnung, die wir im folgenden verwenden wollen.

Acrylglas gehört zu den Kunststoffen, die aus Erdgas, Erdöl oder Kohle hergestellt werden. Im Gegensatz zum normalen Glas, das hauptsächlich aus dem massenweise vorhandenen anorganischen Rohstoff Sand hergestellt wird, basiert das Acrylglas auf organischen Rohstoffen, die inzwischen kostbar und teuer zu werden beginnen. Deshalb ist Acrylglas leider auch relativ teuer − nämlich pro Kilogramm etwa 20 bis 25 DM. Wirklich hoch im Preis sind deshalb dicke Acrylglasplatten. Rohre hingegen sind relativ billig, weil ihre Wandung für die gleiche Stabilität nicht so dick sein muß.

Acrylglas ist leichter als normales Glas, und deshalb hilft bei einem Preisvergleich auch nur der Vergleich der Flächen mit entsprechender Stärke weiter. Man kann „über den Daumen gepeilt" sagen, daß Acrylglas etwa doppelt so teuer wie normales Glas ist. Trotzdem lohnt es sich, mit Acrylglas zu arbeiten. Sie können damit ohne große Anlagen oder besonders teure Werkzeuge eine Menge sehr hübscher Gegenstände herstellen, die im Laden kaum erschwinglich sind. So gesehen ist der Preis von Acrylglas doch erträglich. Wenn Sie nicht allzu festgelegt sind im Hinblick auf Flächengrößen und Stärken des Materials, können Sie auch Reste von Acrylglas in Betrieben kaufen, die dieses Material verarbeiten.

Ein faszinierendes Material: Acrylglas

Noch ein paar Worte zu den erstaunlichen Eigenschaften von Acrylglas:
Es ist nicht zu verwechseln mit Polyester oder anderen durchsichtigen Kunststoffen, die die optischen Eigenschaften, die Oberflächenbeschaffenheit und die Qualität des Acrylglases nicht erreichen. Das Plexiglas der ersten Jahre war leicht gelbstichig und auch nicht sehr alterungsbeständig. Es ist der Raffinesse von Chemikern zu verdanken, daß Acrylglas heute manche Eigenschaften besitzt, die sogar von optischen Gläsern nicht übertroffen werden. So gibt es schon seit mehreren Jahren Brillengläser aus Acrylglas und inzwischen sogar Linsen für Fotoapparate.

Für die wissenschaftlich vorbelasteten Tüftler hier noch ein paar genauere Angaben:
Die chemische Bezeichnung von Acrylglas lautet *Polymethylmethacrylat* (PMMA); das ist eine recht zungenbrecherische Bezeichnung. Es ist sehr widerstandsfähig gegen Witterungseinflüsse, es vergilbt und versprödet nicht, es hinterläßt beim Zerbrechen keine scharfen Splitter und es hat relativ geringes spezifisches Gewicht (1 m^2 Acrylglas von 1 mm Stärke wiegt 1,2 kg). Gegen manche organischen Lösungsmittel (Alkohol, Benzol, Tetrachlorkohlenstoff z. B) ist es allerdings nicht ganz so beständig.

Acrylglas mit dem dafür geeigneten Kleber gibt es im Kunststoffhandel, aber inzwischen auch in Hobbyläden und Baumärkten. Achten Sie aber darauf, daß Sie auch wirklich Acrylglas bekommen, weil andere Materialien oft nicht die gleiche Oberflächenhärte besitzen und manchmal mit der Zeit auch eingilben.

Eine kleine Einführung in die Optik

Die interessanten Eigenschaften des Acrylglases verleiten uns dazu, einen kleinen Ausflug in die Optik zu wagen. Dies ist die Wissenschaft, in der das Verhalten von Licht in verschiedenen Stoffen untersucht wird. Licht verhält sich im Vakuum oder in Luft unterschiedlich. Ebenso verhält es sich beim Durchdringen durchsichtiger Materialien anders.

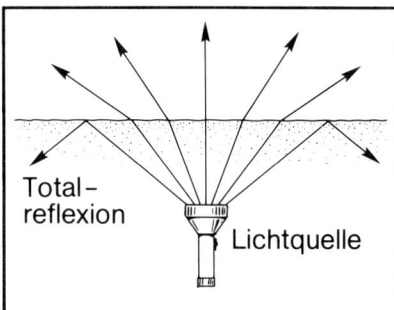

Abb. 1: Totalreflexion einer unter Wasser liegenden Lichtquelle.

Normalerweise breitet sich das Licht geradlinig aus. Allerdings gilt das nur solange, wie es sich in einem gleichmäßigen Medium ausbreitet. Das kann z. B. ein Vakuum wie im Weltraum sein oder auch die Luft, vorausgesetzt allerdings, daß sie von gleicher Dichte und Temperatur ist. Das ist allerdings in der Lufthülle unserer Erde nur unter idealen Bedingungen zu finden und wenn man außerdem auf gleicher Meereshöhe bleibt. Wenn die Luft z. B. durch unterschiedliche Temperaturverteilung ungleichmäßig dicht ist, dann kann das

Licht sogar einen gekrümmten Verlauf nehmen. Sie kennen diese Erscheinung vielleicht vom Autofahren im Sommer. Da sieht die Straße plötzlich aus, als sei sie von einer Wasserschicht bedeckt. Was Sie dort vor sich sehen, ist nämlich nicht mehr die Straße, sondern der sich spiegelnde Himmel. Der „Spiegel" wird dadurch gebildet, daß auf der warmen Straßendecke eine „optisch dünne" Zone heißer Luft liegt, die von einer „optischen dichten" Schicht kühlerer Luft überlagert wird, die die Lichtstrahlen ablenkt.

Totalreflexion – das Prinzip des Glasfaserkabels

Wenn Sie im Urlaub z. B. mit einer wasserdichten Taschenlampe nachts tauchen, dann werden Sie eine ganz seltsame Erscheinung feststellen. Das Licht strahlt in einem breiten Kegel von unten gegen die Wasseroberfläche. In *Abbildung 1* haben wir schematisch dargestellt, daß nur die relativ senk-

recht gegen die Wasseroberfläche stoßenden Lichtstrahlen (des inneren Kegels) diese Oberfläche auch tatsächlich durchdringen. Nach den Gesetzen der Lichtbrechung ist der Lichtkegel über dem Wasser wesentlich breiter gefächert als der Kegel unter der Wasseroberfläche. Die Strahlen außerhalb des inneren Kegels jedoch durchdringen die Wasseroberfläche nicht; sie werden wieder nach unten reflektiert. Und zwar handelt es sich hier um eine Totalreflexion (ohne Lichtverlust). Das hat ein geradezu magisches Leuchten unter der Wasseroberfläche zur Folge.

Mit derselben Erscheinung haben wir es auch bei dem Licht zu tun, das sich durch einen Stab aus normalem Glas oder auch Acrylglas bewegt. In *Abbildung 2* zeigen wird Ihnen, wie sich ein Lichtstrahl, der gar nicht einmal senkrecht auf die Eintrittsöffnung des Glasstabes fallen muß, durch diesen hindurchbewegt. Das kennen Sie vielleicht von den haarfeinen Glasfasern, die es in Lampengeschäften in Büschelform auf Lichtkästen gibt, die im Prinzip wie unser *Hobby-Licht* konstru-

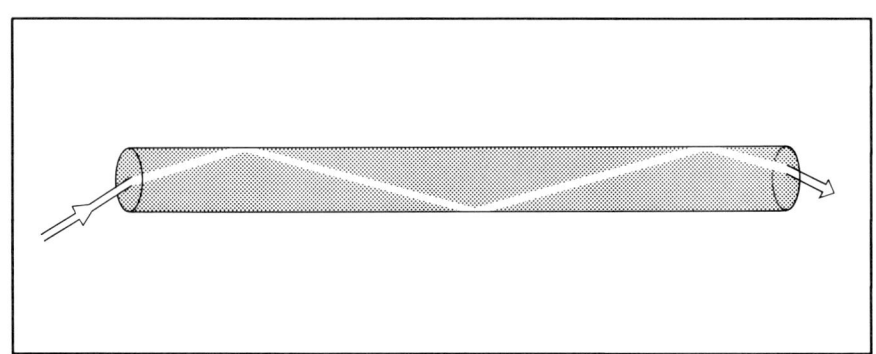

Abb. 2: Der Strahlengang des Lichts in einem Glasstab.

iert sind, daß wir Ihnen im nächsten Abschnitt auf vorstellen werden. In diesen Glasstäben entstehen seitlich keine Lichtverluste, und die Enden leuchten hell.

Diese Eigenschaft von *Glasfasern* macht man sich inzwischen bei der Übertragung von Telefongesprächen, Rundfunk- und Fernsehprogrammen zunutze. Was man nach herkömmlicher Technik mit Kupferkabeln tut, durch die man eine modulierte Rundfunkwelle schickt, macht man jetzt mit dem Licht und Glasfasern. Auch das Licht läßt sich modulieren, weil es ebenso wie die Rundfunkwellen aus elektromagnetischen Wellen besteht (mit sehr viel höheren Frequenzen bzw. kleineren Wellenlängen als bei Rundfunk oder Fernsehen). Auf diese Weise lassen sich über eine Glasfaser Tausende von Telefongesprächen oder auch mehrere Fernseh- oder Hörfunkprogramme gleichzeitig übertragen. Die Glasfasertechnologie steht zwar noch am Anfang; sie wird aber in Zukunft allein schon deshalb eine große Rolle spielen, weil Kupferkabel sehr teuer sind. Der Vorrat an Kupfer geht nämlich in absehbarer Zeit zu Ende, und Glas wird hauptsächlich aus dem so schnell nicht erschöpften Rohstoff Sand hergestellt. Wenn Sie uns bis hierher geduldig gefolgt sind, dann können Sie nicht nur interessante Lampen aus Acryl bauen, sondern Sie wissen auch, wie sie funktionieren. Und sollten Sie einmal am Meer oder gar in der Wüste von einer Fata Morgana genarrt werden, dann schön cool bleiben, diese Erscheinung läßt sich mit Lichtbrechung erklären. Nach so viel Theorie wollen wir Ihnen gleich einen Bauvorschlag vorstellen: das Hobby-Licht.

Das Hobby-Licht — eine Leuchte, bei der das Licht um die Ecke geleitet wird

Diese Leuchte besteht im Prinzip aus einem schwarzen Kasten mit einer eingebauten energiesparenden Lichtquelle, aus dem vielfältig geformte Acrylstäbe das Licht herausleiten (vgl. *Abbildung 3*).

Diese Materialien brauchen Sie:

Für Boden und Deckplatte
je eine Spanplatte 26 × 26 cm,
12 mm stark;
für Vorder- und Rückwand
2 Spanplatten 14,8 × 26 mm,
12 mm stark;
für die Seitenwände
2 Spanplatten 14,8 × 23,6 cm,
12 mm stark;
50 cm Vierkantleiste,
1,2 × 1,2 cm;
Acrylstäbe mit verschiedenen Querschnitten (rund, quadratisch, usw.), 20 bis 40 cm lang
Spezialleuchtstofflampe
(z. B. Circolux-Lampe 25 von Osram oder eine ähnliche Lampe von Philips,
beide passen in normale Lampenfassungen)
Holzleim und Zweikomponenten-Kleber für Acrylglas

Vor dem Zusammenbau des Kastens wird die *Glühbirnenfassung* für die Leuchtstofflampe in der Mitte der Bodenplatte befestigt. Ein Loch für das nach unten führende Kabel nicht vergessen. Damit die Bodenplatte durch dieses Kabel nicht wackelt, an den vier Ecken kleine *Füßchen* aus Holz oder Kunststoff ankleben.

Dann in die *Deckplatte* entsprechend den Acrylglasstäben geformte *Löcher* möglichst gleichmäßig verteilt anbringen. Bei diesen Löchern genau arbeiten, damit die Acrylglasstäbe darin möglichst fest und lichtdicht sitzen. Anschließend die *Seitenwände* mit Holzleim an der Deckplatte festkleben. Die Klebekanten müssen lichtdicht sein. Die Deckplatte mit Seitenwänden wird am Boden nicht festgeklebt, damit man die Birne notfalls auswechseln kann. Sie wird nur aufgelegt und durch zwei angeklebte Leisten, die von innen her leicht gegen die Außenwände stoßen, gegen Verrutschen gesichert. Damit der Deckel lichtdicht schließt, wird der Falz auf der Deckelseite mit schwarzem Filz oder Samtband beklebt.

Nach dem *Biegen der Acrylstäbe,* das wir gleich beschreiben werden, werden sie in den entsprechenden Öffnungen des Deckels mit Zweikomponenten-Kleber festgeklebt. Dabei sollen die Enden der Stäbe mit der Innenseite des Deckels bündig abschließen.

Weil die Birne im Kasten möglichst viel Licht gegen die hereinragenden Acrylstäbe abstrahlen soll, wird er mit einer reflektierenden Folie ausgekleidet. Geeignet ist normale Alufolie, aber auch hochglänzende Isolationsfolie, wie man sie zur Wärmeisolierung hinter Heizkörper klebt. Es gibt davon auch eine selbstklebende Ausführung.

Noch ein Wort zur *Spezialleuchtstofflampe.*

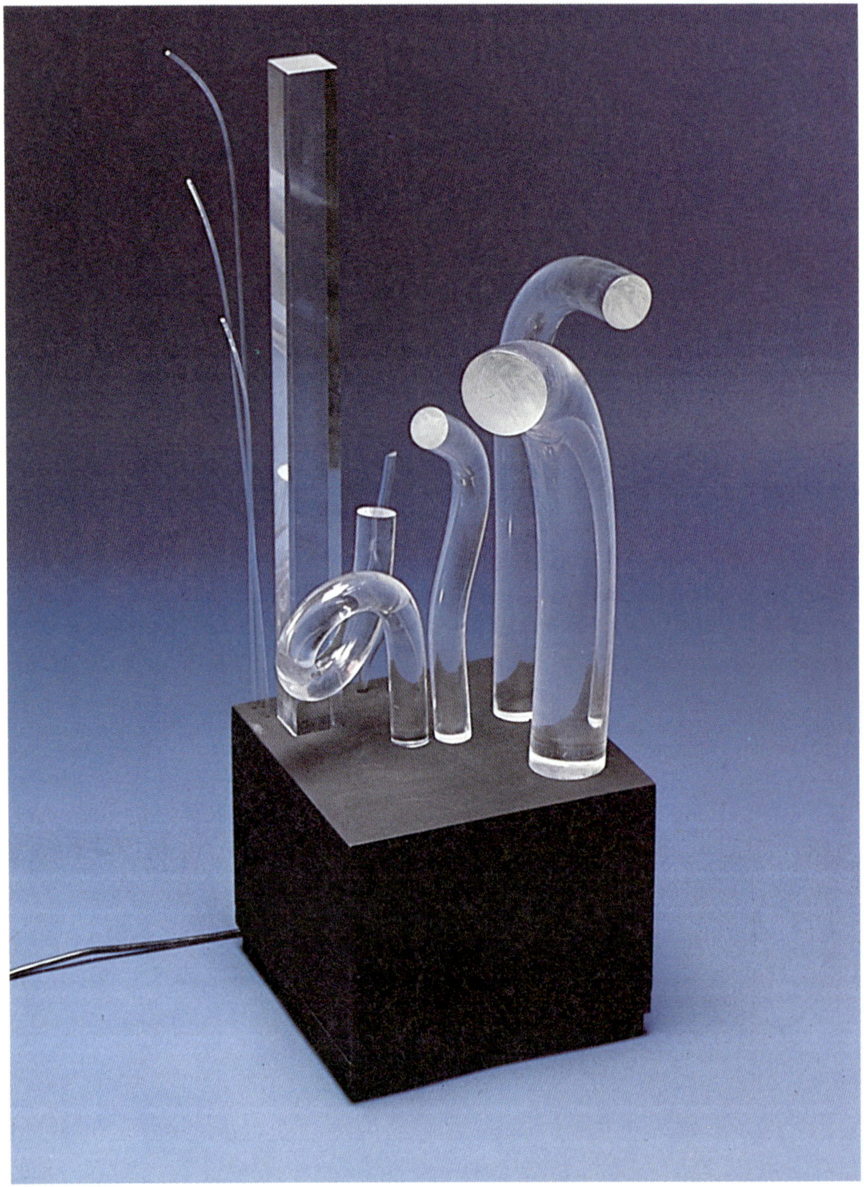

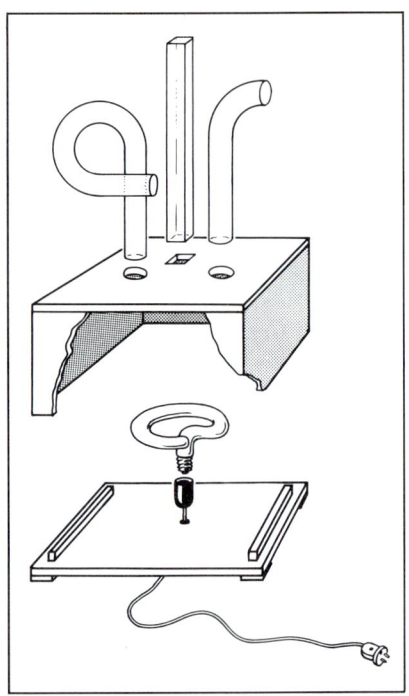

Abb. 4: Konstruktion des Hobby-Lichts.

Es handelt sich um eine elektronisch geregelte ringförmige Energiesparlampe mit einer Leistung von 18 W. Das entspricht in der Lichtleistung einer 75 W-Glühbirne.

Wie behandelt man die Acrylglasstäbe?

Zunächst das Sägen

Helles Licht tritt aus den Enden der Stäbe nur heraus, wenn die der Lichtquelle zugewandten Frontflächen der Acrylglasstäbe – also die im Deckel

Abb. 3: Unser Hobby-Licht, bei dem das Licht um die Ecke geleitet wird.

steckenden Seiten — auf *Hochglanz* poliert sind. Da die Stäbe zunächst mit einer ganz normalen Säge auf ihre endgültige Länge geschnitten werden, sind die Enden alles andere als glatt und durchsichtig.

Normalerweise bekommt man die Stäbe im Laden auf das gewünschte Maß zugeschnitten. Ist das nicht der Fall, empfehlen wir, eine sogenannte Gehrlade zu benutzen, wie man sie auch zum Zurechtschneiden von Bilderrahmen verwendet. Als Säge eignet sich ein feinzahniger Fuchsschwanz, aber auch eine Laubsäge, eine elektrische Stichsäge oder eine Heimwerkerkreissäge. Allerdings sollte man unverschränkte Sägeblätter benutzen; dann werden die Schnittflächen ebener. Berücksichtigen Sie vorher, daß durch das anschließende Schleifen und Polieren etwa 1 bis 2 mm an der Schnittkante verlorengehen.

Bei größeren Materialstärken empfiehlt es sich außerdem, die Schnittstelle zur Kühlung immer wieder mit Petroleum zu beträufeln. Petroleum greift Acrylglas nicht an; es verhindert zugleich, daß der sehr wärmeempfindliche Werkstoff beim Sägen schmilzt und dadurch das Sägeblatt verschmiert.

Da wir es bei diesem Bauvorschlag nur mit Acrylstäben und nicht mit größeren Flächen zu tun haben, geht man beim Begradigen und Polieren der Schnittflächen folgendermaßen vor:

Das Glätten und Polieren

Zunächst werden sie mit einer *Ziehklinge* egalisiert. Am einfachsten geht es, wenn das Werkstück eingespannt wird (Werkbank, Schraubstock). Polstern Sie die Klemmbacken mit Zeitungspapier oder Stoff, damit das Acrylglas keine Druckstellen bekommt. Die Ziehklinge mit beiden Händen anpacken und die Schnittfläche in einem Zug möglichst gerade abziehen. Dadurch wird der Span gleichmäßig abgehoben. Solange abziehen, bis die Spuren des Sägeblattes gänzlich abgetragen sind.

Schleifen Sie die Schnittfläche dann mit *Naßschleifpapier* von immer feiner werdender Körnung. Beginnen Sie mit 180er-Körnung, gehen Sie dann zu 240er-, anschließend zu 400er- und zuletzt zu 600er-Körnung über. Vor dem Übergang zur nächstfeineren Korngröße müssen die Spuren der vorhergehenden Schleiferei völlig beseitigt sein.

Zum Schluß muß *auf Hochglanz* poliert werden. Das geht am besten mit einer speziellen Polierpaste, die es in den Hobbyläden gibt. Für kleine Flächen reicht ein Stofflappen; schneller geht es aber mit einer Polierscheibe, die man auf die Bohrmaschine setzt. Diese Scheibe besteht aus einer dicken Lage fest aufeinander gepreßter und vernähter runder Stofflappen. Auch diese Scheiben gibt es in Hobby- und Bau-

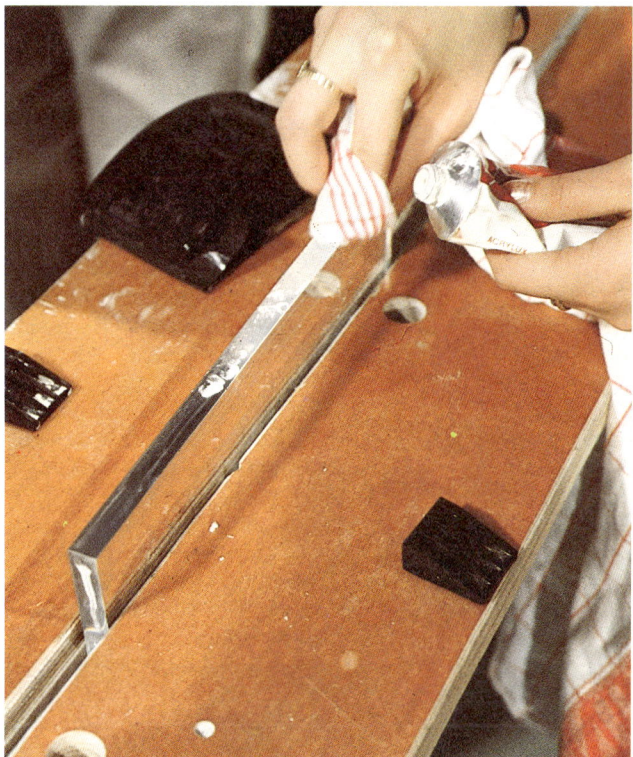

Abb. 5: Zum Polieren wird das Acrylglas möglichst eingespannt. Nicht vergessen, vorher die Klemmbacken zu polstern.

märkten. Bei der Polierpaste darauf achten, daß sie hochfein und lösungsmittelfrei ist.

Und jetzt geht's ans Biegen

Vor dem Biegen kommen die Acrylglasstäbe einfach in den Backofen.

Im Gegensatz zu Glas reichen bei Acrylglas bereits 160 °C aus, damit man es in die gewünschte Form biegen kann. Und diese Temperatur von 160 °C erreichen Sie spielend in einem ganz normalen Backofen. Wärmer als maximal 170 °C sollte das Material allerdings nicht werden, weil sonst die Gefahr besteht, daß es Blasen wirft. Wenn Sie sich also auf die Temperaturangaben auf dem Einstellknopf Ihres Backofens nicht ganz verlassen können, sollten Sie es zunächst lieber mit einer etwas geringeren Temperatur versuchen. Ein paar Grad nachheizen können Sie dann immer noch.

Wegen seiner leichten Verformbarkeit gehört das Acrylglas zur Kunststoff-Familie der *Thermoplaste.* Der Fachmann spricht davon, daß Acrylglas bei 160 °C „umformbar" (plastisch) wird.

Wie gehen Sie in der Praxis vor?

Bleiben wir zunächst bei den Acrylglas*stäben*; zu anderen verformbaren Teilen kommen wir gleich noch. Schieben Sie also in den Backofen ein normales Backblech. Belegen Sie es aber mit einem speziellen Backpapier, das man in jedem Haushaltswarengeschäft für wenig Geld bekommt. Dieses Papier verhindert, daß der erwärmte Acrylglasstab am metallenen Backblech festklebt oder unschöne Abdrücke und Verfärbungen erhält.

Wenn der Backofen auf die richtige Temperatur von 160 °C aufgeheizt ist, wird einer der passend zurechtgeschnittenen und an einer Schnittkante polierten Acrylglasstäbe auf das vorbereitete Backblech gelegt. Das Erhitzen des Acrylglases geht relativ schnell; 5 bis 10 Minuten reichen je nach der Dicke in der Regel aus. Bei richtiger Temperatur muß sich der Acrylglasstab ohne großen Kraftaufwand verformen lassen. Tut er das nicht, dann ist er im Inneren noch nicht richtig erhitzt; ge-

hen Sie dann nicht mit Gewalt vor. Das nicht ausreichend erhitzte Material bricht leicht.

Natürlich kann man einen 160 °C heißen Gegenstand nicht mit bloßen Fingern anfassen. Ein paar dicke Wolloder Lederhandschuhe (bitte keine Handschuhe aus Kunststoffasern verwenden) reichen aber schon. Am einfachsten geht es mit Arbeitshandschuhen aus Leder oder dickem Stoff, die es in Bau- oder Hobbymärkten gibt.

Auf *Abbildung 6* zeigen wir Ihnen einige Methoden, die Ihnen das Biegen oder gar Knoten eines Acrylglasstabes erleichtern. Acrylglas hat nämlich die Eigenschaft, daß es beim Abkühlen sogenannte *Rückstellkräfte* entwickelt. Damit ist gemeint, daß es versucht, sich in seine ursprüngliche Form wieder zurückzubiegen. Deshalb schlagen wir vor, den Stab um eine Form zu biegen und ihn dort bis zum Abkühlen mit Klebeband oder etwas Ähnlichem zu fixieren. Als eine solche Form eignet sich z. B. sehr gut eine ganz normale Flasche, die am Bauch und am Hals ja unterschiedliche Krümmungen hat.

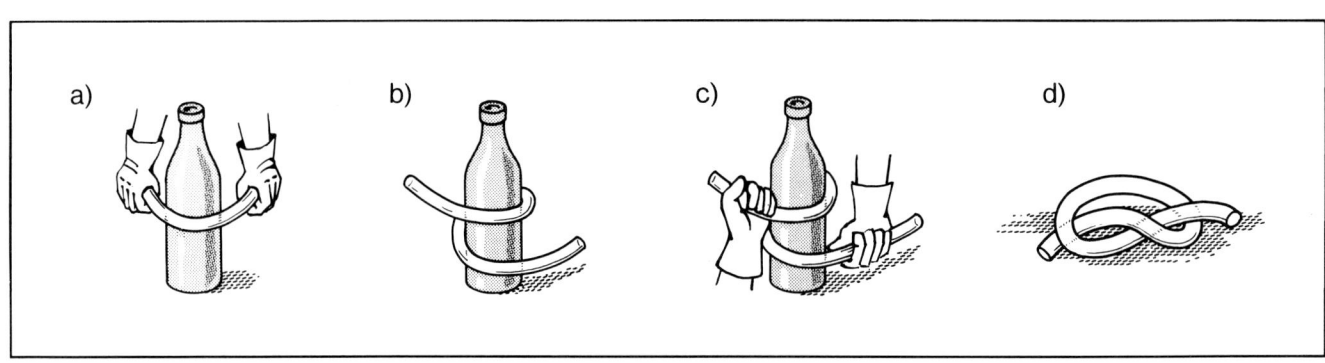

Abb. 6: Biegen der Acrylglas-Stäbe nach der „Backofen-Methode". Den Knoten (d) brauchen wir für den Kerzenständer auf Seite 104.

Man kann aber auch einen Besenstiel, die Tischkante oder eine Stuhllehne verwenden.

Je nach Stärke des Materials dauert das Abkühlen auf 80 bis 100 °C — das ist die Temperatur, bei der Acrylglas sich nicht wieder zurückbiegt — etwa 1 bis 5 Minuten. Wer so viel Geduld zum Festhalten des Werkstückes nicht aufbringen will, kann es auch folgendermaßen machen. Zur Fixierung des Werkstückes in seiner Form haben wir gute Erfahrungen mit Stoffstreifen gemacht, die man von einem alten Tuch abreißen kann. Sie haben gegenüber Bindfaden oder Draht von Vorteil, daß sie sich in das noch weiche Material nicht eindrücken.

Versuchen Sie bitte nicht, den Kühlprozeß z. B. mit kaltem Wasser zu beschleunigen. Das Acrylglas ist zu Beginn immerhin 60 °C heißer als kochendes Wasser. Sie würden also nur ein Dampfbad oder spritzendes heißes Wasser erzeugen, mit dem Sie sich leicht verbrühen können.

Sie haben jetzt ein Objekt gebaut, das ausgesprochen magisch wirkt, weil das Licht erst an den *Enden* der gebogenen Stäbe heraustritt. Der Lichtstrahl ist dann relativ stark gebündelt, wie wir schon im Kapitel „Eine kleine Einführung in die Optik" erklärt haben.

Lampen einer ähnlichen Konstruktion mit nur einem dicken Acrylglasstab benutzt man deshalb auch als Schreibtisch- oder Leselampe.

Aus Acrylglasplatten lassen sich mit der „Backofen-Methode" Schüsseln und Obstschalen herstellen, die man auch als Lampenschirm benutzen kann.

Geformt haben wir diese Schüsseln über einer ganz normalen, allerdings

Abb. 7: Schale aus Acrylglas nach der „Backofen-Methode" geformt.

hitzebeständigen Schüssel aus Steingut. Sie wird umgedreht auf eine Holzplatte gelegt, die ein bißchen Hitze aushält.

Schieben Sie die vorbereitete Acrylglasplatte wieder auf einem mit Backpapier bedeckten Kuchenblech in den auf 160 °C vorgeheizten Backofen. Ist das Werkstück ausreichend erhitzt, dann wird es schnell herausgenommen, über die umgedrehte Schüssel gelegt, und rundherum kräftig nach unten gedrückt. Dazu müssen Sie allerdings wieder Schutzhandschuhe (nicht aus Kunstfaser!) tragen. Das Acrylglas kühlt durch die Schüssel relativ schnell ab. Außerdem ist es doch ein wenig sperrig, weshalb man diese Arbeit am besten zu zweit macht. Daß das Acrylglas bei dieser Wölbung über die Schüssel Falten wirft, ist kein Nachteil, sondern Absicht.

Ein Kerzenhalter mit Knoten

Unser Kerzenhalter, den wir Ihnen auf *Abbildung 8* zeigen, wird aus einem runden Acrylglasstab von etwa 2 cm Durchmesser und rund 40 cm Länge gebogen. Hier gehen Sie ähnlich vor wie bei der Herstellung der Acrylglasstäbe für unser *Hobby-Licht*; nur brauchen Sie sich hier mit dem Polieren der Schnittkanten nicht gar so viel Mühe zu geben. Formen Sie den Kerzenhalter in Form eines Knotens, der die Standfläche für den Kerzenhalter bildet. Sie müssen noch vor Erkalten des Materials diesen Knoten auf einer hitzebeständigen ebenen Platte so zurechtbiegen, daß er nicht wackelt und daß das nach oben führende Ende für die Kerze senkrecht steht.

Abb. 8: Ein Kerzenhalter aus einem Acrylglas-Knoten.

Noch ein paar Tips zur Verarbeitung von Acrylglas

Bevor wir uns nach diesen ersten Ein- übungen an größere Sachen machen wollen, hier ein paar ergänzende hand- werkliche Techniken im Umgang mit Acrylglas. Nicht immer nämlich kommt man mit Biegen oder Sägen aus; da muß auch einmal geklebt und gebohrt werden und noch manch anderes.

Sägen und Schneiden von Acrylglas

Dazu haben wir schon auf *Seite 100* das Wichtigste gesagt. Hier ein paar Ergänzungen:
Vor dem Sägen kommt das *Anzeichnen* des Zuschnitts. Da Acrylglasplatten in der Regel auf beiden Seiten mit Schutzpapier bedeckt sind, sollten Sie die Linien für den Zuschnitt gleich auf dieses Papier zeichnen. Es haftet ziem- lich fest, verrutscht also beim Sägen nicht. Außerdem bewahrt es das Acryl- glas bei der Verarbeitung vor Kratzern. Sollte sich das Papier aber doch einmal vorzeitig lösen, dann feuchten Sie es mit Wasser an. Die Gummierung haftet dann wieder.
Beim Sägen längerer gerader Schnitte mit einer elektrischen Stichsäge sollten Sie eine Holzleiste als Anschlag mit Schraubzwingen auf der Platte befesti- gen (Leiste mit Kreppband „polstern"). Nur mit eingeschalteter Maschine und ohne großen Druck an die Acrylglas- platte herangehen, dann splittert das Material nicht so leicht.
Bei dickeren Platten den Sägeschnitt eventuell mit Petroleum kühlen.

Als eigentlichen Kerzenhalter haben wir bei unserem Modell eine Abschluß- kappe für Gardinenstangen verwendet. Sie wird nach dem Erkalten des Acryl- glasstabes oben mit einer Schraube festgeschraubt. Für diese Schraube müssen Sie mit einem Bohrer ein ent- sprechendes Loch mit Gewinde vor- bohren (spezielle Tips für das Bohren von Acrylglas finden Sie auf *Seite 106*). Zum Schluß noch ein Hinweis für die *Backofen-Methode.* Wenn Sie im Back- ofen Acrylglas auf 160 °C erhitzen wol- len, muß sich die Tür des Ofens natür- lich schließen lassen. Das wiederum hat zur Folge, daß die Größe der Werk- stücke begrenzt ist. In einen normalen Backofen passen Gegenstände von 35 × 40 cm Fläche durchaus hinein. Das genügt für die bis jetzt gemachten Vorschläge.

Acrylglas bis zu 3 mm Stärke kann man auch mit einem Kunststoffschneider zerteilen. Die Platte wird damit tief angeritzt und anschließend gebrochen.

Kleben von Acrylglas

Da wir ein durchsichtiges Material kleben wollen, muß besonders sauber und sorgfältig vorgegangen werden. Überquellenden Klebstoff, Blasen zwischen den Klebeflächen usw. kann man nämlich später sehen.

Zunächst müssen die Klebeflächen sauber und *fettfrei* gemacht werden. Das geht am einfachsten mit Wasser und einem üblichen Spülmittel. Auf keinen Fall Nitroverdünnung, Aceton oder ähnliches verwenden, weil es das Acrylglas angreift!

Beim *Klebstoff* gibt es verschiedene Arten, je nachdem, ob die Klebestellen hohen Belastungen ausgesetzt sind oder nicht. Bei geringer Belastung oder großen zusammenzuklebenden Flächen reicht durchaus ein Einkomponenten-Kleber. Man erhält ihn in denselben Geschäften, in denen auch das Acrylglas zu haben ist. Für stärkere Belastungen braucht man allerdings einen *Kleber auf Zweikomponenten-Basis*. Bei diesem Kleber sind ein paar Regeln zu beachten. Mischen Sie immer den Binder in den Härter und nicht umgekehrt. Am stärksten hängt allerdings die Festigkeit dieses Klebers davon ab, wie innig die beiden Komponenten miteinander vermischt sind. Rühren Sie also lieber ein bißchen länger als zu kurz. Dabei werden meist ein paar Blasen mit untergerührt. Diese steigen von selbst nach oben, wenn Sie das Gemisch etwa 6 bis 8 Minuten in dem Gefäß ste-

henlassen, das Sie mit einer Folie abdecken. Die Folie verhindert, daß sich durch das Verdunsten von Lösungsmittel auf dem Kleber eine Haut bildet.

Vor dem Kleben müssen die einzelnen Teile des Werkstücks vorbereitet werden. Auf *Abbildung 9* zeigen wir Ihnen, wie man die Ränder der späteren Klebeflächen mit *Spezialklebeband* schützen kann. Auch diese Bänder dürfen das Acrylglas nicht angreifen.

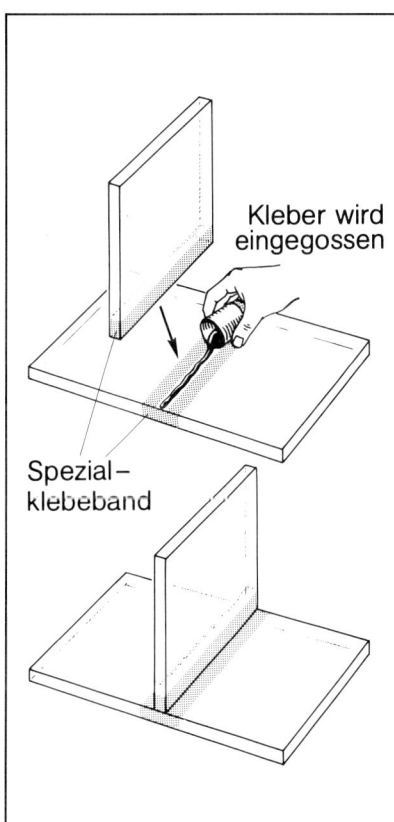

Abb. 9: Die Klebestellen müssen vorher sorgfältig mit Klebeband begrenzt werden.

Geeignet sind z. B. *Tesaband 541* oder *Scotch Nietenhalteband 685.* Begrenzen Sie damit möglichst millimetergenau die Flächen, auf die anschließend der Kleber aufgetragen wird, und drücken oder reiben Sie das Klebeband fest an.

Der Kleber kann nun auf verschiedene Weise aufgetragen werden. Bei sehr kleinen Flächen geht das am besten mit einem Wattetupfer oder auch einem Stäbchen; bei großen Flächen können Sie den Kleber direkt aus dem Meßbecher gießen und mit einem Plastikspachtel gleichmäßig verteilen. Für schmale Klebeflächen haben sich auch Injektionsspritzen aus Polyamid, Polyethylen und Polypropylen bewährt (vgl. auch *Seite 86*). Diese Spritzen können Sie entweder in einer Apotheke oder auch bei Ihrem Hausarzt bekommen.

Natürlich können sich beim Auftragen im Kleber wieder Luftblasen bilden. Bei größeren Flächen müssen Sie sie mit dem Spachtel zur Seite schieben; bei schmalen Flächen drücken sich die Blasen zur Seite, wenn man die beiden Teile fest zusammenpreßt.

Die *Aushärtungszeit* für die Kleber ist verschieden; schauen Sie einfach auf die Gebrauchsanweisung. Allerdings ist die Zeit immer so lang, daß man die miteinander verbundenen Teile in ihrer Lage für eine Weile fixieren muß. In *Abbildung 10* zeigen wir Ihnen eine Möglichkeit.

Am einfachsten geht es mit Klebeband; allerdings eignet sich dieses Verfahren mehr für Werkstücke, wo es nicht ganz auf einen exakten Winkel ankommt. Den Perfektionisten unter Ihnen schlagen wir vor, einen Holzwinkel zu verwenden, den Sie sich leicht aus einem

Abb. 10: Fixieren der Acrylglasteile mit Klebeband bis zum Abbinden des Klebers.

Brett oder ein paar Leisten herstellen können. Die beiden Flächen, mit denen dieser Winkel das Werkstück in seiner Position halten soll, werden mit Doppelklebeband (auch Teppichband genannt) beklebt. Jetzt braucht dieser Winkel nur noch an die zu verklebenden Werkstücke angedrückt zu werden.

Anschließend lassen sich die Werkzeuge mit Aceton reinigen. Aber darauf achten, daß das Aceton nicht an das Acrylglas kommt!

Sauber bohren

Acrylglas läßt sich zwar so einfach wie Holz bearbeiten; ein paar Tücken hat dieser Werkstoff aber doch. Acrylglas ist ein relativ *sprödes* Material. Bei einem normalen Eisenbohrer besteht die Gefahr, daß man ausgebrochene und häßliche Bohrlöcher erhält, die man ja von außen durch das Material sehen kann. Ein normaler Stahlbohrer windet sich gewissermaßen in das Material hinein. Dadurch entstehen Spaltkräfte,

die das Material in den Wandungen und am Bohrrand ausbrechen lassen können.

Holz- und normale Eisenbohrer scheiden also aus. Einigermaßen brauchbare Ergebnisse haben wir mit Steinbohrern erzielt, deren Schnittkanten mit Hartmetall (Vidia) bestückt sind. Natürlich gibt es auch spezielle Kunststoffbohrer. Die bekommt man aber nicht so leicht, und sie kosten auch einiges. Wir haben uns mit einem Trick beholfen, den wir auch Ihnen empfehlen.

Nehmen Sie einen ganz normalen Eisenbohrer. Er bekommt an der Spitze

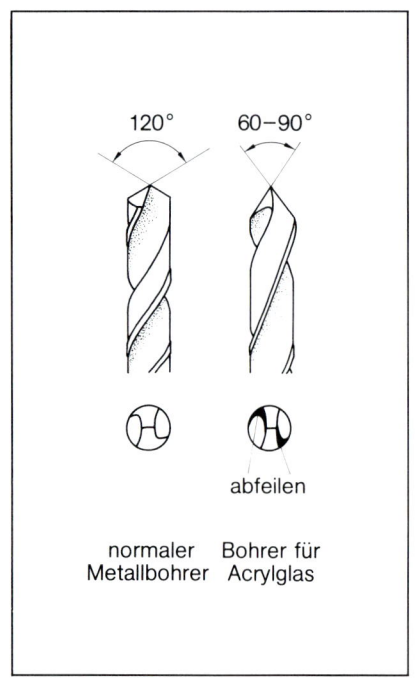

Abb. 11: Anschleifen eines Metallbohrers für das Bohren in Acrylglas.

einen besonderen Schliff, durch den sich der Bohrer nicht mehr in das Material hineinwindet, sondern einen gleichmäßigen Span abhebt.

Bei normalen Bohrern, mit denen man Stahl bohrt, bilden die beiden Schnittkanten der Spitze einen Winkel von 120 °. Bei Acrylglas braucht man jedoch Winkel zwischen 60 ° und 90 °. Der Bohrer muß also gewissermaßen spitzer werden. Die Spitze kann man sich selbst schleifen. Am einfachsten geht das natürlich mit einer *Schleifscheibe.*

Achten Sie beim Schleifen aber darauf, daß die Spitze des Bohrers in der Mitte bleibt; sonst läuft der Bohrer später exzentrisch. Außerdem sind die beiden Leitflächen der Bohrspitze schräg geschliffen. Schauen Sie sich den Bohrer vor dem Abschleifen einmal genau an. Haben Sie keine Schleifscheibe, dann geht es auch mit einer feinen Feile. Dazu müssen Sie den Bohrer in einen Schraubstock oder eine andere Klemmvorrichtung einspannen.

Probieren Sie den Bohrer nach dem Schleifen erst einmal in einem Abfallstück Acrylglas aus. Hebt der Bohrer einen gleichmäßigen Span ab, dann ist alles in Ordnung.

Aber nun zum Bohren selbst. Am besten eignen sich Bohrmaschinen mit einer möglichst geringen Drehzahl. Ein Bohrmaschinenstativ erleichtert die Arbeit wesentlich. Als Unterlage brauchen Sie eine Holzplatte, auf der die Unterseite des Werkstückes möglichst plan aufliegt. Dadurch wird vermieden, daß beim Durchbohren die untere Lochkante ausbricht. Einen gewissen Schutz bietet auch die Schutzfolie, mit der Acrylglas handelsüblich auf beiden Seiten bedeckt ist. Entfernen Sie diese Schicht erst nach dem Bohren.

Bei dickeren Werkstücken brauchen wir überdies eine *Kühlflüssigkeit.* Gut geeignet ist dafür Petroleum, das die Wände des Bohrloches zugleich poliert. Diese Kühlung ist ziemlich wichtig, weil Acrylglas ja bereits bei 160 °C weich wird. Bohren Sie also nicht mit allzu viel Druck; unterbrechen Sie notfalls den Bohrvorgang hin und wieder.

Damit das Bohrloch später auch wirklich an der Stelle sitzt, an der es vorgesehen ist, gehen Sie am besten mit langsam laufender Bohrmaschine an die auf dem Werkstück angezeichnete Stelle heran. Erst weiterbohren, wenn der Bohrer an richtiger Stelle einen kleinen Kegel herausgefräst hat (vorher ankörnen).

Bei Bohrlöchern über 10 mm Durchmesser hat sich bei unseren Arbeiten ein sogenannter Forstner-Bohrer bewährt. Das ist ein Bohrer, der in der Mitte einen Führungsstift besitzt und an dem hobelartige Schneiden das Loch schneiden. Für sehr weite Löcher empfiehlt sich auch eine Lochsäge (eine

Abb. 12: So wird Acrylglas gebohrt.

kreisrunde Säge mit einem Führungs-
bohrer in der Mitte; kommt an die Bohrmaschine).

Glatte Bohrlöcher sind für Steckverbindungen geeignet – und zwar für Verbindungen, die entweder durch Leim
festgehalten werden, oder die (bei
Weglassen von Leim) wieder trennbar
sind.

Ein paar Tips zur Pflege von Acrylglas

Obwohl Acrylglas nicht so hart ist wie
normales Glas, ist es doch erstaunlich
robust. Empfindlich ist es nur gegen
bestimmte Lösungsmittel mit *Aceton,
Nitroverdünner* usw. Diese Lösungsmittel schaden dem Acrylglas auch
dann, wenn sie z. B. in Alleskleber oder
andere Substanzen gemischt sind.

Mit *Testbenzin* (Waschbenzin) und *Ter-
pentin* können Sie hingegen ruhig an
Acrylglas-Gegenstände herangehen,
wenn sie z. B. fettige Flecken haben.

In den meisten Fällen wird es aber genügen, verschmutzte Acrylglasteile mit
lauwarmem Wasser und einem üblichen Spülmittel zu reinigen. Benutzen
Sie dafür einen weichen Schwamm
und zum Nachwischen entweder ein
nichtfaserndes Handtuch oder ein Fensterleder.

Sollte es doch einmal Kratzer oder
rauhe Flächen gegeben haben, dann
lassen sie sich mit speziellen Polierpa-
sten immer wieder entfernen. Bei tiefen
Kratzern müssen Sie eventuell wieder
mit Naßschleifpapier arbeiten, wie wir
es im Abschnitt „Polieren" im einzelnen beschrieben haben. Für das Nach-
polieren größerer Flächen empfehlen

wir, möglichst eine Bohrmaschine mit
einer Polierscheibe aus Stoff zu verwenden.

Ein kleiner Nachteil bei Acrylglas ist,
daß es sich durch Reibung *elektrosta-
tisch aufladen* kann. Diese Aufladung
ist auch der Grund dafür, daß sich auf
den Flächen immer wieder feinster
Staub absetzt. Eine Aufladung läßt sich
verhindern, indem man die Acrylglasteile mit einem antistatisch wirkenden
Reinigungsmittel behandelt. Es hinterläßt auf der Oberfläche einen dünnen
Film, der die elektrische Leitfähigkeit so
weit erhöht, daß die durch Reibung entstehenden Ladungen abfließen können.

Die Teile werden zunächst mit einem
Tuch oder Fensterleder abgewaschen,
das mit antistatisch wirkendem Kunst-
stoffreiniger getränkt worden ist. Zum
Schluß den Lappen auswringen und
die letzten Tropfen beseitigen. Das
geht ganz ähnlich wie beim Autowa-
schen.

Die Dauer der antistatischen Wirkung
ist von der Beanspruchung der Acrylglasteile abhängig. Wenn der antistati-
sche Film nicht durch starkes Reiben
oder Waschen zerstört wird, kann er
über mehrere Monate hinweg halten.

Wenig Arbeit, viel Effekt: Lampenschirme aus Acrylglas

Eine einfache, aber effektvolle Tischleuchte

Schauen Sie sich die Lampe auf *Abbildung 13* einmal an. Außer einer Platte
von 20 × 20 cm brauchen Sie dafür
nur schmale Plexiglasstreifen, die man
manchmal auch als Abfall bekommt.
Wenn es gesägte Abfallstreifen von
Platten sind, gibt es zwar relativ viel zu
schleifen und zu polieren, Sie kommen
dafür aber sehr billig an die Lampe.

Wenn Sie sich Arbeit sparen wollen,
dann können Sie sich Acrylglasstäbe
kaufen, bei denen nur die kurzen Ab-
schnittkanten poliert werden müssen.

Die Zahl der Stäbe hängt einmal von
der Stärke des Materials ab und davon,
wie hoch die Lampe werden soll. Haben Sie z. B. 20 mm starkes Material,
dann ist die Lampe nach unserem Modell 16 cm hoch – es sei denn, Sie
schichten einfach noch ein paar Etagen
darauf.

In die 20 × 20 cm große Grundplatte
wird in die Mitte ein 10 mm weites Gewindeloch geschnitten. Dort hinein
wird mit einem kurzen Gewindestück
die Lampenfassung geschraubt. Zugleich führt dort das Kabel heraus, in
das Sie einen Schalter einsetzen können.

Wir empfehlen einen glasklaren Kolben
für die Birne. Die Glühdrähte erzeugen
dann sehr hübsche Lichtbrechungen in
den Acrylglasstäben.

Die Einzelteile dieser Lampe werden
weder aufeinandergeklebt noch ge-

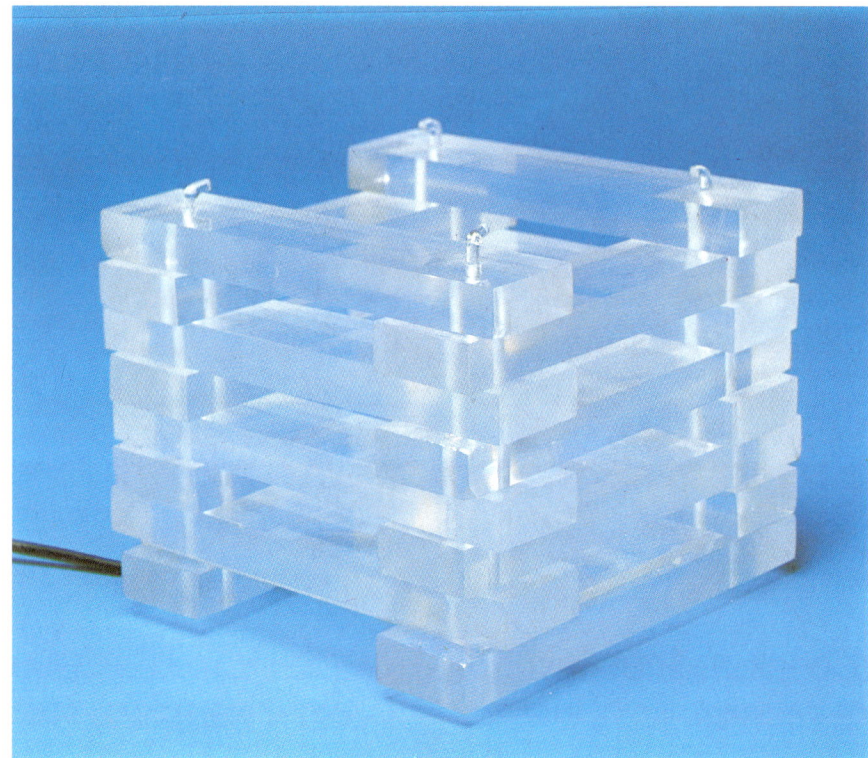

Abb. 13: Eine interessante Leuchte aus Acrylglasstäben.

messer sowie verschiedenen Platten, die das Licht der Stabbirne brechen. Unser Modell hat in der Mitte eine rot eingefärbte Platte. Sie bekommen farbiges Acrylglas, das besonders schöne Lichtreflexe erzeugt, heute schon in vielen Hobby- und Baufachgeschäften. Die Zahl der Lagen, die gewissermaßen einen Lampenschirm bilden, können Sie frei wählen; auf der Konstruktionszeichnung ist nur eine Lage angegeben (vgl. *Abbildung 15a).*

Für das Bohren der Löcher in diese Schirmteile können Sie zwischen zwei Methoden wählen.

1. Bohren Sie ein normales Loch von 6 bis 8 mm Durchmesser und sägen Sie es anschließend mit der Laub-

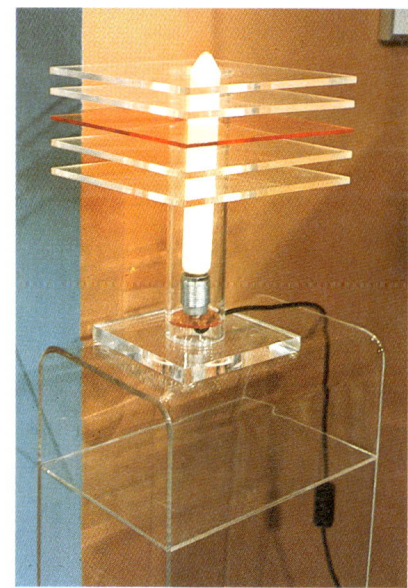

Abb. 14: Auch durch die farbige Acrylplatte bekommt die Leuchte ein futuristisches Aussehen.

schraubt. Durch die vier Ecken — dort, wo die Stäbe aufeinanderliegen — werden Löcher von 6 mm Durchmesser gebohrt. Durch die wird später ein durchgehender Acrylglasstab als Steckverbindung hindurchgesteckt. Diese Löcher können Sie nicht durch die provisorisch aufgeschichtete Lampe in einem Stück bohren. Da müssen Sie schon Etage für Etage vorgehen, wobei so genau gebohrt werden sollte, daß keiner der Stäbe über die Kante des anderen hinaussteht oder dahinter zu-

rückbleibt. Die Lampe ist zwar auch bei ein paar Millimetern Ungenauigkeit aufzubauen; das ganze sieht hinterher aber nicht so schön aus.

Eine „futuristische" Lampe

Schauen Sie sich einmal *Abbildung 14* und *15* an; sie ersparen uns eine Menge Erklärungen. Die Tischlampe besteht aus einem Fuß aus 20 mm Plexiglas, einem Rohr von 8 cm Durch-

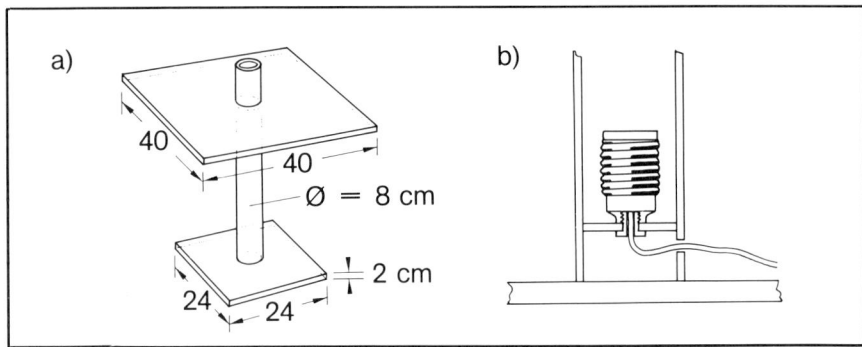

a)

40

40

Ø = 8 cm

2 cm

24   24

b)

Abb. 15: Konstruktionszeichnung für die „futuristische" Lampe.

säge auf seinen endgültigen Durchmesser aus.

2. Es gibt für Bohrmaschinen sogenannte Lochsägen, Bohrkränze also, die im Prinzip ein kreisrund gebogenes Sägeblatt sind. Wenn Sie eine solche Lochsäge in passender Größe haben, geht es mit dem Bohren natürlich etwas schneller.

Den Einbau der Birnenfassung haben wir in *Abbildung 15b* im Detail dargestellt. Bevor Sie das Acrylglasrohr auf den Fuß aufkleben, leimen Sie eine Scheibe in das Rohr, auf der Sie vorher die Birnenfassung fertig montiert haben. Dazu erhält diese Scheibe in der Mitte eine 8 mm-Bohrung, durch die eine Fassung mit Gewindestück und Gegenmutter eingesetzt wird. Für die Ableitung des Kabels erhält das Rohr an der Seite ein entsprechendes Loch.

Viel Freude mit schwarzem Licht

In den ersten Kapiteln dieses Buches wiesen wir schon einmal auf Farbstoffe hin, die unsichtbares UV-Licht in sichtbares Licht umwandeln können. Diese Farbstoffe bieten ein weites Feld interessanter und natürlich auch amüsanter Anwendungen. Verwandt mit dieser „Lichtquelle" sind auch die chemische und die biologische Lichterzeugung.

Für die private Anwendung bieten sich nur Fluoreszenzfarben an, da nur sie in einer Form im Handel sind, die auch für den Laien noch zu handhaben ist. Doch zuerst einmal möchten wir kurz darauf eingehen wie diese spezielle Art von Lichterzeugung überhaupt funktioniert.

Absorption

Um Licht zu erzeugen, muß zuerst ein Elektron eines Atoms in eine energiereichere Bahn gehoben werden. Dies kann durch Licht geschehen, wenn ein Photon, das auf das anzuhebende Elektron auftrifft, exakt dieselbe Energie aufweist, wie das Licht, das dieses Atom auch abstrahlen könnte. Man nennt diesen Vorgang *Absorption* (vgl. *Abbildung 1*).

Dieser Effekt wird zum Beispiel angewandt, um die Bestandteile eines Sternes, etwa der Sonne, festzustellen. Das Licht, das die Sonne verläßt, muß zuerst die gasförmigen, nicht leuchtenden Randbereiche durchdringen. Dort wird es von den dort vorhandenen Atomen teilweise absorbiert und anschließend wieder abgegeben. Natürlich wäre es ein unglaublicher Zufall, würde das von den Atomen abgestrahlte Licht ausgerechnet in dieselbe Richtung gesendet wie das ursprüngliche Licht der Sonne. Das bedeutet, daß wir dieses Licht auf der Erde nicht sehen können. Die Folge sind „Lücken" im Spektrum des Sonnenlichtes, die genau den Elementen entsprechen, die für die Absorption verantwortlich sind. Im Falle der Sonne handelt es sich u. a. um die Atome des Wasserstoffs, wie Sie es auch in *Abbildung 2* sehen können.

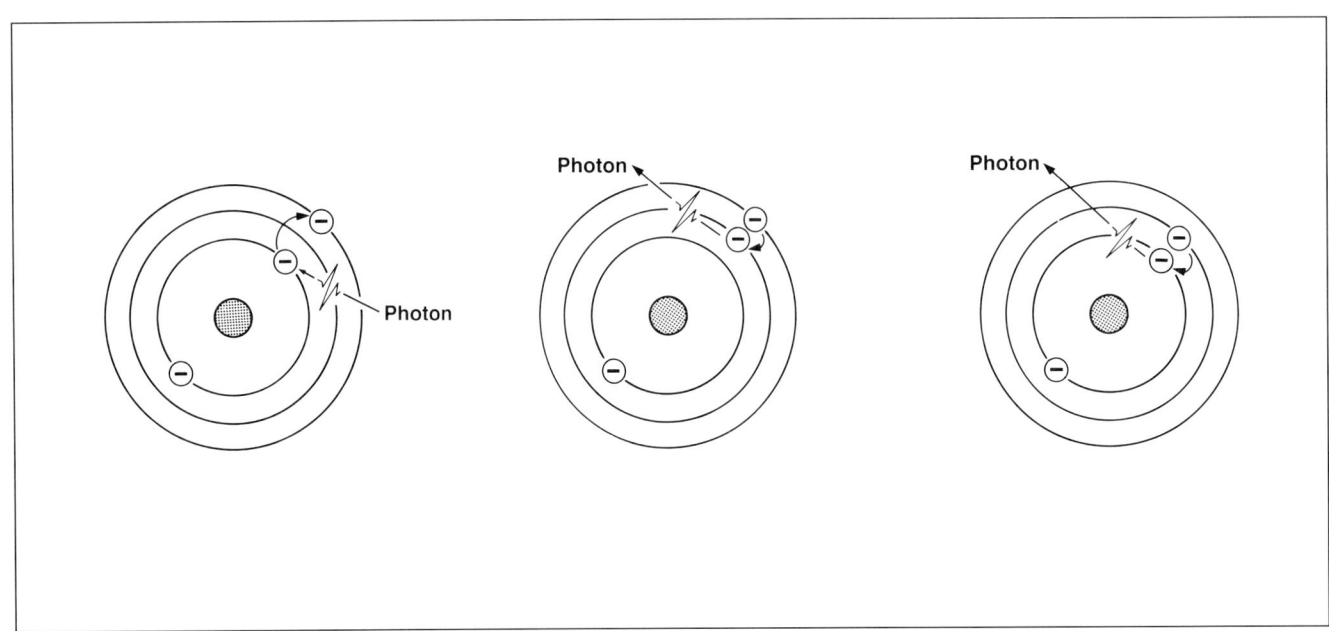

Abb. 1: Bei der Absorption (ganz links) dient ein energiereiches Photon zur Anregung eines Elektrons. Bei der Fluoreszenz wirkt UV-Licht anregend auf das Elektron, das über einen oder mehrere Teilschritte auf sein Grundniveau zurückfällt und dabei energieärmere Photonen abgibt.

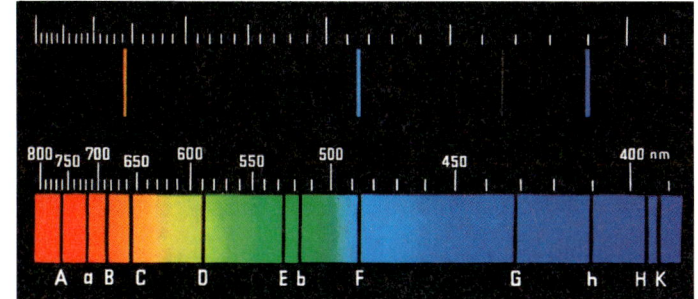

Linien-
spektrum des
Wasserstoffs

800 750 700 650 600 550 500 450 400 nm

Prismen-
spektrum des
Sonnenlichtes

A a B C D E b F G h H K

Abb. 2: Im Spektrum der Sonne fehlt die Bande des Wasserstoffs. Die gasförmigen Randbereiche der Sonne bestehen aus Wasserstoffatomen, die das Licht absorbieren.

Fluoreszenz

Eigentlich unterscheidet sich die Fluoreszenz kaum von der Absorption. Auch hier wird Licht genutzt, um Elektronen anzuregen. Fluoreszierend nennt man jedoch Stoffe, die das für uns nicht sichtbare, energiereiche, ultraviolette Licht nutzen können, um Elektronen in ein der hohen Energie entsprechendes Energieniveau anzuheben. Der Unterschied besteht nun im Zurückfallen der Elektronen. Hier fallen die Elektronen in mehreren Stufen wieder auf das Grundniveau zurück. So wird nicht ultraviolettes Licht ausgesendet, sondern häufig sichtbares Licht niedrigster Energie.
Abbildung 1 soll Ihnen diesen Vorgang verdeutlichen. Allerdings haben wir das Molekül stark vereinfacht, denn häufig handelt es sich bei fluoreszierenden Stoffen um recht große und komplizierte Kohlenstoffverbindungen, die als Grundgerüst meist mehrere Benzolringe besitzen.

Dieses Licht wird in vielen Produkten genutzt. Beispiele sind etwa die Farben, die die Wagen der Feuerwehr so gut sichtbar machen oder etwa Leuchtfarben auf Plakaten. In den Leuchtstoffröhren, auf die wir schon auf *Seite 37* zu sprechen kamen, finden anorganische Leuchtstoffe Verwendung.
Fluoreszierende Stoffe treten auch in der Natur häufig auf. Ein kleines Experiment können Sie leicht selbst durchführen. Tauchen Sie ein frisch geschnittenes Aststück einer Roßkastanie oder einer Esche in ein Glas Wasser. Im Licht einer Schwarzlichtlampe können Sie nach kurzer Zeit Schwaden einer fluoreszierenden Flüssigkeit feststellen, die sich im Wasser ausbreitet. Im Saft der Pflanze befindet sich ein fluoreszierender Stoff, das Aesculin, der diesen Effekt hervorruft.
Vielen Waschmitteln sind sogenannte *optische Aufheller* beigegeben. Das sind fluoreszierende Farbstoffe, die UV-Licht in blauweißes Licht umwandeln. Sie lagern sich während des Waschvorganges an die Fasern des

Stoffes an und leuchten bläulich in UV-Licht.

Leuchtobjekte, leicht gemacht

Lange wurde Schwarzlicht mit Diskotheken, Partykellern und schummrigen Hausbars gleichgesetzt. Das war nicht verwunderlich, denn diese dunklen Örtlichkeiten waren beinahe der einzige Verwendungsbereich außerhalb der chemischen und physikalischen Laboratorien. Auch in Zukunft wird sich wohl daran nichts ändern. Eine solche Festlegung wird allerdings den vielseitigen Einsatzmöglichkeiten dieser Lichtart wirklich nicht gerecht. Schwarzlicht bietet auch ganz andere Möglichkeiten.
Im Zuge der Nostalgiewelle erlebte die Herstellung von Leuchtobjekten aus den „echten" Neonröhren einen sagenhaften Aufschwung. Bei kaum einer Neugestaltung einer Boutique, einer Kneipe oder sonst eines Geschäftes, das sich einen modernen Touch geben möchte, verzichtet man heutzutage auf einen Schriftzug oder ein verrücktes Leuchtobjekt. Diese Erfolgswelle schwappte sogar in die modern eingerichteten Wohnstuben hinein, als findige Designer die Zeichen der Zeit erkannten und kleinere Objekte auch für den privaten Gebrauch gestalteten.
Vielleicht haben auch Sie, liebe Leser, schon einmal bewundernd vor solch einem Objekt gestanden und sich ernsthaft mit Kaufabsichten geplagt. Der wesentliche Grund, der Sie vielleicht von einem Kauf zurückhielt, war vermutlich die hohe Zahl, die das Etikett an der Leuchte zierte. So ein Schmuckstück

Abb. 3: Im Ast einer Kastanie befindet sich eine fluoreszierende Substanz, die im UV-Licht leuchtet.

hat seinen Preis, und daß dieser nicht zu niedrig ausfällt, dafür sorgt schon der große Anteil an Handarbeit, der zur Herstellung einer solchen Leuchte nötig ist. Nun können wir an diesem Preis auch nichts ändern, aber wir können Ihnen mit dem Schwarzlicht eine preisgünstige Alternative anbieten, die in ihrer Wirkung den Neonröhren kaum nachsteht – Objekte aus fluoreszierenden Materialien.

Für diese Objekte brauchen Sie nicht nur erheblich weniger zu bezahlen, sie haben auch einen Vorteil, der sich kaum mit Geld aufwiegen läßt: Sie können selbst gestalten und Ihre eigenen Vorstellungen verwirklichen. Die Materialien mit denen sie dabei umgehen, sind leicht zu handhaben und stellen keine besonderen Ansprüche an Ihr handwerkliches Geschick.

Einen kleinen Nachteil hat das Schwarzlicht allerdings. Befinden sich in der Nähe der Lichtquelle Dinge, die optische Aufheller enthalten, wie manche Papiersorten und extra weiße Wandfarben, dann können auch diese durch das Streulicht leicht zum Leuchten angeregt werden. Allerdings tritt dieser Effekt meist nur störend in Erscheinung, wenn keine anderen Lichtquellen im Raum in Betrieb sind.

Die Materialien

Für Schwarzlichtlampen benötigen Sie vor allem fluoreszierende Materialien. Im normalen Handel sind die verschiedensten Produkte erhältlich. Neben fluoreszierenden Lacken aus dem Modellbau gibt es auch Folien, Pappe und Textilien, die Sie für den einen oder anderen Zweck nutzen können.

Für dekorative Leuchtobjekte eignet sich ein Material besonders gut, das Sie in diesem Buch häufiger antreffen: das Acrylglas, genauer PMMA. Alles, was Sie über seine Verarbeitung wissen müssen steht im Kapitel „Leuchten aus Acrylglas" ab *Seite 96.* Dieses Material gibt es schon seit einiger Zeit auch in einer Einfärbung mit fluoreszierenden Farbstoffen. Die Farbstoffe geben dem Acrylglas neben dem einfachen Fluoreszieren noch eine besondere optische Eigenschaft. Das auftreffende UV-Licht wird im Innern des Acryls von den Farbstoffen in sichtbares Licht umgewandelt und in alle Richtungen abgestrahlt. Wie Sie auf *Seite 98* lesen konnten, gelingt es den Lichtstrahlen innerhalb des Acryls ab einem gewissen Auftreffwinkel nicht mehr, die Grenze zur Luft zu überwinden, sie werden reflektiert. Das entstandene Licht verbleibt darum solange innerhalb des Acryls, bis es einmal auf eine Stelle mit einem sehr stumpfen Winkel auftrifft. Solche Stellen sind Kanten oder Kratzer in der Oberfläche. Das Acryl sammelt somit über eine große Fläche Licht, das es nur an wenigen Stellen abgibt, eben den Kanten oder Kratzern. Daher kommt auch die Bezeichnung *lichtsammelnde Kunststoffe,* die allerdings auch für andere Materialien, wie etwa PVC, zutreffen kann.

Diese Eigenschaft hat für Ihre Arbeit große Bedeutung, denn auch kleine Kratzer und Schrammen, die Sie bei ungefärbtem Acrylglas gar nicht bemerkt hätten, zeigen an diesen Stellen den Leuchteffekt. Um sich langwieriges Polieren zu ersparen, sollten Sie daher sehr sorgsam mit dem Material umgehen.

Unempfindlicher, in seiner optischen Wirkung aber auch etwas anders ist Acrylglas, das durch Zugabe von Pigmenten angetrübt wurde. Diese Stäbe entwickeln auch bei Tage eine satte Färbung, besitzen aber nicht mehr den interessanten Effekt der leuchtenden Kanten.

Mit fluoreszierenden Farbstoffen eingefärbtes Acrylglas erhalten Sie überall, wo Sie auch das ungefärbte erhalten. Schauen Sie in den gelben Seiten unter „Kunststoffe" nach oder versuchen Sie Firmen ausfindig zu machen, die dieses Material für Werbezwecke verarbeiten. Wir werden uns aber bemühen, dieses Material auch in den Läden, die die Produkte der Hobbythek-Kosmetik vertreiben, anbieten zu lassen. Wir verwandten Stäbe von 10 und 4 mm Durchmesser. Diese Stärken sind sehr leicht zu verarbeiten.

Ein leuchtendes Wandbild

Dieses große und dekorative Bild ist mit wenig Mühe in ein oder zwei Stunden Arbeit hergestellt. Natürlich können Sie es in anderen Größen und auch aufwendiger als unser Beispiel gestalten, Ihrer Phantasie sind dabei keine Grenzen gesteckt. Sie benötigen folgende Materialien:

1 handelsübliche Leuchte
(60 cm lang, evtl. mit Schalter)
1 passende Schwarzlichtröhre
Zuleitungskabel
Schukostecker
1,5 mm Alublech
70 cm lang
(Breite je nach Leuchte)
oder 0,5 mm Edelstahlblech

1 Holzplatte
1,9 × 70 × 110 cm
schwarze Wandfarbe
fluoreszierende Acrylstäbe

Zuerst sollten Sie sich über den Entwurf Ihres Bildes im klaren sein, denn danach richtet sich die benötigte Anzahl der Stäbe, die Sie erwerben müssen. Die Stäbe werden später in Bohrungen entsprechenden Durchmessers geklebt. Wenn Sie die Stäbe vor der Montage der Elektrik und vor dem Streichen der Platte zurechtbiegen, können Sie eine grobe Skizze auf die Platte aufzeichnen und sich beim Biegen an den Vorgaben orientieren. Sie sollten bei Ihrem Entwurf berücksichtigen, daß sinnvollerweise am Rand der Platte ein Streifen von ca. 10 cm Breite freibleiben sollte.

Nachdem Sie die Befestigungspunkte der Stäbe festgelegt haben, bohren Sie die Haltelöcher, die eine Tiefe von etwa 12–15 mm aufweisen sollten. Nun können Sie einen Stab hineinstecken und mit Hilfe eines Heißluftgebläses direkt auf der Platte die nötigen Biegungen erstellen. Andere Techniken stehen Ihnen natürlich auch zur Verfügung; das direkte Arbeiten auf der Platte ermöglicht Ihnen allerdings rechtzeitige Korrekturen.

Sind alle Stäbe fertig gebogen, können Sie die Platte mit schwarzer Wandfarbe streichen. Die schwarze Farbe erhöht die Leuchtwirkung der Stäbe erheblich, Sie können aber auch eine andere Farbe nehmen, falls das Schwarz überhaupt nicht in Ihren Wohnraum passen sollte.

Als letztes ist die Lichtquelle unten an der Platte anzubringen. Damit das Schwarzlicht auf die Stangen reflektiert wird und nicht den ganzen Raum erfüllt, bringen Sie einen Reflektor an, der gleichzeitig als Sichtschutz dient. In unserem Beispiel besteht der Sichtschutz aus einem Alublech, das Sie sich gleich beim Kauf abkanten lassen sollten. Die nötigen Maße für das Blech variieren je nach Leuchte, in die Sie die Schwarzlichtröhre einsetzen möchten. Den einen Abkantwinkel wählten wir mit 90°, den anderen mit 45°. Das Blech und die Leuchte schrauben Sie am unteren Rand der Platte fest. Das Kabel können Sie durch eine Bohrung in der Platte auf die Rückseite führen. Kleine Distanzstückchen aus Holzleisten auf der Rückseite bewirken, daß die Platte trotz Kabel eben an der Wand anliegt. Zur Befestigung können Sie zwischen zwei Schrauben einen Draht spannen, der es Ihnen ermöglicht, die schwere Platte mit einem Wandhaken aufzuhängen.

Sollten Sie Schwierigkeiten bei der Beschaffung eines Bleches haben, gibt es noch eine weitere Möglichkeit. Durch zwei schmale Holzbretter läßt sich der Sichtschutz ebenso leicht erreichen. Sie bilden mit der Platte ein „U", das die Leuchte verbirgt. Damit das Licht nach oben reflektiert wird, ist es jedoch notwendig, einen Reflektor anzubringen. Bekleben Sie einfach ein schmales Stück Pappe mit Alufolie und befestigen Sie diesen Reflektor so in dem Sichtschutz, daß das Licht nach oben reflektiert wird. Achten Sie aber darauf, daß der Reflektor nicht die Leuchte berührt, damit er sich nicht zu sehr erwärmt.

Wie bei allen Elektroinstallationen sollten Sie auch hier den Anschluß der Leuchte von einem Elektriker überprüfen lassen.

Ein kleines Standobjekt

Nicht immer ist es notwendig, gleich eine Leuchte mit in Ihre Konstruktion einzubeziehen. Wenn Sie eine Schwarzlichtquelle besitzen, dann fällt das Licht bisweilen auch ungenützt auf Flächen, die Sie mit einem kleinen Objekt aufwerten können. Hierfür benötigen Sie nur eine kleine Holzplatte zur Befestigung der Stäbe. Die Arbeitsschritte sind dieselben wie beim Wandbild, hier können Sie aber besonders frei in die dritte Dimension gehen. Der räumliche Eindruck bestimmt die Wirkung Ihres Werkes. Als Anregung können Sie unser kleines Objekt in *Abbildung 4* betrachten; auch hier arbeiteten wir mit einem Heißluftgebläse direkt auf der Platte.

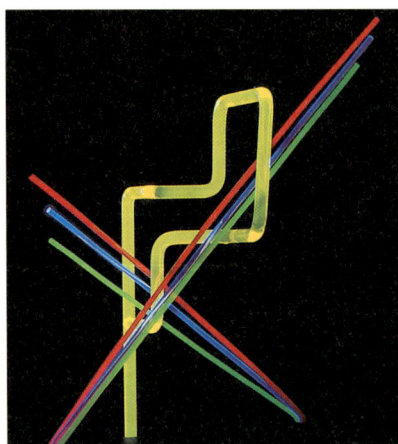

Abb. 4: Unser kleines Standobjekt besteht aus fluoreszierenden Acrylstäben.

Fluoreszierende Kerzen

Es gibt auch Kerzenfarben, die unter Schwarzlicht leuchten. Dieser Effekt fällt bei Tageslicht kaum auf; die Kerzen weisen dann nur einen besonders leuchtenden Farbton auf. Es ist aber ein Gag, wenn Sie die Kerzen unter eine Schwarzlichtlampe oder in das Streulicht etwa des oben beschriebenen Wandbildes oder eines anderen Objekts stellen. Die Kerzen scheinen dann auf rätselhafte Weise aus sich heraus zu glühen. Wer denkt schon bei Kerzen an Fluoreszenz?

Sie können einfache Haushaltskerzen im Tauchbad mit diesen Farben überziehen, wie wir es Ihnen im Kapitel „Kerzen – selbstgemacht" ausführlich beschreiben werden. Die Farbzugabe zur Tauchmasse sollte dann etwa 2–3 Prozent betragen. 10 g dieser Kerzenfarbe reichen also für 300–500 g Tauchmasse aus. Damit lassen sich Dutzende von Kerzen einfärben. Der Farbstoff ist allerdings nicht in Wachs gelöst, sondern ist in Form kleiner Partikel, sogenannter *Pigmente*, fein verteilt. Rühren Sie darum die Tauchmasse kräftig auf und schütten Sie jeweils nur kleinere Wachsmengen ins Tauchbad. Damit sich die Partikel während des Färbens nicht absetzen, sollten Sie zügig arbeiten.

Lichter mit fluoreszierenden Ölen

Was für die Kerzen gilt, trifft in gewissem Maße auch für Öllichter zu. Auch deren Öl läßt sich zum Fluoreszieren bringen. Dieser Effekt ist bei Flüssig-

Abb. 5: Schöne Effekte geben Kerzen und Öllichter, die fluoreszierende Farben enthalten.

Seite 126 beschreiben werden. In einer kleinen Menge Öl wird ein Bröckchen der Kerzenfarbe aufgeschmolzen und eingerührt. Auch hier müssen Sie unbedingt im Wasserbad arbeiten, damit die Temperaturen im Öl nicht über 100 °C steigen können. Um die Brenneigenschaften der Leuchte nicht negativ zu beeinflussen, dürfen Sie allerdings nicht zuviel Kerzenfarbe zum Öl hinzugeben. Die konzentrierte Mischung geben Sie, nachdem sich die schweren Pigmente abgesetzt haben, zur Hauptmenge des Öls hinzu.

Ein Schriftzug aus vielen Lichtern

Sie kennen sicherlich die Lichterketten, die meist aus rund 20 kleinen Kerzen bestehen und zu Weihnachten den Baum oder das Fenster schmücken. Diese Ketten sind den Weihnachtsbäumen längst entwachsen und werden vielfältig zur Beleuchtung eingesetzt. Kunstvoll an die Wand oder in ein Geäst drapiert, finden diese Ketten vor allem bei Jugendlichen viele Freunde. Dazu trägt sicherlich der günstige Preis bei. In Sonderangeboten werden Ketten mit weißen Kabeln mitunter schon für weniger als 10 DM angeboten.
Dieser günstige Preis macht die Lichterketten auch für etwas andere Anwendungen geeignet. Wie würde Ihnen zum Beispiel ein Schriftzug aus leuchtenden Punkten gefallen?
Auf der Rückseite einer Sperrholzplatte befestigen Sie mit Holzleim in wenigen Zentimetern Abstand zum Rand einen Rahmen aus 5 cm starken Holzleisten. Nur an einer der Ecken, die später nach

keiten besonders reizvoll, denn es wirkt überaus rätselhaft, wenn sie aus sich heraus zu leuchten beginnen.
Auch hier können Sie die fluoreszierenden Kerzenfarben benützen. Diese haben allerdings einen kleinen Nachteil, der aber nicht sehr schwerwiegend ist. Wie wir schon erwähnten, wird der Leuchteffekt hier durch Pigmente hervorgerufen, die sich in der Kerzenfarbe befinden. Im festen Wachs bleiben diese Pigmente problemlos an Ort und Stelle, im Öl jedoch neigen sie dazu, sich langsam abzusetzen und eine leichte Trübe hervorzurufen.

Die Pigmente setzen sich in Öl recht langsam ab. Innerhalb weniger Minuten bildet sich zwar ein Niederschlag auf dem Gefäßboden aus, die restlichen, sehr viel kleineren Pigmente bleiben jedoch mehrere Stunden bis Tage in der Schwebe. Wenn Sie das Öl nach einigen Minuten ohne die Pigmente aufzuwirbeln in ein anderes Gefäß umfüllen, haben Sie ein fluoreszierendes Öl, das Sie nach kurzem Aufrühren zum Nachfüllen Ihrer Ölleuchten verwenden können.
Das Färben des Öls erfolgt nach der Methode, die wir bei den Öllichtern ab

Abb. 6: Ein hübscher Wandschmuck ist das bunte Herz. Anstelle der Lichterkette können Sie auch kurze Stücke fluoreszierenden Acrylglases verwenden, die mit Schwarzlicht angeleuchtet werden.

Kunst mit Fluoreszenz

Mit Schwarzlicht lassen sich nicht nur Leuchtobjekte herstellen. Der eigentliche Reiz des Lichtes überschreitet den Rahmen dieses Buchs. Gemeint sind alle Arten von Freizeitbetätigung, die sich zum Beispiel mit künstlerischen Ausdrucksformen beschäftigen. Von der Theatergruppe bis zum Kindergeburtstag gibt es unzählige Verwendungsmöglichkeiten. Wichtig ist, daß das Licht nur den Ort des Geschehens beleuchtet und nicht die Zuschauer.

Theatergruppen können beispielsweise die Form eines modernen schwarzen Theaters aufgreifen – „Neon"-Theater so richtig am Puls der Zeit. Wir haben die Klasse 10b der Ganztagshauptschule Inden besucht, die ein selbst geschriebenes Stück einstudiert hatte. Die Inszenierung war überaus interessant und das Stück ein großer Erfolg. Besonderen Anklang fand die Form der Vorführung, vor allem die optischen Effekte, die sich Dank des Schwarzlichtes erzielen ließen. Für alle Beteiligten, die Zuschauer wie die Akteure auf und hinter der Bühne waren die Aufführungen ein ganz gesonderes Erlebnis.

Für einen Kindergeburtstag ließe sich das Theater sogar auf die Größe eines Puppentheaters begrenzen, mit geringstem Aufwand und sicherlich großen Erfolg. Dabei würde es keine Rolle spielen, ob Sie Handpuppen oder Marionetten verwenden.

Auch ein Maskenball mit fluoreszierenden Masken ist sicherlich eine Überlegung wert. Masken und Kostüme lassen sich ohne Mühe fluoreszierend gestalten.

unten hängen, bleibt eine kleine Öffnung frei. An der oberen Rahmenseite bringen Sie zwei Ösen zum Aufhängen der Leuchte an.

Den Schriftzug entwerfen Sie auf der Vorderseite zuerst mit Bleistift. Nun markieren Sie in gleichmäßigen Abständen die Punkte, die erleuchtet werden sollen. Je nach Schriftzug werden Sie 40–60 Lampen, also 2–3 Ketten benötigen. Die Stärke der nötigen Bohrlöcher hängt vom Kerzendurchmesser ab und sollte so eng wie möglich gehalten werden. Sind alle Löcher gebohrt, können Sie die Platte lackieren.

Nach dem Trocknen stecken Sie die Lämpchen von hinten durch die Platte und befestigen sie mit Klebeband. Mehrere Ketten werden dann mit einer Mehrfachsteckdose in dem Hohlraum hinter der Platte gesammelt. Als letztes führen Sie eine Verlängerungsschnur durch den Spalt im Rahmen aus dem Hohlraum, hängen die Leuchte auf und sorgen für den Stromanschluß.

Leuchtende Stäbe und Objekte lassen sich für Theateraufführungen leicht mit fluoreszierendem Lack überziehen, denn es zählt ja vor allem die Fernwirkung. Masken kann man mit Papier oder Folien bekleben und Trikots benähen Sie einfach mit Stoffen, die, sofern sie nicht sowieso gerade in Mode sind, wenigstens zu Karneval oder Fasching überall käuflich sind.

Abb. 7: Theatergruppen können Fluoreszenzfarben zur Bemalung ihrer Kostüme verwenden, wie hier die Schüler der Klasse 10b der Ganztagsschule Inden bei einer Theateraufführung.

Kerzen – selbstgemacht

Kerzenlicht oder das Licht von Petroleumlampen wird – außer in sogenannten schlechten Zeiten – hauptsächlich zur Erzeugung einer ganz bestimmten Stimmung oder auch für kultische Zwecke verwendet, wie etwa in der Kirche. Es ist durch die elektrische Glühbirne nicht ganz verdrängt worden, weil vor allem dann, wenn keine große Helligkeit gebraucht wird, das Kerzenlicht besonders angenehm oder auch gemütlich ist. Und dieser Wunsch nach einer heimeligen Atmosphäre ist es wohl auch, der nach dem zweiten Weltkrieg geradezu einen Kerzenkult entstehen ließ. Erinnern Sie sich an die vielen teils bunten, teils auch riesigen Kerzen, die vor allem aus Skandinavien kommen. In dieser Form ist eine Kerze nicht nur ein Beleuchtungsgegenstand, sondern zugleich ein kunsthandwerkliches Produkt.

Aber damit sind wir schon ganz in der Nähe dessen, was wir in der Hobbythek jetzt vorhaben.

Wir möchten Ihnen nicht nur zeigen, wie man Kerzen ziehen und verzieren kann, sondern was man an kerzenähnlichen „Beleuchtungskörpern" konstruieren kann.

Interessantes zur Kerzenflamme

Eine Kerze besteht im wesentlichen aus Paraffin und Stearin, einer Mischung zweier Glyceride. Diese Verbindungen bestehen im gereinigten Zustand ausschließlich aus Kohlenstoff-, Wasserstoff- und Sauerstoffatomen.

Schon kurz nach Entzünden der Kerze wird Wachs im Umkreis der Flamme ge-

Abb. 1: Aufbau der Kerzenflamme: Im dunklen Bereich um den Docht herrschen Temperaturen von 600 bis 800 °C, am Rand des gelben Teils werden bis 1400 °C erreicht.

schmolzen. Das flüssige Wachs oder bei Öllichtern das Öl, wird durch den Docht in die Nähe der Flamme geleitet, und verdampft. Durch die Hitze zerfallen die Moleküle in kleinere Teilstücke und werden verbrannt.

Nahe dem Docht befindet sich in der Flamme ein Bereich, in dem Sauerstoffmangel herrscht. Dieser dunkle Bereich erreicht daher nur Temperaturen von 800 °C, der Docht selbst sogar nur 600 °C.

Der dort noch unverbrannt gebliebene Kohlenstoff kann erst in der gelben

Zone genug Sauerstoff finden. Dort treten im Innern Temperaturen von 1200 °C auf, an den Außenseiten sogar 1400 °C. Das gelb-weiße Licht entsteht hier vor allem durch glühende Rußpartikel, die durch unvollständige Verbrennung im dunklen Flammenbereich entstanden sind.

Innerhalb der gelben Zone werden sie abgebaut, so daß als wichtigste Produkte der Kerzenflamme Wasser und Kohlendioxid zu nennen sind. Die sonstigen Verbrennungsprodukte sind mengenmäßig recht gering.

Wenn allerdings der Docht einer Kerze zu lang ist, wird die Flamme immer größer, da mehr Wachs nachgeliefert wird, als in der kurzen Verweildauer in der Flamme verbrennen kann. Sehr viele unverbrannte Kohlenstoffverbindungen verlassen die Flamme, die Kerze rußt.

Auch wenn Sie dieser Ruß nicht stören sollte, ist es besser ihn zu vermeiden, denn er besteht aus einer Reihe von schädlichen Verbindungen. Durch Kürzen des Dochtes können Sie das unangenehme Rußen jedoch sehr schnell beenden. Gute Dochte krümmen sich während des Brennens zur Seite; die Spitze gelangt an den heißen Rand der Flamme und verglüht. Bei Bienenwachskerzen versagt diese Form der Selbstreinigung, weil sich Blütenpollen, o. ä. im Docht ablagern und ihn verstopfen. Er muß dann gekürzt werden.

Hier noch ein Tip, der für alle Kerzen und Öllichter gilt: Pusten Sie die Flamme möglichst nicht aus, sondern ersticken Sie sie dadurch, daß Sie sie kurz in das flüssige Fett, Öl oder Wachs eintauchen oder durch Abdecken der Flamme die Sauerstoffzufuhr unterbrechen. Sie vermeiden dadurch das lästige Nachglimmen, das nicht nur schlecht riecht, sondern auch den Docht leicht bis auf die Wachsschicht herunterglimmen läßt. Um den Docht nicht zu beschädigen, sollten Sie ihn nicht gegen die Krümmungsrichtung biegen.

Attraktive Öllampen

Die Hobbythek-Duftkerze

Das Grundprinzip dieser Kerze stimmt mit dem der antiken Öllampen überein, allerdings mit dem wichtigen Unterschied, daß Sie heute über wesentlich reinere Öle verfügen können als die Römer. Die Folge ist eine sehr geringe Rußbildung, die eine Öllampe erst für Ihre Wohnung geeignet macht. Sie können die Lampe mit einfachsten Mitteln verwirklichen und erhalten nach wenigen Minuten eine Lampe, die nicht nur schön aussieht, sondern darüber hinaus noch einen wunderbaren Geruch verbreitet. Sie benötigen hierfür nur wenige Dinge:

- 1 dekoratives Glas (z. B. Weinglas)
- ca. 100 ml gutes, nicht kaltgepreßtes Pflanzenöl wie z. B. Sonnenblumenöl u. a.
- 1 Schnürsenkel aus reiner Baumwolle
- ca. 5–10 ml ätherisches Öl (Duft nach Belieben)
- ca. 6 × 10 cm Metallfolie (unlackierte Kupfer- bzw. starke

Alufolie – notfalls auch 4- bis 5fach gefaltete normale, nicht beschichtete Alufolie).

Der Docht wird hier von einer einfachen Metallhülse gehalten. Zunächst legen Sie sich ein ca. 5 cm langes Stück des Schnürsenkels bereit, das den Docht bilden wird. Anschließend schneiden Sie die Metallfolie entlang der Längsseite 10 bis 20 mal ca. 2 cm tief ein. Nun den Docht locker in die Metallfolie einwickeln, so daß sich die Fransen der Folie alle an einem Ende befinden und er etwa 5 mm über den Rand der Hülse herausragt. Biegt man die Fransen nach außen, steht der Docht von selbst. Wichtig ist, daß er in dem Röhrchen ein wenig Spielraum behält, damit er das Öl noch ansaugen kann. Ist der Docht etwas zu lang, lassen Sie ihn ruhig unten aus der Röhre herausschauen. Einfache Alufolie ist übrigens für diese Hülse ein wenig zu weich. Sie ist 4- bis 5fach gelegt nur als Notbehelf zu gebrauchen. Sehen Sie also zu, daß Sie möglichst dicke Alu- oder Kupferfolie bekommen. Bei Folien für Weihnachtssterne aufpassen, daß sie nicht mit einem goldenen Lack überzogen ist, der beim Heißwerden riecht.
Jetzt das Pflanzenöl mit dem ätherischen Öl ins Glas schütten und kurz umrühren. Den Docht mit Öl anfeuchten, in die Mitte des Glases stellen und anzünden – fertig ist die Duftkerze à la Hobbythek. Achten Sie nur darauf, daß die Metallhülle des Dochtes etwa 1 cm über das Öl herausragt, so kann sich die Flamme nicht auf das Öl ausbreiten. Mit zunehmender Erwärmung des Öls, besonders wenn sich die Flamme unterhalb des Glasrandes befindet, wird der Duft der Kerze immer intensiver.

Wünschen Sie einen stärkeren Duft, einfach die Kerze durch Abdecken löschen und ätherisches Öl nachschütten und umrühren. Vorsicht! Nie bei brennender Kerze nachgießen, da ätherisches Öl leicht entflammbar ist. Bunte Perlen bzw. Glasmurmeln ins Glas gefüllt, erhöhen natürlich auch bei dieser Lampe den dekorativen Effekt, sind aber nicht unbedingt nötig.
Sollte die Kerze nach einer kurzen Anfangszeit noch rußen, ist der Überhang des Dochtes zu groß und muß etwas gekürzt, z. B. mit einer Nagelschere abgeschnitten werden.

Duft aus Blüten

Natürlich können Sie einen Duftspender ohne offene Flamme herstellen. Öllichter brennen ja immer nur für wenige Stunden, und manchmal wünscht man sich eine dauerhaftere Duftquelle. Eine hübsche Lösung ist zum Beispiel eine wohlriechende Blütenschale.
Dazu können Sie vom Stiel abgefallene frische Blüten in einer flachen Wasserschale treiben lassen. Dies sieht nicht nur gut aus, die Blüten verströmen auch weiterhin ihren Wohlgeruch. Sollte Ihnen der Duft vielleicht nicht ausgeprägt genug erscheinen, dann schummeln Sie doch einfach ein wenig. Ein Tropfen des entsprechenden ätherischen Öls, bei Rosen etwa Rosenöl, in eine Blüte gegeben, läßt sicherlich jedermann nach dem Namen dieser außergewöhnlichen Züchtung fragen.
Besonders praktisch weil sehr dauerhaft ist es jedoch, getrocknete Blumen wieder zum Leben zu erwecken. Dazu müssen Sie nur ein paar Tropfen des

Abb. 2: Blütenduftkerzen sehen nicht nur schön aus, sondern riechen auch gut. Ihre Herstellung ist denkbar einfach. Im linken Bild sehen Sie den mit Alufolie umwickelten Docht mit auseinandergespreizten „Füßchen".

ätherischen Öls auf einen der als Schmuck so beliebten getrockneten Blumensträuße träufeln. Die Blumensträuße lassen sich bequem im Trokkenschrank trocknen, wie in *„Das Hobbythek-Buch vom Essen 2"* beschrieben.

Im Blumenhandel gibt es selbstverständlich ebenfalls eine reiche Auswahl getrockneter Blumen.

Leider ist es nicht immer möglich, zu jeder Blütensorte das entsprechende Öl zu erhalten. In diesem Falle ist es sinnvoll, eine Mischung der verschie-

densten Blüten zu verwenden, so sind Sie in der Wahl des Öls völlig frei. Eine besondere Wirkung erzielen Sie mit dekorativen Gläsern, in denen Sie die verschiedenen Blüten arrangieren.

Sie können die gewünschten ätherischen Öle in der Apotheke kaufen oder bei einer der Firmen, die die Zutaten für die Hobbythek-Kosmetik führen. Es lassen sich nicht nur verführerische Düfte aus einer Kerze hervorzaubern, Sie können auch besondere Effekte erzielen.

Magic Light — das magische grüne Licht der Hobbythek

Dieses Licht ist im eigentlichen Sinne des Wortes eine „Schnapsidee". Verwendet wird nämlich als Brennflüssigkeit eine Art Alkohol; dazu gleich mehr. Am Anfang stand die Idee, ein Licht zu entwickeln, das nicht die normale Flammenfarbe (gelblich-weiß) hat, sondern bunt leuchtet. Eigentlich wollten wir dieses Kunststück eine ganz normale Kerze vollbringen lassen. Aber da ha-

Abb. 3: So sehen die fertigen Magic Lights aus.

Beim Ethylenglykol (auch kurz Glykol genannt) handelt es sich um eine Alkoholart. Man bekommt es in Apotheken oder auch im Chemiekalienhandel, wo ¼ Liter etwa 10 bis 15 DM kostet. Bei größeren Mengen wird es billiger. Da Sie z. B. für ein normales Whiskyglas nur etwa 50 ml brauchen, genügt ¼ Liter (250 ml) schon für eine ganze Reihe von Lichtern. Mit Glykol haben die meisten von uns auch sonst zu tun. Es dient nämlich als Frostschutzmittel für das Wasser im Autokühler. Allerdings sind Substanzen wie etwa Glysantin für solche Lichter nicht geeignet, weil in sie noch allerhand Zusatzmittel eingemischt sind, die beim Abbrennen unangenehm riechen. Ethylenglykol ist im übrigen zwar nicht gerade zum Trinken geeignet, aber auch nicht giftig. Außerdem verbrennt es völlig rückstandsfrei und ungiftig.

Nun ist Glykol allerdings eine Substanz, die farblos wie etwa Spiritus brennt. Zur Färbung der Flamme braucht man also noch einen Zusatzstoff, und da eignet sich Borsäure. Es ist ein weißes Pulver, das wie Kochsalz aussieht. Die Bor-Atome regen die Flamme zum grünen Leuchten an. Borsäure ist recht billig, man bekommt 100 g für rund 5 DM.

Und so wird Magic Light hergestellt

Wie bei der Hobbythek-Duftkerze müssen Sie beim Magic Light zuerst ein paar Vorbereitungen treffen. Auch hier ist es notwendig eine Metallhülse anzufertigen, die den Docht stützt und die Flamme vom Brennmittel fernhält. Zunächst jedoch zum Docht selbst. Na-

ben uns selbst professionelle Kerzenmacher enttäuschen müssen. Sie sagten zwar, daß man danach seit Jahrhunderten sucht, allerdings vergeblich. Das ist für uns immer ein Anreiz, und so haben wir zusammen mit einem befreundeten Professor experimentiert. Das Ergebnis ist ein Licht, das wirklich „magisch" leuchtet, und zwar grün.

Was brauchen Sie dazu?

¼ l Ethylenglykol
10 g Borsäure
Metallfolie
Baumwollgarn
1 Haushaltsthermometer
1 Gefäß, z. B. Weinglas

türlich kann man auch hier wieder einen Baumwollschnürsenkel oder auch einen Docht verwenden, den man in Bastelläden fertig kaufen kann. Wir meinen aber, daß zu einem selbstgemachten Licht auch ein selbstgemachter Docht gehört. Ein Kerzendocht ist nämlich nicht einfach nur ein Faden, sondern ein kunstvoll zurechtgedrehtes Gebilde. Und das geht so:

Abb. 4: Ein richtiger Kerzenmacher dreht seine Dochte selbst. Der Docht wird an den Enden mit dünnem Garn abgebunden.

Besonders gut geeignet ist 8fach gedrehtes Baumwollgarn, d. h. ein Garn aus 8 dünnen Einzelfäden zusammengedreht. Sie bekommen es in Kurzwarenläden. Man verwendet Baumwollgarn z. B. auch heute noch zum Häkeln von Topflappen.

Für ein *Magic Light* brauchen Sie etwa 30 cm Baumwollfaden. Man legt ihn doppelt und dann noch einmal doppelt. Dann fassen Sie das nur etwa 7 cm lange Stück mit beiden Händen je an einem Ende und drehen es in entgegengesetzter Richtung mit den Fingern, bis die Fäden völlig in sich verdrillt sind. Führen Sie dann die beiden Enden zusammen, wobei Sie sehen müssen,

daß das Mittelstück sich nicht vorher zusammenrollt. Der Docht dreht sich jetzt von selbst auf. Streichen Sie ihn glatt, wobei Sie die beiden Enden zwischen zwei Fingern noch festhalten, und binden Sie das offene Ende mit einem Faden ab. Fertig ist der Docht. Wenn er dicker sein soll, dann nehmen Sie den Baumwollfaden sechsfach oder achtfach.

Wenn Sie ein *Magic Light* in einem sehr tiefen Glas unterbringen wollen, dann müssen Sie den Faden entsprechend länger nehmen. Das abgebundene Stück kommt nach unten.

Das ist noch eine sehr einfache Art des Dochtes. Später, bei den Kerzen, werden wir auf den Docht noch einmal ausführlich eingehen und dort auch etwas zum Verhältnis von Docht- und Kerzendicke sagen. Dieser Docht muß nun in eine Hülse aus Metallfolie gebracht werden, wie wir es bei der Hobbythek-Duftkerze (vgl. *Seite 122*) beschrieben haben. Oben muß der Docht etwa einen Zentimeter herausschauen, unten je nach Länge des Dochtes.

Für den Fall, daß Sie kein anderes Füllmaterial in das Glas tun, genügen die auseinandergespreizten Einschnitte der Folie als Fuß.

Das Röhrchen gibt dem Docht nicht nur Halt, sondern es hindert die Flamme des Dochtes auch daran, sich über die ganze Oberfläche des Glases auszubreiten. Deshalb muß die Hülse auch immer etwas über die Flüssigkeitsoberfläche hinausragen.

Wenn der Docht fertig ist, wird die Borsäure im Glykol aufgelöst. Es gilt, daß auf 100 ml (0,1 l) Ethylenglykol 4 g Borsäure kommen. Das müssen Sie vielleicht auf einer Briefwaage abwiegen.

Zum Auflösen müssen Sie das Glykol auf etwa 60 °C erhitzen. Benutzen Sie dafür zur Sicherheit ein Haushaltsthermometer. Schütten Sie dann die Borsäure hinein und rühren Sie so lange, bis alles völlig aufgelöst ist. Nach dem Abkühlen ist diese Mischung sofort verwendungsfähig. Hier empfiehlt es sich, gleich ein bißchen auf Vorrat zu mischen, weil bei brennendem Licht ab und zu etwas nachgegossen werden muß.

Bevor Sie Ihr grünes Licht anzünden, sollten Sie den Docht kurz in die Flüssigkeit eintauchen. Er brennt dann schneller an. Die grüne Farbe ist übrigens nach dem Anzünden nicht sofort zu sehen, stellt sich aber nach wenigen Sekunden ein. Beim Löschen nicht ausblasen, sondern die Flamme ersticken, indem Sie das Gefäß abdecken. Sie sollten es auch nach dem Abbrennen abgedeckt lassen, weil Ethylenglykol allmählich verdunstet. Außerdem verhindern Sie damit, daß in den Brennstoff Verunreinigungen kommen. Nach unseren Erfahrungen brennt ein

Magic Light in einem Glas mit etwa 50 ml Inhalt rund 1½ bis 2 Stunden. Natürlich läßt sich das Magic Light ebenfalls wie die anderen Lampen mit Steinen, Perlen, Glimmer oder Murmeln verzieren.

Die verbesserten Öllichter der Hobbythek

Bei der Duftkerze verwenden wir als Brennmittel ein natürliches Pflanzenöl. Dies hat den Vorteil, sehr preiswert zu sein, birgt aber immer das Risiko, je nach Qualität des Öles zu rußen oder stark zu riechen. Wir haben darum für Sie einen Brennstoff ausfindig gemacht, der besser brennt, kaum riecht und von gleichbleibender Qualität ist.

Wir verwenden Paraffinöl

Es ist eigentlich eine ganze Gruppe von chemischen Verbindungen, die mit dem Begriff Paraffine bezeichnet wird. Es sind die einfachsten aller organischen Substanzen und werden auch Alkane oder gesättigte Kohlenwasserstoffe genannt. Die Paraffine bestehen aus Ketten von Kohlenstoff- und Wasserstoffatomen mit der Summenformel C_nH_{2n+2}. Das heißt, daß auf jedes Kohlenstoffatom der Kette zwei Wasserstoffatome kommen und auf die beiden Kohlenstoffatome an den Enden noch je ein zusätzliches.
Kurzkettige Alkane, z. B. Methan, sind gasförmig, längerkettige flüssig und langkettige aus ca. 30 Kohlenstoffato-

men fest. Paraffine mit sehr langen Ketten, die aus bis zu 50 000 Kohlenstoffatomen bestehen, bilden den Kunststoff Polyethylen. Dies ist einer der Kunststoffe, die ökologisch gesehen weniger bedenklich sind. Da er nur aus einer einfachen Kette von Kohlenstoff- und Wasserstoffatomen besteht, entstehen bei der Müllverbrennung keine gefährlichen Gase; er verbrennt zu Kohlendioxid und Wasser.
Paraffinöl entsteht als Nebenprodukt bei der Benzinherstellung aus Erdöl aus der Fraktion, die mit speziellen Zusätzen als Schmieröl dient. Dort wird auch das feste Paraffin gewonnen, das sich durch längere Ketten von weit über 20 Kohlenstoffatomen auszeichnet.
Das feste Paraffin verwenden wir zur Herstellung von Kerzen. Auch sie verbrennen zu Kohlendioxid und Wasser. Wichtig ist bei unserem Paraffinöl, daß es hochwertig ist und gut von Verunreinigungen gesäubert wurde. Sie können das Paraffinöl über die im Anhang angegebenen Firmen beziehen, dort kostet der Liter um 6 DM. Dieses Öl zeichnet sich durch ein gutes Brennverhalten aus. Auch in Apotheken ist Paraffinöl erhältlich, wir zahlten jedoch für 200 ml etwa 5,20 DM. Leider ist das dünnflüssige Paraffin (*Paraffinum perliquidum*) in Apotheken nicht immer vorrätig. Bisweilen hatten wir auch die Erfahrung gemacht, daß sich das Öl, je nach Apotheke, in seinem Brennverhalten unterschiedlich verhält.
Das liegt an den unterschiedlichen Anteilen länger- und kürzerkettiger Moleküle in den Ölen verschiedener Hersteller, denn die kürzerkettigen Bestandteile der Paraffinöle sind leichter brennbar als die längeren. Mit der Viskosität (Einheit: cP) wird angegeben,

wie dünn- oder dickflüssig eine Flüssigkeit ist. Je höher der Wert ist, desto dickflüssiger ist auch das Öl und um so länger auch die Ketten, aus denen es besteht. Das Deutsche Arzneimittelbuch, in dem die Qualitätsanforderungen auch für die in Apotheken gehandelten Paraffinöle festgelegt sind, erlaubt eine recht weite Spanne der Viskosität der Öle. Bei Zimmertemperatur darf das dünnflüssige Paraffinöl aus der Apotheke bis 70 cP erreichen. Dieses Öl besteht hauptsächlich aus einem Gemisch von Ketten mit 18 bis 30 Kohlenstoffatomen. Das Öl unserer Versandfirmen erreicht nur ein Zwanzigstel des Wertes und ist daher wesentlich dünnflüssiger. Es besteht aus kürzeren Ketten und ist somit leichter brennbar.

Es geht auch farbig

Öllichter haben in den vergangenen Jahren eine zweite Renaissance erlebt. Selbst noble Einrichtungsgeschäfte führen neuerdings Produkte verschiedener Designer. Je nach Design läßt sich ein solches Licht dem Einrichtungsstil anpassen. Leider ist die unscheinbare farblose Erscheinung des Öls ein wenig hinderlich für den Entwurf einer Leuchte, ist doch die Farbe des Öls ebenfalls ein wichtiges Gestaltungsmittel.
Nun können Sie auch bei Paraffinleuchten Glimmer und Murmeln zur Verzierung einsetzen, einen Farbeffekt erzielen Sie damit jedoch nicht. Die Lösung bieten spezielle fett- bzw. öllösliche Farbstoffe.
Aus jedem Stück Butter ist Ihnen zumindest ein solcher Farbstoff bekannt,

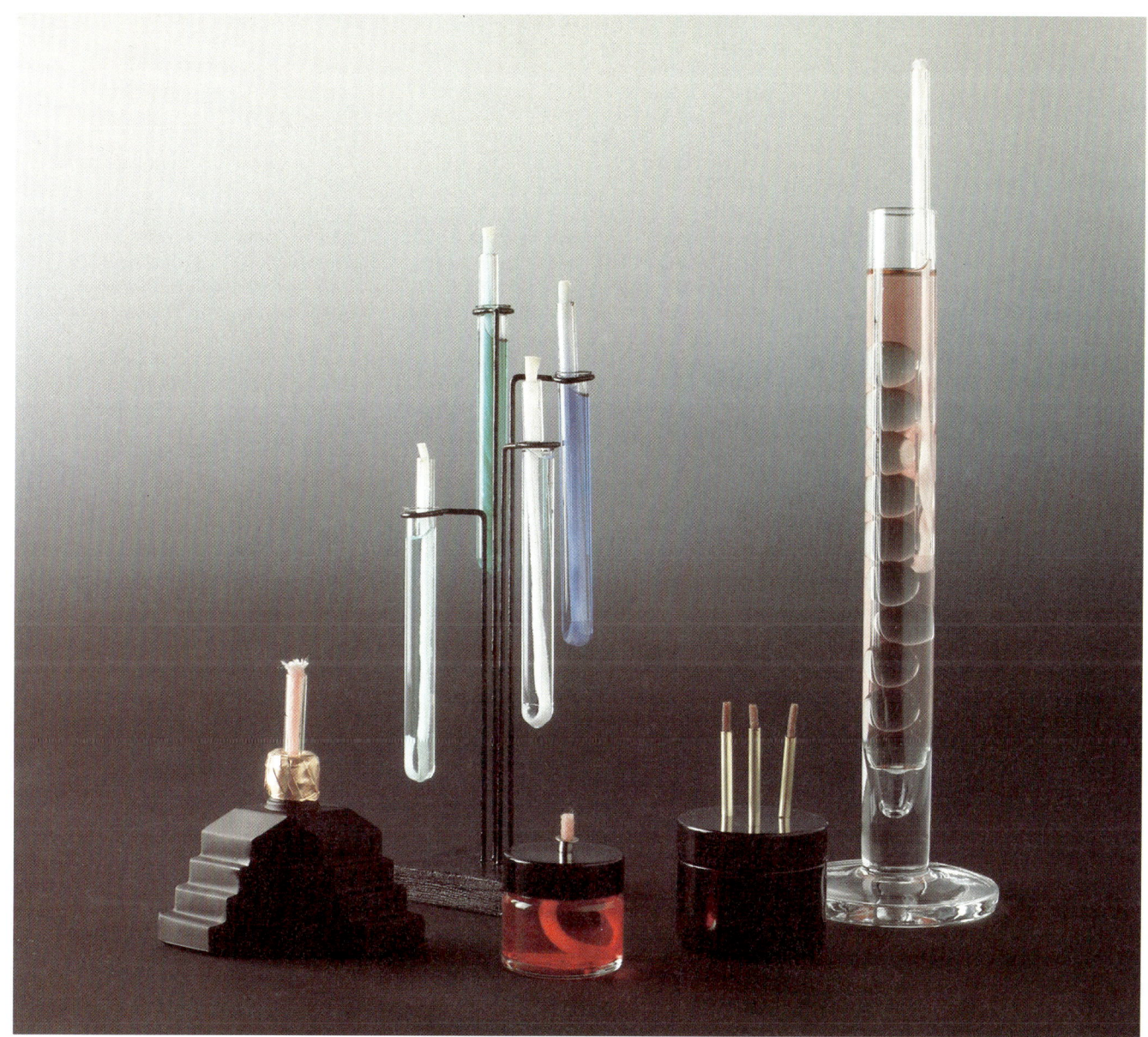

Abb. 5: Gefärbte Öle sind in Glasgefäßen sehr dekorativ.

das β-Carotin. Dies ist einer der wenigen öllöslichen Farbstoffe, die lebensmittelrechtlich zugelassen sind und von denen es nicht sehr viele gibt.

Farbstoffe für unser Öl

Wir haben uns daran gewöhnt, nahezu jeden Gegenstand nach Belieben einzufärben. Von Nahrungsmitteln über Kleidung bis zu Kunststoffprodukten gibt es kaum einen Gegenstand, der noch in seiner natürlichen Färbung verkauft würde.

So ist es nicht verwunderlich, daß es mittlerweile über 3000 verschiedene Farbstoffe gibt, die in den unterschiedlichsten Bereichen des täglichen Lebens Verwendung finden. Um den vielfältigen Anforderungen zu genügen, werden neben natürlich gewonnenen Farbstoffen auch eine Vielzahl von künstlichen Farbstoffen hergestellt.

Zu künstlichen Farbstoffen zählen auch die für das Färben von Kerzen und Ölen verwendeten Farben. Es sind dieselben, die auch in der Kerzenindustrie für das Durchfärben dickerer Kerzen eingesetzt werden.

Die von uns ausgewählten Farbstoffe sind nach heutigem Wissensstand nicht krebserregend und besitzen nur eine ganz geringe akute Giftigkeit. Sie erhalten nicht den reinen, konzentrierten Farbstoff, sondern eine Präparation, bei der die Farben schon in Paraffinwachsen gelöst sind.

Eine Menge von 10 g, wie sie bei den Versandfirmen erhältlich ist, hat daher auch beim Verschlucken keine schwerwiegenden Folgen. Dennoch sollten Sie diese Farbstoffe, ebenso wie alle anderen nicht zum Verzehr gedachten Stoffe im Haushalt, vor Kindern sicher aufbewahren.

Das Färben des Paraffinöls

Wir haben uns bemüht, eine möglichst kleine Palette an Farbstoffen anzubieten, die alle miteinander mischbar sind. Darüber hinaus sind alle Farbstoffe extrem ergiebig, so daß der Kauf der Farbstoffe eine längerfristige Anlage darstellt. Mit 10 g Farbstoff können Sie 10 kg Kerzenwachs völlig durchfärben, das entspricht einer Zumischung von 0,01 %.

Die Fettfarben sind gleichermaßen gut in Öllichtern und Kerzen verwendbar. Sie haben nur einen Nachteil: Sie sind nicht langfristig beständig gegen den UV-Anteil des Sonnenlichtes. Die Farben können sich mit der Zeit verändern oder ineinanderfließen. Aber Kerzen und Öllichter sind ja zum Verbrennen da, und so nehmen wir den kleinen Vorbehalt gerne in Kauf.

Die von uns vorgestellten Fettfarben lösen sich erst bei höheren Temperaturen und je nach Farbstoff etwas längerer Reaktionszeit zufriedenstellend in Öl auf. Die nötigen Temperaturen liegen ungefähr bei $70-80\,°C$, sind also leicht im Wasserbad erreichbar. Bei Kerzen hierbei treten keinerlei Probleme auf. Dort rühren Sie den Farbstoff einfach in das geschmolzene Wachs ein, und lassen ihm genügend Zeit, sich zu lösen.

Bei Paraffinöl entsteht da allerdings ein kleines Problem. Wenn Sie die gesamte einzufärbende Paraffinmenge erhitzen, würde der Anteil an leichter flüchtigen Bestandteilen verdampfen und das Öl würde zäh. Sie können diesen unerwünschten Effekt allerdings leicht vermeiden. Färben Sie nur eine kleine Menge des Paraffins, etwa 50 ml, etwas intensiver ein und bewahren Sie dieses Konzentrat in einem Schraubglas auf. Mit diesem Öl können Sie immer wieder bei Bedarf das frische Öl, ohne es erhitzen zu müssen, einfärben. Meist ist ja ohnehin nur ein Farbschleier gewünscht.

Das Einfärben des Öls ist kinderleicht. Erhitzen Sie das Öl im kochenden Wasserbad in einem Becherglas oder einer Dose auf über 70 °C. Ein Thermometer benötigen Sie hierfür nicht, die nötige Temperatur stellt sich bei der geringen Menge sehr schnell ein.

Nun rühren Sie eine geringe Menge des Farbstoffes unter, etwa eine Messerspitze. Geben Sie lieber nach und nach eine winzige Menge hinzu als einmal etwas zuviel. Das Paraffinöl kann nämlich nicht allzuviel Farbstoff aufnehmen.

Jetzt schalten Sie die Flamme des Herdes ab, und nutzen die Restwärme des Wasserbads, um die Temperatur des Öls noch einige Minuten über 70 °C zu halten. Schwimmen nach dieser Zeit immer noch Farbstoffpartikel in dem Öl, dann war entweder die Zeitdauer der hohen Temperatur nicht lang genug oder Sie haben etwas zuviel Farbstoff zugegeben.

Erhitzen Sie also das Öl noch einmal und sollte sich der Farbstoff dann noch nicht völlig lösen, geben Sie noch etwas Öl hinzu.

Sorgen Sie bei allen Färbearbeiten dafür, daß die Umgebung nicht in Mitleidenschaft gezogen werden kann. Ihre Edelstahlspüle ist als Arbeitsplatz sehr gut geeignet, schlecht hingegen ein helles Wachstuch auf dem Küchentisch. Bevor die Farbstoffe im Öl oder Kerzenwachs gelöst sind, können sie leicht zu schwer entfernbaren Flecken sogar auf der Haut führen.

Ein vorbereiteter Arbeitsplatz, vorsichtiges Hantieren und das Tragen von Gummihandschuhen ist daher zu empfehlen.

Ein einfacher Dochthalter

Das Prinzip der Paraffin-Öllampe entspricht dem aller Öllampen. Eine Lampe besteht aus einem Dochthalter, dem Docht und dem Brennstoff. Das macht die Konstruktion einer Lampe sehr einfach. Auch hier ist das Brennstoffgefäß für das gute Aussehen bestimmend.

Für ein erstes Kennenlernen bietet es sich besonders an, auf eine möglichst einfache Methode zurückzugreifen. Sie können aus jeder Dose, jedem Schraubgefäß mit Deckel und jeder kleinen Flasche ein dekoratives Öllicht bauen. Hierbei wird der Docht, der in das Paraffin reicht, an seinem oberen Ende durch eine Ösenniete gehalten, die in ein vorgebohrtes Loch gesteckt wird. Der Docht reicht dann durch ein Loch im Deckel in das Paraffingefäß. Diese Lösung ist einfach und in wenigen Augenblicken zu verwirklichen. Wichtig ist nur, daß der Deckel des Gefäßes nicht allzu leicht schmilzt. Ösennieten erhalten Sie als Einzelstücke bei jedem Schuster oder als Zubehör zu Ösenzangen. Achten Sie auf jeden Fall darauf, daß die Ösen nicht lackiert sind. Zuerst bohren Sie ein kleines Loch in den Deckel des Gefäßes. Nun gibt es mehrere Möglichkeiten. Sie können die Niete einfach von oben in das Loch stecken. So sitzt die Öse fest im Loch und Sie können direkt den Docht einführen. Sie können aber auch die Öse mit dem schmalen Ende lose auf der Bohrung oder einer Unterlagsscheibe aufsitzen und den Docht frei ins Öl hängen lassen. Sie müssen nur beachten, daß die Flamme sich nicht höher als ca. 7 cm über dem Ölspiegel befindet. Andernfalls gelangt nicht mehr genügend Öl zur Flamme.

Dieses einfache Öllicht hat aber einen kleinen Nachteil. Häufig verdampft etwas Paraffin in der Nähe der Flamme und schlägt sich anschließend im Nahbereich der Flamme nieder. Natürlich können Sie den Niederschlag einfach wegwischen, Sie können aber auch einen anderen Brenner zu Hilfe nehmen, den wir Ihnen gleich beschreiben.

Eine bessere Lösung

Um diesen Niederschlag zu verhindern, gibt es eine einfache Lösung. Sie müssen dafür sorgen, daß das verdampfte Paraffin doch in die Flamme gelangt. Am einfachsten geht das mit einem feuerfesten Röhrchen, das unten in das flüssige Paraffin reicht, und im Innern einen Docht enthält. Verdampft das Paraffin in der Röhre, kann es nach unten nicht entweichen und wird in der Flamme verbrannt.

Nun sind feuerfeste Röhrchen beileibe keine besonders teuren Materialien. Wir verwandten Messingröhrchen von 4 mm Außen- und 3 mm Innendurchmesser. Auch Aluminiumrohre, die innen eine Weite von 4 mm besitzen (Wandstärke 1 mm), sind sehr gut geeignet. Dieses Prinzip funktioniert zuverlässig bis 6 oder 7 cm oberhalb des Paraffinspiegels, wobei bei den etwas weiteren Röhrchen mit dickeren Dochten auch noch ein paar Zentimeter mehr möglich sind.

Besonders dekorativ und sogar preiswerter sind Glasröhren. Diese können Sie für einen Preis von 1 bis 2 DM pro Meter in vielen Sanitärhäusern, wo man auch Bandagen und ähnliches erhalten kann oder im Laborbedarfshandel erhalten. Das Kürzen der Röhrchen und das Abrunden der Schnittkanten ist kinderleicht und erfolgt wie bei den Glasstäben, die im Kapitel „Faszinierende Variationen in Glas" ab *Seite 79* beschrieben wurden. Wenn Sie allzu rüde mit den Röhren umgehen, könnten sie splittern. Tragen Sie darum bei den ersten Versuchen zur Sicherheit Arbeitshandschuhe.

Als Dochte sind auch Baumwollschnürsenkel gut geeignet. Achten Sie aber darauf, daß sich die Dochte in ihrer Führung leicht bewegen lassen, da sonst der Paraffinnachschub ins Stokken geraten kann. Mit diesen Röhren sind Sie in der Gestaltung von Öllampen sehr frei. Wir möchten Ihnen darum nur einige Anregungen bieten.

Ein dekorativer Dreiflammer

Sicherlich haben Sie schon häufiger mit Bedauern die zum Teil wunderschönen Cremetöpfchen und Parfümfläschchen weggeworfen, in der viele Produkte der kosmetischen Industrie verpackt sind. Diese zum Teil sehr aufwendigen und teuren Behältnisse haben eigentlich ein besseres Schicksal verdient. Bisweilen kann man sie einem noch sinnvollen Zweck zuführen, etwa um Cremes aus der Hobbythek-Kosmetik zum Selbermachen aufzunehmen. Eine andere, ebenfalls reizvolle Möglichkeit ist der Bau einer kleinen Öllampe. Cremetöpfchen mit Schraubverschluß sind dafür ganz besonders gut geeignet.

Der Deckel des Töpfchens erhält nun drei Bohrungen, die am besten so knapp gehalten sind, daß die früher beschriebenen Röhrchen, die die drei Dochte führen, darin straffen Halt finden. Paßt alles zusammen, müssen Sie nur noch weiße, runde Baumwollschnürsenkel in die Röhrchen schieben. Lassen Sie die Dochte etwa 1−2 mm über den Rand des Röhrchens überstehen.

Zum Abschluß füllen Sie das Töpfchen mit Paraffin und zünden die Leuchte an. Beim ersten Zünden werden die Dochte allerdings einige Sekunden lang rußen. Dabei verbrennt überschüssiges Paraffin und die Dochte verkohlen bis auf die benötigte Länge. Nach dieser kurzen Einbrennphase erhalten Sie ein geruchsfreies und wirklich außergewöhnlich dekoratives Öllicht.

Flaschenlichter

Aus den Parfümfläschchen, die wir schon erwähnten, aber auch aus kunstvollen, alten Arnzeimittelfläschchen oder Probenflaschen für alkoholische Getränke können Sie wunderschöne einflammige Leuchter herstellen, das Prinzip kennen Sie ja schon. Besitzen die Fläschchen Schraubdeckel, dann können Sie in diese ein passendes Loch bohren. Schwieriger ist es jedoch, bei geschliffenen Stopfen. Diese können Sie meist nicht durchbohren, da ist es einfacher, sie durch einen kleinen, durchbohrten Korken zu ersetzen, den Sie zuvor mit Wasserfarben einfärben können. Sie können aber auch ein Röhrchen einfach lose in die Öffnung stecken, das wirkt oft ebenso dekorativ.

Ein kleiner Leuchter aus Reagenzgläsern

Aus kleinen Reagenzgläsern können Sie sehr hübsch Leuchten herstellen, die gerade durch ihre Transparenz bestechen. Der Bau der eigentlichen Lampe ist wieder sehr einfach. Sie benötigen für einen Brenner nur ein kleines Reagenzglas von 7−10 cm Länge und ein Röhrchen, wie wir es beim Dreiflammer schon beschrieben haben.

Besonders schön wirkt der Leuchter, wenn Sie nicht nur ein einzelnes Licht betreiben, sondern sich gleich einen Lüster mit mehreren Lichtern zusammenbauen. Wie wäre zum Beispiel ein Halter aus gebogenen Glasstäben? Im Glas brechen sich die Lichtreflexe einfach wundervoll.

Leichter zu handhaben ist Draht, z. B. Schweißdraht von 2 mm Durchmesser, der sich leicht biegen läßt und durch Lackierung sehr dauerhaft wird. Einfach eine passende Öse biegen, in die das Reagenzglas paßt. In eine Holzleiste als Sockel eingelassen bietet der Draht einen guten Halt.

Die Reagenzgläser erhalten Sie in jedem Geschäft für Laboratoriumsbedarf. In Universitätsstädten finden sich häufig Filialen in den chemischen Instituten, ansonsten hilft Ihnen das Telefonbuch unter dem Stichwort „Laborbedarf" weiter. Auch die früher erwähnten Sanitätshäuser führen Reagenzgläser.

Die Schwimmlichter der Hobbythek

Schwimmlichter sind besonders dekorativ und stellen eine wirkliche Alternative zur herkömmlichen Kerze dar. Wir haben uns zwei Versionen ausgedacht, die sich nur in der Menge des benötigen Paraffins unterscheiden.

Grundlage dieser Leuchten ist *Bimsstein,* ein feuerfestes, schwimmfähiges Material. Bims entsteht, wenn gashaltige Lava bei einem Vulkanausbruch herausgeschleudert wird und noch in der Luft erkaltet. Wie beim Öffnen einer Mineralwasserflasche führt der nachlassende Druck auch beim Bims zur Entstehung von Blasen des zuvor noch gelösten Gases. Der Lavaklumpen wird aufgeschäumt, und da er noch vor der Landung erhärtet, bleibt diese Struktur auch erhalten. Bims ist so leicht, daß er in Wasser schwimmt. Man zählt Bims zu den *vulkanischen Gläsern,* man könnte ihn daher auch als Schaumglas bezeichnen. Eingesetzt wird Bims als Isolierstoff beim Bauen, als Rubbelstein in der Kosmetik und für vieles andere mehr.

Für unsere Zwecke eignen sich allerdings eher künstlich hergestellte Bimssteine, die ebenfalls aus geschäumtem Glas bestehen. Sie erhalten sie im Kosmetikhandel in kleinen weißen Blöcken oder schon fertig ausgeformt, etwa zu Sternen. Diese synthetischen „Steine" sind sogar noch leichter als natürlicher Bims und mit Schleifpapier und Laubsäge einfach zu bearbeiten.

Abb. 6: Eine hübsche Idee: Schwimmlichter.

Zu Beseitigung von Hornhaut werden im Kosmetikbereich allerdings auch sehr harte Kunststoffschwämme angeboten, zumeist in verschiedenen Farben. Diese Schwämme sind für unsere Zwecke völlig ungeeignet. Wenn Sie sich nicht sicher sind, ob Ihr „Bimsstein" geeignet ist, machen Sie einfach einen Test mit dem Feuerzeug.

Licht im Paraffinbad

Für dieses Schwimmlicht benötigen Sie etwas Bims, ein Glas- oder Metallröhrchen und einen Docht. Zuerst schneiden Sie aus dem Bimsstein eine gefällige Form, die allerdings noch ein gutes Schwimmverhalten behalten sollte. Anschließend bohren Sie ins Zentrum der Form ein 4 mm durchmessendes Loch als Durchlaß für den Docht. Von oben erweitern Sie nun das Loch auf ⅔ seiner Tiefe genau auf den Durchmesser des Röhrchens, das als Brenner dienen soll. Jetzt wird nur noch das Röhrchen eingeschoben und der Docht eingeführt. Füllen Sie abschließend in eine kleine Dessertschale o. ä. Paraffin, lassen die brennende Leuchte darin treiben und fertig ist das Schwimmlicht. Besonders schön wirkt es, wenn Sie gefärbtes Öl verwenden.

Das sparsame Schwimmlicht

Der vorige Vorschlag hat leider einen kleinen Nachteil, Sie benötigen sehr viel Paraffin, um die Schale zu füllen. Mit der Sparmethode können Sie mit einem Bruchteil des Paraffins auskommen. Nutzen Sie hier den Bimsstein nur als Schwimmer, der einen Ölbehälter in einem Wasserbad tragen soll.

Der Bimsstein erhält eine größere Bohrung, in die ein Reagenzglas eingeführt werden kann. Nun müssen Sie das Reagenzglas nur noch mit Murmeln oder Steinen so beschweren, daß es nicht von selbst aufschwimmen kann. Als Brenner eignet sich hier wieder ein Glasröhrchen besonders gut, es wird einfach in das Reagenzglas gesteckt. Jetzt müssen Sie nur noch das Reagenzglas mit Öl füllen und es im Bimsring in einer etwas tieferen, wassergefüllten Schale treiben lassen. Mit Speisefarben können Sie das Wasser in der Schale zusätzlich einfärben.

Die hohe Kunst des Kerzenmachens

Der edelste Rohstoff für Kerzen – und einer der ältesten – ist das Bienenwachs. Wegen seiner Seltenheit ist es aber ziemlich teuer, weshalb man sich früher oft mit anderen festen Fetten, wie etwa Talg, behalf. Über die Nachteile haben wir früher bereits gesprochen.

Bienenwachs ist auch heute noch (und im Gegensatz zu dem wesentlich billigeren Stearin oder Paraffin) ein besonders edles Rohmaterial für die Kerzenherstellung. Reines Bienenwachs ist natürlich dasselbe Naturprodukt wie man es früher hatte, also ein Ausscheidungsprodukt aus der Wachsdrüse der Bienen, das diese zum Aufbau ihrer Waben brauchen. Bienenwachs gibt es gebleicht oder auch in gelber Naturfarbe. Die Fachausdrücke lauten *cera alba* und *cera flava*.

Bienenwachs wird nicht nur zur Kerzenherstellung gebraucht, sondern auch als Zugabe bei der Herstellung von Cremes, Salben, wertvollem Bohnerwachs usw.

Auch bei unserer Hobbythek-Kosmetik haben wir Bienenwachs als Konsistenzgeber für Hautcremes verwandt. (Näheres hierzu in den *Hobbythek-Büchern* „Schminken, pflegen, schönes Haar" und „Cremes und sanfte Seifen".)

Man muß sich einmal vorstellen, daß Bienenwachs ein Produkt winziger Tiere ist, die in zähligen Flügen Blütenpollen zusammenholen müssen, bevor auch nur das Rohmaterial für eine einzige Kerze zusammenkommt. Wußten Sie, daß für ein Kilogramm Wachs die Bienen etwa das Vierzehnfache an Pollen sammeln müssen? Im Körper der Bienen wird ein Teil dieser Nahrung in Wachs umgesetzt, das sich in kleinen Schuppen zwischen den Hinterleibsringen anlagert und von dort mit den Füßen abgestreift und zum Wabenbau verwendet wird. Das ist nicht nur ein chemisch interessanter Prozeß, sondern auch ein handwerkliches Kunststück dieser kleinen Tiere.

Hier für die fachlich Interessierten kurz einige Hinweise, woraus Bienenwachs überhaupt besteht. Es ist hauptsächlich ein Ester des Myricyl-Alkohols, einem geradkettigen Paraffin-Alkohol, mit Palmitin-Säure. Außerdem sind in ihm noch Cerothin-Säure (C_{25}), Melissin-Säure und Paraffin-Kohlenwasserstoffe enthalten. Bienenwachs schmilzt zwischen 61 und 68 °C.

Es hat übrigens nicht von Anfang an seine typische gelbliche Farbe, sondern ist zunächst weiß, man spricht dann vom sogenannten *Jungfern-wachs*. Erst im Bienenstock bekommt es allmählich seine gelbliche Färbung. Je älter die Waben sind, um so dunkler werden sie. Deshalb kann man im Handel echtes Bienenwachs auch in verschiedenen Farbtönen erhalten.

Den Rohstoff Bienenwachs erhält man, indem die aus dem Bienenstock genommenen Honigwaben geschleudert werden. Dadurch öffnen sich die Dekkel der einzelnen sechseckigen Fächer und der Honig tritt aus. Das übrigbleibende Bienenwachs ist dann allerdings immer noch nicht ganz frei von Honig, das erreicht man erst, indem man das Wachs einschmilzt. Reines Bienenwachs ist chemisch nur sehr schwer angreifbar.

Bienenwachs riecht auch nach dem Ausschmelzen der Honigreste immer noch wunderbar süß. Es hat eigentlich nur einen Nachteil: es ist ziemlich teuer. Ein Kilogramm Bienenwachs kostet rund 25 DM. Allerdings lassen sich daraus auch schon eine ganze Reihe Kerzen machen.

Man kann aber auch schöne Kerzen aus anderen, billigeren Materialien herstellen.

Zuerst wäre da das *Stearin*. Es handelt sich um eine weiße, undurchsichtige, ziemlich brüchige und wachsähnliche Masse, die aus tierischen und pflanzlichen Fetten (Palmitinen) hergestellt wird. Das sind im Grunde dieselben Fette, die früher die armen Leute zur Kerzenherstellung verwendeten. Die unangenehmen Eigenschaften dieser Fette, wie schlechter Geruch, schmieriger Griff und unansehnliche Farben werden heute durch komplizierte Veredlungsverfahren ausgeschaltet.

Der Schmelzpunkt des Stearins liegt etwas niedriger als beim Bienenwachs, nämlich bei 50 bis 60 °C. Stearin-Kerzen brennen gut ab und verbiegen sich auch nicht so leicht in der Wärme. Zum Kerzen*ziehen* ist es bedingt geeignet; dazu später aber mehr.

Immerhin kostet Stearin pro Kilogramm immer noch zwischen 8 und 10 DM. Auch Paraffin liegt in dieser Preisklasse. Wir haben es bei unseren Versuchen meistens als Grundsubstanz verwendet. Paraffin wird aus Rohöl gewonnen, d. h. es könnte in Zukunft auch teurer werden. Man unterscheidet folgende Paraffinarten:

Weich-Paraffin mit einem Schmelzpunkt zwischen 38 und 45 °C,

Mittel-Paraffin mit einem Schmelzpunkt zwischen 45 und 50 °C,

Hart-Paraffin mit einem Schmelzpunkt zwischen 50 und 65 °C.

Wir haben hauptsächlich mit Hart-Paraffin gearbeitet, das einen Schmelzpunkt in der Gegend von 56 °C hat, und dessen Ölgehalt relativ gering ist. Es verbrennt also so gut wie geruchlos. Paraffin-Kerzen, die Sie im Handel bekommen, sind in der Regel aus Hart-Paraffin gegossen worden.

Ein weiteres Wachs, das wir in unseren Kerzen verwenden möchten, ist das *Carnaubawachs.* Allen Lesern, die sich mit der Hobbythek-Kosmetik beschäftigt haben, ist es ein alter Bekannter. In Lippenstiften sorgt es für Glanz und Festigkeit bei hohen Sommertemperaturen, denn sein Schmelzpunkt liegt bei 78−82 °C.

Carnaubawachs entwickelt beim Schmelzen einen angenehmen heuartigen Geruch, das entspricht seiner pflanzlichen Herkunft. Man gewinnt es aus den Blättern der Carnauba-Palme *Coperniciaa cerifera,* die in großen Teilen Brasiliens, Paraguays und Argenti-

niens wächst. Es bewahrt die Pflanzen vor Wasserverlust, indem es einen schützenden Belag auf den Blättern bildet. Die Blätter werden zwei- bis dreimal im Jahr geerntet, das Wachs abgeschüttelt und weiterverarbeitet.

Um den recht hohen Preis des Carnaubawachses einschätzen zu können, sollte man den Arbeitsaufwand bei der Ernte bedenken. Je nach Ertrag ist es notwendig, 100 bis 330 Palmwedel für ein einziges Kilogramm des Wachses zu ernten. Dabei sind die Palmen bis zu 12 m hoch. 50 g Carnaubawachs kosten bei unseren Versandfirmen rund 2,50 DM. Allerdings benötigen Sie auch normalerweise nicht mehr als diese Menge.

Carnaubawachs ist in vielen Bereichen einsetzbar. Ob als Polierwachs für Dragees, als Wachsüberzug von Zitrusfrüchten und Äpfeln, in Lippenstiften, auf Kohlepapier, in Polituren, in Kerzen oder in weiteren Anwendungen der Textil-, Papier- und Lederindustrie, überall findet Carnaubawachs Verwendung. Allerdings ersetzen gerade bei technischen Anwendungen preisgünstigere, synthetische Hartwachse, z. B. auf Paraffinbasis, immer häufiger dieses Naturprodukt.

Ein Wachs, das Sie ebenfalls als Zugabe in der Kerzenherstellung verwenden können, ist das *Candelillawachs.* Es stammt aus den trockenen Regionen Mexikos. Es wird wie das Carnaubawachs von Pflanzen ausgeschieden, um sie vor dem Austrocknen zu schützen. Die Pflanzen von denen es gewonnen wird, sind Wolfsmilchgewächse und gehören hauptsächlich drei Arten an: *Euphorbia antisyphillitica, Euphorbia cerifera* und *Pedilanthus pavonis.* Der Schmelzpunkt des

Wachses liegt bei etwa 68−72 °C. Seine Verwendung in der Industrie ist ebenso wie beim Carnaubawachs rückläufig, da synthetische Produkte auf den Markt drängen.

Die Seele der Kerze ist der Docht

Vom Docht war schon einmal die Rede und auch davon, daß von seiner Dicke abhängig ist, wie gut oder wie schlecht ein Licht brennt. Bei flüssigen Brennstoffen − wie etwa dem *Magic Light* − kommt es auf die Dicke des Dochtes nicht ganz so sehr an. Anders ist das bei Kerzen.

Als Faustregel gilt: Je dicker die Kerze, um so dicker auch der Docht. Natürlich spielt auch noch das Material eine Rolle und − was man vielleicht nicht immer weiß − auch die Art, in der ein Docht geflochten oder gedreht ist.

Eine Rolle bei der Dicke des Dochtes spielt auch noch das Kerzenmaterial. Reine Bienenwachskerzen brauchen grundsätzlich einen dickeren Docht als beispielsweise eine Kerze aus einem Paraffin-Stearin-Gemisch.

Fertige Dochte kann man kaufen, sie bestehen, wie auch die selbstgemachten, aus reinen Baumwollfäden, die imprägniert sind, damit sie sauber abbrennen. Gute Hersteller von Dochten geben auf den Packungen an, für welchen Durchmesser einer Kerze und bei welcher Wachsart sich der Docht eignet. Wir geben Ihnen hier eine kleine Liste, die fürs erste reichen sollte:

Docht-Liste		
Kerzen-durch-messer mm:	bei 90% Paraffin 10% Stearin Fadenzahl:	bei 100% Bienen-wachs Fadenzahl:
8 bis 12	24	28
15 bis 18	32	46
22 bis 26	46	64
32 bis 40	57	92 bis 102
45 bis 52	64	114 bis 125
60 bis 70	80	158 bis 168
80 bis 90	125	191 bis 204

Sie sehen an der Liste, daß die Stärke des Dochtes nicht in Millimeter angegeben wird, sondern durch die Fadenzahl. Wenn Sie also einen Docht haben, von dem Ihnen eine Angabe über seine Stärke fehlt, dann brauchen Sie nur nachzuzählen, aus wievielen Fäden er besteht.

Natürlich sind das nur Annäherungswerte. Einmal ist die Qualität des Wachses nicht immer dieselbe, und außerdem gibt es auch bei den Dochten gewisse Unterschiede in der Fadenstärke. Aber nach ein wenig Übung werden Sie schnell dahinter gekommen sein, welches der richtige Docht für Ihre Kerze ist.

Grundsätzlich ist es so, daß ein im Verhältnis zum Kerzendurchmesser zu *dicker* Docht die Flamme rußen läßt. Eine Flamme rußt, wenn das Wachs nur unvollständig verbrannt ist. Außerdem neigen diese Kerzen zum Tropfen.

Bei einem zu *dünnen* Docht ist nicht nur die Flamme meist recht mickrig, der Docht ertrinkt auch leicht in dem sich bildenden flüssigen Wachs, weil vom Rand der sogenannten Brenn-Schüs-

sel (die flüssig gewordene Mulde oben auf der Kerze) mehr Wachs nachfließt als verbrennt.

Wir sagten schon, daß die Flechtart des Dochtes für seine Brennqualitäten von Bedeutung ist. Es gibt nämlich eine obere und eine untere Seite bei einem Docht. Mit anderen Worten: Er brennt nur in einer Richtung gut ab. Wenn Sie Dochte kaufen, müssen Sie darauf achten, wie die Seiten des Dochtes gekennzeichnet sind. Gute Firmen markieren das obere Ende des Dochtes — die Seite also, an der die Flamme sitzt — durch eine rote Wachskappe. Wenn Sie in einem Laden Docht vom Meter kaufen, dann macht man Ihnen dann an dem Ende, wo bei dem Docht „oben" ist, einen Knoten. Wenn Sie später zu Hause passende Stücke von diesem Docht abschneiden, vergessen Sie nicht, an das obere Ende immer wieder einen Knoten zu machen.

Dieses „oben" und „unten" ist deshalb wichtig, weil ein Docht für Kerzen nicht gedreht, sondern geflochten ist. Das sind vor allem bei dicken Dochten recht komplizierte Flechtarten, die die Eigenart haben, daß in einer Richtung

Abb. 7: Ein gekaufter Docht ist nicht gedreht, sondern geflochten. Durch einen Knoten oder durch farbiges Wachs wird das obere Ende gekennzeichnet.

das flüssige Wachs besser fließt als in der anderen.

Die festgelegte Fließrichtung gilt allerdings nur für die häufigste Art von Dochten, die Runddochte. Diese sind je nach Stärke für alle Wachsarten geeignet, auch für Bienenwachs.

Speziell für reine Paraffinkerzen und solche mit geringem Stearinanteil sind auch die preiswerteren Flachdochte mit einfacherer Flechtart entwickelt worden. Sie besitzen keine festgelegte Fließrichtung und können daher beliebig verwandt werden. So wird es möglich, mit einem Docht an beiden Enden gleichzeitig je eine Kerze zu ziehen. Dies ergibt die beliebten Doppelkerzen.

Als Docht kann auch etwas stärkeres Baumwoll-Häkelgarn verwendet werden. Wenn Sie ein wenig mit den Kerzendicken experimentieren, bietet sich hier eine extrem preiswerte Möglichkeit, Wachsreste zu verwerten. Allerdings besitzt dieses Garn nicht die günstigen Eigenschaften der professionellen Dochte. Nachglimmen muß man hier durch besonders sorgfältiges Löschen vermeiden.

Bevor wir jetzt an das eigentliche Herstellen von Kerzen gehen, noch ein paar Regeln, die Sie beachten sollten, damit nichts schief geht und Sie sich nicht verletzen oder gar das Haus in Brand setzen.

Ein paar Regeln zur Vorsicht

Wachs ist ein brennbarer Stoff. Und so harmlos ein festes Stück Bienenwachs, Paraffin oder Stearin aussieht, so gefährlich kann es sein, wenn man nicht richtig damit umgeht. Paraffin kann sich

Abb. 8: Wachs niemals direkt auf der Herdplatte, sondern immer im Wasserbad erhitzen.

beispielsweise bereits bei 150 °C von selbst entzünden, ohne mit einer Flamme in Berührung gekommen zu sein. Und 150 °C sind, wenn man Wachs in einem Tiegel auf einer Ofenplatte schmelzen würde, ganz schnell erreicht.

Gegen diese Überhitzung und die Gefahr der Selbstentzündung gibt es eine ganz einfache Sicherung. Sie kennen sicher aus anderen Zusammenhängen das Wasserbad. Dabei wird ein kleines Gefäß in ein größeres mit Wasser gefülltes Gefäß gestellt. Und erst diese Kombination kommt auf den Ofen. Auf diese Weise kann im inneren Gefäß nie eine höhere Temperatur als 100 °C (Siedepunkt des Wassers) entstehen. 100 °C reicht für das Schmelzen von Wachs völlig aus.

Wachs also immer nur im Wasserbad erhitzen!

Wenn Sie Wachsreste im Topf länger stehen lassen und das Wachs durchhärtet, dann sollten Sie es vor dem nächsten Erhitzen mit einem spitzen Gegenstand (z. B. einem Messer) an der Oberfläche etwas aufbröckeln. Beim Erhitzen im Wasserbad schmelzen nämlich die unteren Schichten des Wachses schneller als die oberen. Dadurch kann ein Druck im Gefäß entstehen, der das heiße, flüssige Wachs durch die noch festen oberen Schichten preßt, so daß Ihnen heißes Wachs ins Gesicht spritzen kann.

Sollte doch einmal etwas schiefgehen, dann auf jeden Fall ganz ruhig bleiben. Wenn Ihnen heißes Wachs auf die Haut tropft, dann halten Sie diese Stelle *sofort* unter kaltes Wasser. Das lindert nicht nur den Schmerz; man kann das Wachs dann auch ganz leicht von der Haut abziehen.

Sollte trotz aller Vorsicht das geschmolzene Wachs entflammt sein, dann nehmen Sie auf keinen Fall Wasser zum Löschen. Wasser würde das Wachs nämlich nur in die Gegend spritzen lassen, so daß sich das Feuer nur noch weiter ausbreitet. Brennendes Wachs kann man ersticken, indem man eine alte Decke, ein Handtuch oder dergleichen über das brennende Gefäß oder Wachs breitet. Wenn das Wachs innerhalb des Gefäßes brennt, dann genügt es auch, einen Deckel darüber zu stülpen.

Kerzenziehen — die edelste Art des Kerzenmachens

Immer wenn es sich um besonders gute Kerzen handelt, steht auf der Packung, daß sie gezogen seien. Nun bedeutet dieses „Ziehen" nicht, daß die Kerzen etwa in die Länge gezogen wurden, sondern das Wort deutet auf das Herausziehen des Dochtes aus dem flüssigen Wachs, in das er immer wieder hineingetaucht wird, damit sich allmählich immer dickere Schichten um den Docht bilden. Dies ist die Methode, wie sie bereits im Altertum angewandt wurde. Heute gibt es allerdings Maschinen, die dieses Nacheinander-Aufschichten automatisch in einem Endloskerzenband (bis zu 100 m Umfang) bewerkstelligen. Die Kerzenschlange wird dann über mehrere Umlenkrollen geführt, was möglich ist, weil das Wachs (Paraffin, Stearin, Bienenwachs) bei Temperaturen um 30−40 °C sehr geschmeidig ist. Erst später werden die handelsüblichen Kerzenlängen zugeschnitten.

Nun, in der Hobbythek haben wir uns für das altertümliche, rein handwerkliche Verfahren entschieden. Zum Kerzenziehen von Hand braucht man nur wenig Handwerkszeug und Gerät, das auch den Vorteil hat, gar nicht teuer und eigentlich überall verfügbar zu sein.

Das wichtigste Arbeitsmittel ist das Gefäß, in dem das Wachs erhitzt wird. Je länger die Kerzen werden sollen, um so höher muß das Gefäß sein. Damit Sie aber nicht riesige Mengen Wachs verflüssigen müssen, sollte das Gefäß nicht nur hoch, sondern zugleich auch *schmal* sein. Wir haben bei uns selbst einmal Haus, Hof, Garten und Werkstatt durchforstet, um zu sehen, was normalerweise an brauchbaren Behältern einfach so herumliegt. Sehr geeignet sind z. B. die langen und schmalen Würstchendosen. Aber auch hohe Einmachgläser lassen sich verwenden und sogar Flaschen, denen man vorher den Hals abgetrennt hat.

Wer ein Liebhaber extrem langer Kerzen ist, der kommt ohne besondere Konstruktionen nicht aus. Bei unserer Suche stießen wir auf *Abflußrohr* aus Kunststoff, das bis 100 °C stabil bleibt (durch Ausgüsse wird ja auch mal kochendes Wasser gegossen). Da unser Ziehwachs nur zwischen 75 und 80 °C heiß werden muß, um die geeignete Temperatur zu haben, ist dieses Rohr bestens für unsere Zwecke geeignet. Sie bekommen es im Baustoff- oder Sanitärhandel in Weiten von 40, 70 und 100 mm. Dort gibt es auch passende Kappen für den Boden des Gefäßes.

Als Übergefäß mit dem Wasserbad, in das Sie den eigentlichen Wachsbehälter stellen, eignet sich im Grunde jeder Kochtopf. Bei langen Wachsbehältern, z. B. aus Abflußrohr, müßten Sie allerdings sehen, daß auch das Wasserbad möglichst weit hinaufreicht, sonst könnte es später sein, daß das Wachs im oberen Teil des Rohres nicht heiß genug wird. Da können Sie sich aber auch mit einem Trick behelfen. Stellen Sie in den Kochtopf mit Wasser einen aufgeschnittenen 5-Liter-Ölkanister, ebenfalls mit Wasser. Und erst dort hinein das Rohr mit dem Wachs. Natürlich können Sie auch einen Ölkanister als Wasserbadgerät direkt auf die Kochplatte stellen, nur müßten Sie dann ganz sicher sein, daß die Öldose nicht gelötet, sondern geschweißt oder gefalzt ist. Eine Lötnaht könnte nämlich schmelzen und undicht werden.

Wenn Sie ein Rohr aus Plastik verwenden, dann müssen Sie unter das Rohr noch einen Gegenstand aus Glas oder aus Porzellan (Aschenbecher, kleiner Teller) legen, damit ein direkter Kontakt mit Stellen des Übertopfes vermieden wird, die über 100 °C heiß werden.

Erhitzen Sie dann das Wasser im Topf bis es kocht, und geben Sie dann in das Ziehgefäß Wachs hinein. Das Ziehgefäß kann bis fast an den Rand mit Wachs gefüllt sein, weil beim Ziehen der Kerzen zunächst ja nur ein dünner Docht eingetaucht wird, der den Spiegel des Wachses nicht wesentlich erhöht.

Später beim Ziehen muß dann immer etwas Wachs nachgefüllt werden. Dann allerdings immer nur so viel, daß das Gefäß bei eingetauchter Kerze nicht überläuft.

Das eigentliche Ziehen der Kerze

Nehmen Sie einen Docht, der in der Stärke zu der Kerzenstärke paßt, die Sie später erzielen wollen. Darauf achten, daß die obere Seite des Dochtes auch wirklich nach oben weist. Tauchen Sie den noch weichen Docht in das heiße Wachs, damit er sich gut vollsaugen kann. Ziehen Sie ihn dann mit beiden Händen lang und halten Sie ihn solange straff, bis er erkaltet ist. Der Docht muß nämlich steif und gerade sein, damit in den späteren Tauchvorgängen auch eine ordentliche Kerze zustande kommt.

Ist der Docht gerade und hat er durch Abkühlen eine gewisse Steifigkeit bekommen, dann beginnt das eigentliche Ziehen. Es besteht darin, daß der Docht immer wieder in das Wachs getaucht wird, damit sich eine neue Schicht um den Docht bilden kann. Ein Tauchvorgang dauert etwa 2 Sekunden. Zählen Sie also „21" beim Eintauchen, „22" beim Herausziehen. Wenn nämlich der Docht und das an ihm schon festsit-

zende Wachs zu lange in dem heißen Wachs bleiben, dann bildet sich keine neue Schicht, sondern die bereits vorhandene schmilzt wieder ab. Wichtig ist auch, daß die Kerze zwischen den einzelnen Tauchgängen abkühlen und

Abb. 9: Das Ziehen einer Kerze – natürlich im Wasserbad.

härten kann. Sonst besteht die Gefahr, daß das weiche Wachs am Docht nach unten rutscht. Dann würden die Kerzen länger und länger und hätten im unteren Teil gar keinen Docht mehr. Lassen Sie sich also lieber etwas Zeit; Anhaltspunkt: Eintauchvorgang 2 Sekunden und Abkühlung 5 bis 10 Sekunden.

Es läßt sich nicht vermeiden, daß sich beim Tauchen unten an der Kerze sogenannte Tropfnasen bilden. Die können Sie mit der Schere oder einem Messer abschneiden.

Eine von Hand gezogene Kerze ist aufgrund ihrer Entstehungsweise oben immer dünner als unten. Das ist aber gar kein Nachteil; im Gegenteil: es sieht sogar sehr schön aus.

Die richtige Wachsmischung

Natürlich können Sie jede der oben genannten Wachsarten rein verwenden. Besonders schöne Kerzen erhalten Sie, wenn Sie reines Bienenwachs verwenden. Das ist aber, wie schon gesagt, recht teuer.

Für eine gute und auch duftende Wachsmischung benötigen Sie:

80% Paraffin
10% Stearin
10% Bienenwachs

Wenn Ihnen das Bienenwachs zu teuer ist, können Sie auch 90% Paraffin mit 10% Stearin mischen.

Diese Mischung ergibt relativ farblose Kerzen. Das ist aber ein Vorteil, wenn man die Kerzen später färben will. Dazu gehört auch das Überziehen der Kerze mit reinem Bienenwachs. Reine Stearinkerzen neigen zur Rißbildung. Sie sollten abschließend mit Bienen- oder Hartwachs überzogen werden.

Wie man mit wenig Wachs lange Kerzen ziehen kann

Sie werden es sicher schon gemerkt haben, daß wir in der *Hobbythek* immer versuchen, etwas noch besser zu machen oder ein paar Tricks zur Vereinfachung zu finden. So ist es auch beim Kerzenziehen. Wer lange Kerzen liebt, braucht bei der eben beschriebenen Methode immer noch eine ganze Menge Wachs. In einen 5 Liter fassenden Behälter passen immerhin 4 bis 4½ Kilogramm Wachs. Wir haben nun ein Verfahren ausgetüftelt, bei dem Sie dieselben Ergebnisse erzielen können, aber mit der Hälfte des Wachses auskommen.

Erhitzen Sie Wasser bis zum Kochen und füllen Sie damit das Ziehgefäß bis zur Hälfte. Stellen Sie es dann mitsamt dem kochenden Wasser in das heiße Wasserbad. Die andere Hälfte des Ziehgefäßes wird nun mit Wachs gefüllt, das auf dem heißen Wasser schwimmt. Dabei müssen Sie allerdings das Wachs vorher in einem anderen Wasserbad geschmolzen und auf etwa 80 °C erhitzt haben. Lassen Sie oben noch etwas Platz frei, damit beim Tauchen nichts überläuft. Achtung: Niemals Wachs direkt auf der Kochplatte erhitzen! Wenn es heißer als 100 °C ist und auf Wasser gegossen wird, spritzt es ganz fürchterlich! Gehen Sie nach unserer Vorschrift vor, dann kann nichts passieren.

Sie haben jetzt also ein Gefäß mit 50% heißem Wasser im unteren Teil und 50% heißem Wachs im oberen Teil.

Wenn Sie das in einem Glasgefäß machen, dann können Sie die Trennlinie in der Mitte genau sehen.

Das Ziehen der Kerze durch wiederholtes Eintauchen bleibt im Prinzip dasselbe wie beim normalen Tauchen, das wir vorhin beschrieben haben. Allerdings müssen Sie hier bei der Vorbehandlung des Dochtes besonders sorgfältig vorgehen. Es darf nämlich kein Wasser in das Dochtgeflecht eindringen, weil sonst später die Kerze spritzen und ausgehen würde. Tauchen Sie also den Docht vorher mehrmals in reinem Wachs, also z. B. in dem Gefäß unter, in dem Sie das Wachs vorwärmen, und strecken Sie den Docht anschließend wieder. Er ist dann vollständig vom Wachs imprägniert und nimmt kein Wasser mehr auf.

Wenn der Docht jetzt in das Wachsbad getaucht wird, dann reicht er unten tatsächlich in das Wasser hinein. Das macht aber nichts. Die Voraussetzung für das Ziehen einer Kerze ist, daß nämlich jeder Teil des Dochtes von der Spitze bis zum Fuß das Wachsbad durchlaufen muß, damit sich ein Überzug bildet. Das untere Stück des Dochtes geht ja zunächst einmal durch das Wasserbad, bevor es unten in das Wasser hineinkommt; es hat dann seinen (wasserabstoßenden) Überzug bereits erhalten. Das Wasser im unteren Teil des Gefäßes ist nur ein Füllstoff, damit das Wachs höher im Gefäß steht. Wassertröpfchen, die sich am unteren Teil der Kerze festsetzen, werden beim Herausziehen durch den oberen Wachsteil vollkommen abgestreift.

Sie können den Topf mit dem Wasserbad ruhig zum Ziehen der Kerzen von der Herdplatte nehmen. Das hat auch den Vorteil, daß sich der Wasseranteil im Topf nicht höher erhitzt als ebenfalls 75 bis 80 °C. Wenn nämlich die Temperatur des Wassers in der unteren Hälfte wesentlich höher steigen würde als die des Wachses im oberen Stück, dann besteht die Gefahr, daß das Wasser den Wachsmantel beim Tauchen abschmilzt. Das läßt sich daran erkennen, daß die Kerze von oben nach unten zunächst dicker und dann wieder dünner wird.

Das Ganze klingt hier ein wenig komplizierter als es in Wahrheit ist. Probieren Sie es einmal aus, wir sind sicher, daß Sie schon sehr schnell die nötige Übung haben werden. Natürlich empfiehlt sich dieses Verfahren vor allem dann, wenn Sie das teure Bienenwachs verwenden.

Kerzenziehen am laufenden Band

Wir erwähnten schon, daß das Kerzenziehen eine langwierige Sache werden kann: Für eine normale Kerze braucht man etwa 10 bis 20 Minuten. Die meiste Zeit verbringen Sie dabei allerdings mit dem Warten, bis die Kerze abgekühlt ist. Stellen Sie darum am besten gleich mehrere Kerzen her. Der Zeitaufwand für eine größere Anzahl von Kerzen wird nur unwesentlich größer, da Sie die Abkühlpausen mit dem Ziehen anderer Kerzen füllen können.

Wir möchten Ihnen einige zeitsparende Möglichkeiten vorstellen. Sehr sinnvoll ist beim Arbeiten mit Flachdochten oder Baumwollgarn das Herstellen der beliebten Doppelkerzen, d. h. zwei Kerzen werden an den beiden Enden eines längeren Dochtes gleichzeitig gezogen. Zum Abkühlen können Sie die Kerzen aufhängen. Ein Besenstiel etwa, zwischen zwei Stühle gelegt, bietet genügend Platz für eine größere An-

zahl Kerzen. Reihum können Sie so die Kerzen problemlos paarweise tauchen. Beim Arbeiten mit Runddochten gibt es die Möglichkeit, den Docht am oberen Ende mit einer Schlaufe zu versehen. So kann die Kerze leicht an einer Na-

Abb. 10: Hier zeigen wir Ihnen, wie man mehrere Kerzen gleichzeitig ziehen kann.

gelleiste, etwa einem mit Nägeln versehenen altem Besenstiel, abkühlen.

Eine andere Methode haben wir den Kerzenmachern abgeschaut.

Auf ganz einfache Weise können Sie zwei Kerzen auf einmal ziehen: Sie

nehmen eine Holzleiste und spannen an den Enden den Docht in eine vorbereitete Kerbe oder ein Loch. Der Docht muß gut befestigt werden, damit er mit der schwerer werdenden Kerze nicht herausrutschen kann. Dann tauchen

Sie beide Dochte nacheinander in das flüssige Wachs. Während der eine auskühlt, befindet sich der andere im Wachsgefäß. Am besten stellen Sie die Heizplatte mit dem Wachsgefäß auf den Boden. Legen Sie darunter eine Unterlage, z. B. aus Papier, denn ein leichtes Abtropfen von Wachs ist nicht ganz zu vermeiden.

Übrigens: Wenn Sie unseren Spartrick (halb Wasser – halb Wachs) anwenden, dann gibt es einen zusätzlichen Vorteil. Da das Wasser die höhere Temperatur länger halten kann als das Wachs, können Sie das Kerzenziehgefäß zuerst auf dem Herd auf die richtige Temperatur bringen und es anschließend auf den Boden oder einen Hocker stellen. Erfahrungsgemäß bleibt es ca. 20 Minuten warm genug, um die Kerzen ziehen zu können. Diese Methode bringt, diese Erfahrung haben wir jedenfalls gemacht, erhebliche Vorteile.

Im Prinzip besteht das neue Hilfsmittel aus einem Kreuz mit möglichst vielen Ecken zum Befestigen von Dochten, damit gleichzeitig *mehrere* Kerzen bei *einem* Tauchgang gezogen werden können. Auf diese Weise kann man gleichzeitig zwei, vier, sechs oder gar 16 Kerzen herstellen.

Bei zwei Kerzen genügt ein kleiner Holzbalken von 30 cm Länge und 1 × 1 cm im Querschnitt. An den beiden Enden wird das Holz mit zwei etwa 1 cm tiefen Schlitzen versehen, in die der mit einem Knoten gesicherte Docht eingehängt wird.

Sie können natürlich auch wieder Doppelkerzen herstellen, wenn Sie rechts und links der Kerbe ein Dochtende herunterhängen lassen. Die Dochte müssen in jedem Fall gut gesichert werden, damit sie nicht vom Holz rutschen.

Bevor wir uns mit dem zweiten Verfahren der Kerzenherstellung befassen wollen, mit dem *Gießen,* hier ein paar Tips zur Verschönerung der Kerzen.

Das Verschönern von Kerzen – ganz einfach

Durch eine ganz einfache Methode kann man auch die simpelste Haushaltskerze in eine edle oder geradezu luxuriös aussehende Kerze verwandeln. Das geschieht durch Überziehen mit farbigem Wachs – ein Verfahren, das auch die Industrie anwendet. Wir wollen Ihnen jetzt aber nicht nur zeigen, wie Sie eine einzige Farbschicht über die Kerze bringen können, sondern wie Sie ein und dieselbe Kerze mit mehreren Farben verschönern können.

Hier hilft uns wieder unsere Wasser-Wachs-Sparmethode.

Welche Farben für Ihre Kerzen?

Viele Bastelgeschäfte führen Färbestifte für Kerzenwachs. Diese Stifte werden einfach im Wachs aufgeschmolzen. Sie sind leicht zu handha-

Abb. 11: Kerzen lassen sich ganz unterschiedlich färben.

ben und für das Färben von Kerzen gut geeignet. Zu dieser bekannten Methode bietet Ihnen die *Hobbythek* noch weitere Alternativen.

Die erste stellen die *Fettfarben* dar, die wir Ihnen schon bei den Öllichtern vorgestellt haben. Sie sind sehr wirtschaftlich, vielseitig und eignen sich hervorragend als Tauchfärbung und zum Durchfärben von Kerzen. Als farbgebender Untergrund in der zweiten Farbgruppe, die wir Ihnen vorstellen möchten, den *Perlglanzpigmenten,* sind sie ebenfalls hervorragend geeignet.

Mit den Perlglanzpigmenten können Sie herrlich schimmernde und sogar metallische Effekte erzielen. Viele Leser kennen diese Pigmente sicherlich aus unseren Sendungen zur dekorativen Kosmetik.

Die öllöslichen Farben im Kerzenwachs

Die Qualität und Ergiebigkeit dieser Farben zeigt sich beim Färben von Kerzenwachs noch deutlicher als beim Paraffinöl. Sie können mit geringsten Farbstoffzugaben und nur wenigen Grundfarben eine umfangreiche Farbpalette erzielen. Dabei erhält jede beliebige Wachsmischung eine gleichmäßige Färbung. Transparente Wachse, wie etwa Paraffin, ergeben somit den Farben wieder verhältnismäßig transparente Tauchmassen. Diese Eigenschaft dieser Farbstoffe müssen Sie bei der Verwendung im Tauchbad berücksichtigen.

Die Verarbeitung ist hier noch wesentlich problemloser als bei den Ölen: Sie müssen bei der Färbung von Kerzen keinen zusätzlichen Verarbeitungsschritt einfügen. Das Pulver wird einfach in das geschmolzene Wachs eingerührt.

Möchten Sie z. B. eine Gießkerze durchfärben, ist eine sehr viel geringere Dosierung notwendig als bei einem dünnen Überzug. Die Farbwirkung wird hier von den tieferen Wachsschichten unterstützt. Es genügt somit je nach gewünschter Farbintensität meist schon eine gute Messerspitze des pulverförmigen Farbstoffes auf 100 g Wachs. Ob Ihr Wachs die richtige Färbung besitzt, stellen Sie mit einem kleinen Probeguß schnell fest.

Bei einem Farbüberzug beeinflußt das durchscheinende weiße Wachs der Kerze den Farbeindruck erheblich. So können Sie bei der Farbe Blau je nach Konzentration des Farbstoffes alle Schattierungen von der hellsten bis zur sattesten Farbtönung erzielen.

In einer kleinen Tabelle geben wir Ihnen an, wie Sie — unabhängig von der Konzentration — aus wenigen Grundtönen bestimmte Farben erzielen können. Die angegebenen Mengen sollen nur das Verhältnis der Farbstoffe zueinander kennzeichnen, nicht jedoch die absolute Menge der Zugabe zum Wachs.

Farbmischtabelle

	Gelb	Orange	Rot	Blau	Grün	Violett	Schwarz
Elfenbein	*						
Zitrone	***				*		
Eigelb	***	**					
Hellrot		*	***				
Blaurot			***	*			
Bordeaux			***			**	*
Tiefblau				***	*		*
Lila			**	*		***	
Oliv	*			*			*
Mintgrün					**		
Braun		***		*			
Braun		***		*		*	*
Honig	**	**				*	
Honig	***	**					*
Tiefschwarz					**		***
Rosa			**	*			
Rosa		*	**				
Altrosa	*		**	*			*

* = Spur   ** = wenig   *** = viel

Perlglanzpigmente — die edle Variante

Perlglanzpigmente, die wohl schon manch ein Leser, der sich mit der dekorativen *Hobbythek*-Kosmetik beschäftigt, zuhause haben mag, eignen sich hervorragend zum Verzieren unserer Kerzen. Sie müssen dabei nur eine Tatsache berücksichtigen — die Pigmente sind nicht brennbar. Das bedeutet, daß jedes Pigmentteilchen, das Sie auf die Kerze aufbringen, in das geschmolzene Wachs unterhalb des Dochtes gelangt und dort bis zuletzt verbleibt. So ist die maximale Menge der einsetzbaren Pigmente beschränkt. Wir haben darum eine Methode entwickelt, wie Sie mit geringem Aufwand an Pigmenten wunderschöne Ergebnisse erzielen können.

Da Sie nur geringe Mengen dieser Pigmente benötigen, rühren Sie etwa einen Meßlöffel der Pigmente in einer Dose mit etwa 25 g des Hartwachses an. Eine hohe Konzentration ist hier erwünscht und das Einrühren der Pigmente in geschmolzenes Wachs ist problemlos möglich. Wie Sie diese Mischung einsetzen können, erklären wir später.

Tauchen in farbigem Wachs

Hier hilft uns wieder unsere Wasser-Wachs-Sparmethode.

Zunächst brauchen Sie so viele Gefäße, wie Sie Farben vorgesehen haben. Die Gefäße sind so hoch wie die Kerze lang, die Sie überziehen wollen.

Hier empfehlen sich Würstchendosen. Diese Dosen werden nun wieder ins Wasserbad gestellt und — wie vorhin beschrieben — mit heißem Wasser gefüllt. Das Neue bei diesem Verfahren ist aber, daß oben auf das heiße Wasser eine nur 3 bis 5 cm dicke heiße Wachsschicht kommt. Da wir jetzt nur eine dünne Schicht über die Kerze ziehen wollen, genügt diese Schicht von 2 bis 3 cm vollkommen. Gefärbtes Wachs ist nämlich nicht ganz billig; Sie sparen auf diese Weise also.

Wenn Sie die Kerze nur mit *einer* Farbschicht oder mit Bienenwachs überziehen wollen, dann genügt *eine* Dose mit dem entsprechenden Wachs. Tauchen Sie die Kerze wie beim Ziehen in das Wachs ein. Sie werden sehen, daß die Haushaltskerzen nach dem kurzen Tauchen vollständig mit farbigem Wachs überzogen wieder herauskommen.

Wenn Sie Kerzen mehrere Farbschichten geben wollen, die ringförmig um die Kerze führen, dann müssen Sie folgendermaßen vorgehen: Da die obere Farbschicht nur aufzubringen ist, wenn man die ganze Kerze eintaucht, sind Sie bei den anderen Farben in gewisse Grenzen festgelegt. Das farbige Wachs ist nämlich ein wenig durchsichtig oder — wie der Fachmann sagt — glasierend. Die untenliegende Farbschicht scheint also durch die darüberliegende etwas durch. Wenn Sie also oben einen blauen Ring haben wollten, müßte die ganze Kerze blau gefärbt werden. Das würde aber ausschließen, z. B. den nächsten Ring (weiter unten) gelb zu machen. Das Blau würde durchschlagen und einen grünen Farbton entstehen lassen.

Grundsätzlich gilt, daß die erste (oberste) Farbe die hellste und die letzte die dunkelste sein muß. Daß verschiedene

Abb. 12: Kerzen mit Querbändern erhält man durch Tauchen in verschiedenen Farbbädern.

Farben in der Mischung schönere oder auch weniger schöne Töne geben, wissen Sie sicher aus dem Umgang mit dem Tuschkasten. In unserem Beispiel, bei dem mit Gelb begonnen, dann mit Rot, Grün und Blau fortgefahren wird, kann gar nichts passieren. Rot mit Gelb im Untergrund gibt ein leichtes Orange, Grün mit Orange im Hintergrund wird ein tieferes Grün, und Blau mit einem tieferen Grün im Hintergrund sieht immer noch sehr schön blau aus.

Beim Tauchen von mehreren Schichten hintereinander müssen Sie besonders vorsichtig vorgehen, damit der vorhergehende Farbmantel nicht abschmilzt und dadurch den Ton des Wachsbades insgesamt ändert.

Marmorierte Kerzen

Die ringförmige Färbung ist zwar sehr hübsch, aber nicht die einzige Möglichkeit, Kerzen zu färben. Auch für marmorierte Kerzen benötigen Sie für jede beteiligte Farbe eine lange Dose als Ziehgefäß und eine kleine Dose zum Anrühren des farbigen Wachses.

Wenn Sie die gewünschten farbigen Wachse vorbereitet haben, füllen Sie jeweils nur wenige Tropfen auf den Wasserspiegel der Ziehgefäße.

Nun halten Sie eine Kerze am Docht zwischen zwei Fingern und drehen die Kerze zur Probe hin und her. Mit einer solchen Drehung „schrauben" Sie jetzt die Kerze an der Begrenzung des Wachstropfens in das Wasser hinein und ziehen sie mit einer gegenläufigen Drehung wieder heraus. So erhalten Sie einen schraubenförmigen Streifen auf die Kerze. Wenn Sie eine weiße

Kerze einfärben möchten, reicht ein solcher Streifen meist nicht aus. Wiederholen Sie den Vorgang mit anderen Farben, bis Ihnen die Färbung zusagt. Je nach Farbmenge und Drehbewegung entsteht so eine individuelle Kerze nach der andern.

Natürlich müssen Sie die Kerze nicht unbedingt drehen, auch einfaches Eintauchen bringt außergewöhnliche Muster hervor.

Wenn Sie mit vorgefärbten Kerzen arbeiten, reicht meist schon ein- bis zweimaliges Eintauchen aus. Achten Sie aber darauf, daß die aufgetragene Wachsschicht nicht zu dick wird, sonst reicht der Docht nicht mehr aus.

Mehrfarbige Kerzen leicht gemacht

Es gibt natürlich auch eine einfachere Methode, mehrfarbige Kerzen zu erhalten ohne sie mehrfach eintauchen zu müssen. Die Lösung liegt im Einfüllen des farbigen Wachses in das Ziehgefäß. Wichtig ist dabei, daß Sie nur relativ wenig Wachs in das Gefäß füllen, etwa die Menge, die Sie für vier Kerzen benötigen.

Füllen Sie die zwei oder drei beteiligten Farbwachse an möglichst weit voneinander entfernten Punkten vorsichtig in das Gefäß ein und rühren Sie nicht um. So mischen sich die drei verschiedenen Farben kaum und sie sind in der Lage, die Kerzen an den Berührungsflächen der drei Farben zu tauchen. Sie erhalten auf diese Weise eine ganz außergewöhnliche Färbung mit verschiedenen Verlaufsfarben.

Einen kleinen Nachteil hat diese Methode leider, Sie benötigen häufiger ein neues Tauchgefäß, da sich die Wachsreste zu einer meist weniger schönen Mischfarbe vereinen.

Verzieren mit Perlglanzpigmenten

Wir schlagen Ihnen zwei Methoden vor, wie Sie die Perlglanzpigmente einsetzen können.

Die erste Methode ähnelt sehr stark der Herstellung von marmorierten Kerzen. Hier eignen sich die metallischen Farben Kupfer, Glitzergold oder Bronze besonders gut. Aber auch die Flipperlfarben wie Rot-Gold und Blau-Gold oder Himbeerperl wirken je nach Untergrund sehr schön.

Wie beschrieben rühren Sie die Pigmente in geschmolzenem Wachs an. Dann geben Sie, noch sparsamer als beim Marmorieren, nur eine kleine Menge des Wachses in das Tauchgefäß. Diesen Tropfen können Sie direkt verwenden oder ihn durch heftiges Rühren fein verteilen. Nun tauchen Sie die Kerze mit oder ohne Drehung in das Gefäß. Die Pigmente lagern sich in einer feinen Schicht in eleganten Schlieren auf der Kerze ab.

Sie können die Perlglanzpigmente aber auch als Retter in der Not verwenden. Sollte Ihnen einmal eine Farbmischung völlig mißraten sein, ist dies kein Grund die Kerze wegzuwerfen und sich zu ärgern. Reiben Sie das mißratene Stück ganz einfach mit Perlglanzpigmenten ein. Die Pigmente decken sehr gut und Sie erhalten dadurch die verrücktesten Effekte. Allerdings verliert die Kerze

Abb. 13: Perlglanzpigmente geben den Kerzen ein edles Aussehen. Auch Strukturen auf der Oberfläche sind interessant.

beim Berühren die lose aufliegenden Pigmente leicht wieder. Hier wirken auch andere Farbtöne gut, etwa Silberweiß oder Aquamarin.

Kerzen mit Struktur

Durch einen Zufall kamen wir auf eine Möglichkeit, Kerzen mit einer farbigen, strukturierten Oberfläche zu versehen. Wir hatten das Wasser im Tauchgefäß zu sehr erhitzt, so daß sehr viele Wasserdampfblasen aufstiegen. Dies führte dazu, daß nach dem Tauchen kleine Wassertropfen im Wachsüberzug eingeschlossen waren. Um diese zu entfernen, rollten wir die frisch getauchte Kerze auf einem Küchentuch und drückten so die Blasen aus. Überraschenderweise ergaben sich so besonders ausgefallene Effekte.

Um so ein Patina zu erzeugen, müssen Sie aber nicht unbedingt die eigentlich störenden Wasserblasen erzeugen. Es reicht z. B. bei der Marmorierung völlig aus, die Kerze nach jedem Tauchgang zu rollen. Dadurch verschiebt sich die noch weiche, dünne Wachsschicht und ergibt so den gewünschten Effekt.

Wenn Sie mit dem Wachs spielen, können Sie weitere interessante Strukturen finden.

Duftkerzen leicht gemacht

Warum sollten Sie sich nicht einmal einen Abend lang mit einem zarten Duft umgeben? Dafür müssen Sie nicht unbedingt unsere Öllampe von *Seite 122* nachbauen. Eine exzellente Duftkerze können Sie sich beim Kerzenziehen nebenbei erzeugen.

Geben Sie einfach kurz vor dem Tauchen der Kerzen ein oder zwei Tropfen eines ätherischen Öls zu der Tauchmasse hinzu und rühren es schnell unter. Nun beeilen Sie sich mit dem Tauchen, damit nicht alles Öl verdampft. Ihre Kerzen werden lange Zeit einen wunderbaren Duft verströmen.

Ein paar Tropfen reichen wirklich völlig aus, denn ein leichter Duft ist einem starken Geruch allemal vorzuziehen. Bei der Wahl eines ätherischen Öles können Sie auf das große Angebot der Versandfirmen im Anhang zurückgreifen.

Das Härten der Kerzen

Ein Mittel gegen das Tropfen der Kerzen

Mit Hilfe desselben Verfahrens, mit dem Sie Wachs sparen oder auch eine Kerze mit einem farbigen Überzug versehen können, läßt sich verhindern, daß eine Kerze tropft. Nichts ist ja lästiger als Wachstropfen auf einem Tischtuch oder dem Teppich.

Wir verhindern das dadurch, daß wir die Kerze mit einem Überzug aus *Hartwachs* versehen. Hartwachs ist auch unter dem Namen Reliefwachs bekannt, woraus schon hervorgeht, daß man es für plastische Verzierungen oder auch Figuren verwendet. Wir verwenden das Hartwachs hier, weil es in der Regel einen wesentlich höheren Schmelzpunkt als das Normalwachs hat. Die außen aufgebrachte Schicht schmilzt also später, wodurch der Rand eine höhere Wanne bildet, die das Abtropfen verhindert.

Dieses Hartwachs wird nun genauso wie das gefärbte Wachs im geschmolzenen Zustand auf die Wasserfläche in ein Ziehgefäß gegeben. Zwei bis drei Zentimeter genügen durchaus. Die Kerze wird dann wie beim Färben eingetaucht. Es gibt dieses Hartwachs übrigens ebenfalls in allen Farben. Sie schlagen sozusagen zwei Fliegen mit einer Klappe. Sie machen die billigen Haushaltskerzen nicht nur tropffrei, sondern Sie erhalten gleichzeitig farbige Zierkerzen.

Durch den Hartwachsüberzug wird die Oberfläche der Kerzen strapazierfähiger. Um den Glanz des Überzuges noch zu steigern, schrecken Sie die Kerze direkt nach dem Tauchen in kaltem Wasser ab. Dadurch strafft sich die Oberfläche des Wachsüberzuges und der Glanz nimmt zu.

Härten mit Carnaubawachs

Das beschriebene Hartwachs ist zwar eine gute Möglichkeit, Haushaltskerzen tropffrei zu machen, hat aber dennoch einige Nachteile. Zum einen ist es, wenn überhaupt, häufig nur in verhältnismäßig großen Mengen erhältlich. Wir benötigen aber für die Beschichtung selber einer größeren Anzahl von Kerzen höchstens 50—100 g. Außerdem läßt sich mit Hartwachs nicht jede Kerze behandeln.

Gesucht und gefunden wurde darum ein Zusatz, der universell eingesetzt werden kann: Carnaubawachs. Es hat eine besonders günstige Eigenschaft. Es erhöht den Schmelzpunkt der meisten anderen Wachse, wenn man es ihnen beimengt. Der Schmelzpunkt des Carnaubawachses selbst liegt bei 78–82 °C. In *Abbildung 14* haben wir den Anstieg der Schmelztemperatur einer Paraffin-Carnaubawachsmischung bei verschiedenen Carnaubawachszugaben aufgetragen. Das reine Paraffin hat einen Schmelzpunkt von

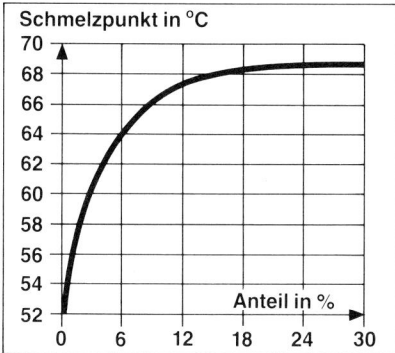

Abb. 14: Anstieg des Schmelzpunktes bei Zugabe von Carnauba-Wachs.

52,5 °C. Daran wird deutlich, daß sich der Schmelzpunkt der Mischung schon bei einer Zugabe von 5 Prozent um 7,5 °C erhöht, das entspricht fast einem Drittel des Unterschiedes der Schmelzpunkte von Paraffin- und Carnaubawachs!

Höhere Zugaben von Carnaubawachs würden den Schmelzpunkt nicht mehr in gleichem Maße ansteigen lassen, wie Sie leicht an der flacher werdenden Kurve erkennen können. Auch bei anderen Wachsresten gilt: Eine kleine Zugabe von Carnaubawachs zeigt eine große Wirkung.

Beim Bienenwachs erhöht Carnaubawachs nicht nur den Schmelzpunkt, es hebt auch den klebrigen Charakter dieses Wachses zum Teil auf und erschwert die Knetbarkeit.

Bei allen Wachsen steigert Carnaubawachs den Glanz der Oberfläche und erschwert durch die höhere Härte der Mischung das Verkratzen der Kerze.

Resteverwertung – die Sparversion

Wenn Sie Kerzenlicht lieben und häufig Kerzen abbrennen, dann greifen Sie sicherlich auch gern auf die preiswerten Haushaltskerzen zurück. Die Stummel wandern dann zumeist in den Müll.

Warum stellen Sie sich nicht aus diesen Resten ein Hartwachs her, das Ihre Kerzen von der lästigen Tropfneigung befreit oder gefärbt als Verzierung dient? Sie müssen nur ein paar Reste sammeln und mit rund 50–75 g können Sie schon beginnen. Das entspricht etwa einer ganzen Kerze. Entfernen Sie aber zuvor mit einer Schere den abgebrannten Docht, damit das Wachs nicht verschmutzt wird. Die Herstellung des Hartwachses ist dann sehr einfach.

Mit einem Längsschnitt entfernen Sie zuerst die Dochtreste aus den Stummeln und stellen das Gewicht der Wachsmasse fest. Auf je 20 g Kerzenwachs kommt 1 g Carnaubawachs, das entspricht 5 Prozent Carnaubawachsanteil. Falls Sie so kleine Mengen nicht genau wiegen können, ist das nicht schlimm, denn Sie können jede beliebige Menge zwischen 5 Prozent und 10 Prozent hinzufügen.

Zuviel Carnaubawachs ist ungeeignet, weil sich sonst auf der Oberfläche Risse bilden. Auch ohne Rißbildung kann ein zu hoher Carnaubawachsanteil (über 6–8 Prozent) ungünstig sein, da der höhere Rand nicht mehr schmilzt und sich ungünstig auf das Brennverhalten auswirkt.

Unter 4 Prozent Zugabe kann das Hartwachs das durch den Wachsüberzug veränderte Dochtzahl-Durchmesser-Verhältnis nicht immer ausgleichen. Da der Mindest- und Maximalanteil wieder von der verwendeten Wachssorte abhängt, müssen Sie einfach die zu Ihrer Wachssorte passende Carnaubazugabe ausprobieren. Zwischen 4 und 8 Prozent werden Sie bald die optimale Menge herausfinden.

Carbaubawachs kommt nun in eine saubere Blechdose und wird im Wasserbad geschmolzen. Dann geben Sie das Kerzenwachs hinzu und rühren es unter – fertig ist das Hartwachs. Sie können es mit Wachsfarben einfärben oder in der Naturfarbe belassen, die bei 10 Prozent etwa einem hellen Elfenbeinton entspricht.

Sollten Sie etwas Carnaubawachs aus Ihrer Lippenstiftproduktion à la *Hobbythek* abzweigen können, dann kostet Sie dieser Tip überhaupt nichts. Ansonsten besorgen Sie sich, wenn Sie nur einmal testen möchten, die kleinste käufliche Verpackungseinheit – ca. 50 g für 2,50 DM. Das reicht für 0,5–1 kg Hartwachs. Damit können Sie zwischen 250 und 500 Kerzen überziehen.

Aus Resten farbiger Kerzen entsteht meist eine mehr oder weniger braune Masse. Daraus können Sie sich neue Kerzen ziehen und diese mit einem selbst hergestellten Hartwachs veredeln. Allerdings ist es sinnvoll, dieses dann mit einem dunkleren Farbton einzufärben.

Das Bienen-Hartwachs

Perfekte Bienenwachskerzen zeichnen sich durch eine angenehm glatte, glänzende und weniger klebrige Oberfläche aus. Das dafür nötige Spezial-Hartwachs stellen Sie sich wiederum mit Hilfe des Carnaubawachses her. Möchten Sie Kerzen aus 100 Prozent Bienenwachs ziehen, müssen Sie nicht die gesamte Wachsmenge behandeln, es reicht wiederum ein dünner Überzug aus Hartwachs.

Anders als bei der Sparversion des Hartwachses sollten Sie hier bei der Zugabe des Carnaubawachses auf keinen Fall unter einen Anteil von 5 Prozent gehen. Dies ist nötig, um noch eine wirksame Schmelzpunkterhöhung zu erreichen, Bienenwachs hat einen um bis zu 10 °C höheren Schmelzpunkt als das normale Hartparaffin.

Die Herstellung erfolgt dann wieder wie beim normalen Hartwachs. Zuerst schmelzen Sie das Carnaubawachs, dann fügen Sie das Bienenwachs hinzu.

Um einfache Haushaltskerzen tropffrei zu machen, wäre auch schon ein Überzug aus reinem Bienenwachs ausreichend, da es einen höheren Schmelzpunkt als Paraffin hat. Das Bienen-Hartwachs gibt allerdings eine noch härtere Oberfläche.

Candelliawachs

Auch das Candelliawachs, das Sie bei einigen Vertriebsfirmen für *Hobbythek*-Kosmetik erhalten können, ist als Zugabe zu einer Tauchmasse geeignet.

Es hat allerdings einen niedrigeren Schmelzpunkt als das Carnaubawachs und wirkt nicht in gleichem Maße schmelzpunkterhöhend.

Es besitzt einen angenehmen Geruch und so können Sie durchaus einmal einen Versuch wagen. Die Dosierung sollten Sie dann allerdings zwischen 10 und 50 Prozent wählen, je nach gewünschtem Effekt.

Gießkerzen

Ein paar technische Informationen vorweg

Für das Kerzengießen brauchen Sie zwar wieder ein Wasserbad zum Aufschmelzen des Wachses; die eigentliche Kerze wird nun aber in einem anderen Gefäß hergestellt. Den verschiedenen Formen der Gießkerzen, die wir gleich beschreiben werden, liegt das gleiche Prinzip zugrunde. Man braucht eine Form, in die das Wachs gegossen wird.

Wir unterscheiden Formen, die nach dem Ausgießen mit Wachs zerstört werden können, von Formen, die sich mehrfach verwenden lassen.

Wiederverwendbare Formen, die man mit Gewalt natürlich ebenfalls zerschlagen könnte, bei denen es aber einfach schade wäre wegen ihrer Kostbarkeit, schönen Form, usw. sind beispielsweise Puddingformen, Schüsseln, Trinkgläser und Trinkbecher.

Voraussetzung dafür, daß die fertige Kerze ohne Zerstörung des Gefäßes herausgenommen werden kann, ist, daß die Gefäße konisch oder pyrami-

denförmig sind. Mit anderen Worten: sie dürfen an keiner Stelle oberhalb des Bodens enger als der Bodendurchmesser selbst sein. Es ist ja nicht schwer, sich vorzustellen, daß eine Kerze, die unten dicker ist als oben, aus ihrem Gefäß nicht herauszubekommen ist. Natürlich kann man auch Joghurtbecher und ähnliche Behältnisse unter die wiederverwendbaren Formen einordnen. Da sie billig und in großer Zahl vorhanden sind, kommt es bei ihnen aber nicht so genau darauf an. Damit die später erstarrte Wachskerze gut aus der Form herausgeht, muß die Form vor dem Ausgießen gründlich mit Fett oder Pflanzenöl eingeschmiert werden. Ganz normales Salatöl tut da gute Dienste. Sollte sich aber trotz all dieser Vorbereitungen später die Kerze nur schwer aus der Form lösen, dann kann man sie einfach kurz von außen mit heißem Wasser übergießen. Dadurch schmilzt die Oberfläche der Kerze noch einmal leicht an. Allerdings verliert sie dann auch ihre schöne glatte Oberfläche.

Ein anderer Trick, die Kerze herauszubekommen, ist, sie mitsamt der Form etwa 15 bis 20 Minuten in den Kühlschrank zu legen. Dann schrumpft das Wachs und löst sich. Bitte aber nicht in das Gefrierfach tun, weil dann die Kerze Risse bekommen könnte.

Zu den *zerstörbaren Formen* gehört unter Umständen der schon genannte Joghurtbecher; dann aber auch alte Marmeladengläser, Flaschen, Rollen von Toilettenpapier oder Haushaltshandtüchern oder die langen Papprollen, mit denen man Plakate oder Zeichnungen verschickt. Sicher werden Sie selbst noch viele andere mögliche Formen finden. Auch sie sollten vorher gut mit Öl eingefettet werden, dann läßt sich die Form besser von der Kerze abpellen.

Noch etwas muß man bei Gießkerzen beachten:

Vor allem bei dickeren Kerzen schrumpft das Wachs beim Erkalten derart ein, daß sich oben um den Docht herum eine mitunter recht tiefe Delle ergibt. Die können Sie während des Erkaltens mit Wachs ausgießen. Bei einer besonders dicken Kerze kann das sogar mehrmals nötig werden. Sie müssen also nach dem Gießen ein wenig flüssiges Wachs der gleichen Farbe übrigbehalten.

Wie kommt der Docht in die Gießkerze?

Da gibt es grundsätzlich mehrere Möglichkeiten:

1. Stellen Sie in die Mitte der Gießform eine ganz normale Haushaltskerze und gießen Sie das Wachs darum herum. Der Docht der Haushaltskerze ist dann zugleich der Docht der größeren, neuen Kerze. Die Haushaltskerze selbst schmilzt in dem heißen Wachs weitgehend auf und mischt sich mit ihm. Der Nachteil dieses Verfahrens: Unsere Dochttabelle auf *Seite 134* gibt an, daß bei diesem Verfahren der Docht zu dünn ist. Das Ei des Kolumbus ist dieses Verfahren also nicht. Allerdings kann man diesen Nachteil dadurch ausgleichen, daß man eine Kerze mit mehreren Dochten macht. Stellen Sie also z. B. drei Kerzen in das Gefäß und füllen Sie

es mit Wachs auf. Solche Kerzen gibt es auch zu kaufen.

2. Ein anderes Verfahren ist, den Docht in der passenden Stärke nachträglich einzuziehen. Das setzt voraus, daß beim Gießen der Kerze in der Mitte ein ausreichend dicker Kanal offengehalten wird. Das läßt sich ganz einfach dadurch bewerkstelligen, daß in das schon etwas verfestigte Wachs nach dem Gießen eine eingefettete Stricknadel, ein Nagel, ein Schaschlikspieß oder auch ein unten geschlossener Strohhalm aus Plastik gesteckt wird. Nach dem Erkalten zieht man diesen Gegenstand wieder heraus und hat das benötigte Loch für den Docht.

Vor dem Einsetzen muß der Docht gut mit Wachs getränkt und versteift werden, wie wir es schon für das Kerzenziehen beschrieben haben. Stecken Sie dann den Docht in die Kerze und verkleben Sie ihn unten mit etwas heißem Wachs oder Wachskitt. Wenn der Docht in dem Loch nicht sehr lose sitzt, sondern einigermaßen gut hineinpaßt, dann hat dieses Verfahren gegenüber dem Eingießen eines Dochtes keinerlei Nachteile. Kurz nach dem Anzünden schmilzt die Flamme nämlich um den Docht herum genügend Wachs auf, das dann in die kleinen, noch freien Stellen um den Docht hineinfließt und das Loch gänzlich füllt.

Abb. 15: Der Docht wird mit Wäscheklammern befestigt, wie hier zu sehen, und das Wachs in das Gefäß eingegossen.

Dieses Verfahren eignet sich allerdings nicht für die Herstellung von reinen Bienenwachskerzen. Dieses Material ist so klebrig, daß Sie nur mit äußerster Mühe den Docht-Platzhalter wieder herausbekommen können, ganz zu schweigen davon, daß Sie den gewachsten Docht kaum in das Loch hineinbekommen würden. Für Bienenwachskerzen bleibt nur das Verfahren Nummer 3.

3. Die professionellste Art, einen Docht in die Kerze zu bekommen, ist das *Eingießen* des Dochtes. Da eine Kerze miserabel brennen und mit Sicherheit auslaufen würde, wenn der Docht nicht exakt in der Mitte sitzt, müssen wir hier ein Verfahren finden, das exakten Sitz garantiert. Das geht übrigens nur bei Gießformen, in die man unten ein Loch hineinbohren kann. Der Trick, den Docht in der leeren Form exakt in der Mitte und auch noch straff zu halten, geht folgendermaßen:
Bohren Sie in die Mitte des Bodens Ihres Gießgefäßes ein Loch von der Stärke des Dochtes. Durch dieses Loch wird der Docht mit einem Knoten, der außerhalb bleibt, hindurchgezogen. Das Loch wird mit Wachs oder Kitt abgedichtet.

Oben halten wir den Docht durch zwei Holzstäbchen, die mit zwei Wäscheklammern aneinandergepreßt werden (vgl. *Abbildung 15*). Dieses Verfahren hat den Vorteil, daß man nach dem Spannen des Dochtes immer noch korrigieren kann, entweder indem man die Hölzchen hin- und herschiebt oder den Docht straffzieht.

Dieses Verfahren eignet sich auch für die Herstellung von besonders langen

Kerzen in Papprollen, wie man sie für den Plakatversand verwendet. Für diese Zeichenrollen gibt es auch passende Verschlußkappen aus Plastik, die später den Boden der Form bilden können.

Auch bei diesem Verfahren sollte der Docht vor dem Einspannen mit Wachs getränkt werden.

Das Gießen von Kerzen

Es ist so einfach, daß dazu eigentlich nicht viel gesagt werden muß. Deshalb hier nur noch einmal eine Zusammenfassung:

1. Das Gefäß muß — wenn es wieder verwendet werden soll — sich konisch nach oben erweitern.
2. Das Gefäß muß gut eingefettet sein, damit sich die Kerze leicht lösen läßt.
3. Dickere Kerzen bekommen beim Erkalten oben eine Delle, die man mit Wachs vor dem völligen Erstarren ausgießen kann.
4. Bei Plastikgefäßen (wie Joghurtbechern) ist es besonders wichtig, daß das Wachs nicht zu heiß wird, weil sonst das Plastik schmilzt oder zumindest weich wird. Also immer ein Wasserbad verwenden. Temperaturen von höchstens 80 °C genügen völlig.
5. Zum Gießen eignen sich alle Wachsmischungen, die wir auch zum Kerzenziehen verwendet haben. Also vom reinen Bienenwachs bis zu Mischungen aus 90% Paraffin und 10% Stearin.
6. Natürlich kann man auch hier alle Möglichkeiten der Abfärbung benützen. Doch dazu gleich mehr.

Verschiedene Techniken des Kerzengießens

1. Bunte Schicht-Kerzen
In Läden, die Kerzen aus Skandinavien anbieten, haben Sie sicher schon Kerzen gesehen, die aus mehreren verschiedenartigen Schichten bestehen und sehr schön aussehen. Sie lassen sich ganz einfach auf folgende Weise herstellen.

Als Grundlage benutzen wir wieder eine Mischung aus 90% Paraffin und 10% Stearin. Diese Mischung können Sie nun mit Wachsfarben, die es im Handel gibt, beliebig einfärben.

Auch das muß wieder im Wasserbad geschehen. Und da wir hier Wachs in verschiedenen Farben kurz hintereinander brauchen, ist es ganz praktisch, wenn man sie zu gleicher Zeit in einem Wasserbad flüssig halten kann. Dazu haben wir uns eine sehr praktische Lösung ausgedacht: Sie besteht darin, daß in einen großen Topf mit dem Wasserbad mehrere kleinere Gefäße für die verschiedenen Wachsfarben hineingehängt werden. Diese Gefäße bestanden bei uns aus abgeschnittenen Cola-Dosen. Da deren Blech ganz dünn ist, läßt sich der obere, dickere Deckel mit einem scharfen Messer oder auch mit einer Schere leicht abschneiden. Zur Sicherheit werden diese Gefäße mit Klammern am Rand des Topfes festgehalten.

Beim Gießen von Schichtkerzen können Sie die Reihenfolge der Farben beliebig wählen. Bei einem farbigen *Wachsüberzug* von Kerzen war das ja nicht so ohne weiteres möglich (vgl. *Seite 141*).

Gießen Sie zunächst die erste Schicht in die Form. Warten Sie mit der näch-

Abb. 16: Hier sind eine bunte Schichtkerze, eine Klumpenkerze und eine Sandkerze versammelt.

sten Schicht so lange, bis sich auf der ersten nach ca. 30 Minuten eine dicke lederartige Haut gebildet hat. Sie verhindert, daß sich das Wachs der nächsten Schicht mit der ersten vermischt. Wie dick Sie die einzelnen Schichten wählen, hängt ganz von Ihrem Geschmack ab. Selbstverständlich kann man einzelne Farben wiederholen, ja man kann sogar die Schichten schräg legen. Das geht mit folgendem Trick: Stellen Sie die Form mehr oder weniger geneigt in ein zweites größeres Gefäß, das Sie zur Hälfte mit Sand gefüllt haben. Bevor Sie die letzte Schicht gießen, müssen Sie die Form allerdings

wieder waagerecht stellen, sonst bekommen Sie später eine oben schräg zugeschnittene Kerze, die mit Sicherheit auslaufen würde.

2. Klumpenkerzen
Das Prinzip dieser Kerze könnte man mit einer Sülze vergleichen. Ein relativ durchsichtiges Wachs umschließt undurchsichtiges und — sofern Sie das wollen — mehrfarbiges Wachs in Klumpen, das von dem durchsichtigen Wachs umschlossen wird. Die Herstellung dieser Kerzen wird Ihnen sicher keine Schwierigkeiten bereiten. Und wer von Ihnen ein sparsamer Mensch

ist, hat hier die ideale Kerzenart zur Weiterverwendung von Kerzenresten gefunden. Als Klumpen eignen sich solche Reste nämlich hervorragend. Allerdings müssen Sie sie vorher von den Dochten befreien, damit Sie nicht statt einer schönen brennenden Kerze später eine Art mehrflammiges Lagerfeuer erhalten.

Gegossen wird die Klumpen-Kerze so: Wenn Sie keine genügend große Zahl von Kerzenresten haben, die Ihre Gießform einigermaßen füllen würde, dann müssen Sie Klumpen gießen. Als Form für die Klumpen eignen sich sehr gut die Einsätze im Kühlschrank, mit denen man Eiswürfel herstellt.

Zusammengehalten werden diese Klumpen später von reinem Paraffin, das durchsichtig ist. Nun würden die Klumpen allerdings in dem darübergegossenen heißen Paraffin völlig zusammenschmelzen, wenn man alles auf einmal in die Form tun würde. Man geht deshalb in Etappen zu Werke.

Füllen Sie zunächst eine zwei bis drei Zentimeter dicke Klumpenschicht in die Form und gießen Sie die etwa 75 °C warme reine Paraffinschicht darüber. Sobald diese Schicht zu erstarren beginnt, kommt die nächste Lage Klumpen, über die ebenfalls Paraffin gegossen wird, usw.

Bei dieser Art von Kerzen empfiehlt es sich, den Docht nachträglich einzuziehen, weil sonst die Gefahr bestünde, daß ein gleich miteingegossener Docht durch die verschiedenen Manipulationen nur verrutscht.

3. Sand-Kerzen
Ausgesprochen rustikal und besonders gut für eine Balkon-Party bei Windstille geeignet sind Sandkerzen.

Sie bestehen im Inneren aus ganz normalem Wachs und haben außen eine Sandschicht. Solchen Sand bekommt man in verschiedenen Körnungen und Farben in Tierhandlungen; man kann ihn natürlich auch selbst irgendwo draußen suchen.

Hergestellt werden diese Kerzen auf folgende Weise:
Diesmal brauchen Sie *zwei* Gefäße, eine Schüssel, in der die Sandform hergestellt wird, und ein Gefäß, dessen Außenwand die äußere Form der späteren Kerze festlegt. Wenn Sie eine Kerze mit Füßen gießen wollen, dann brauchen Sie auch noch drei Korken, Filmdosen oder ähnliche Behälterchen, mit denen Sie die Form für die Füße in den Sand eindrücken können.
Füllen Sie in die Schüssel zunächst eine dünnere Lage Sand von etwa 2 cm Stärke, der soweit angefeuchtet sein muß, daß er sich gut formen läßt. Auf diese Sandschicht stellen Sie jetzt das Gefäß, mit dem Sie die äußere Form der späteren Kerze festlegen. Das kann eine Vase oder irgendein anderer schöngeformter Behälter sein. Allerdings müssen Sie auch hier wieder darauf achten, daß er unten nicht dicker als oben ist, weil Sie ihn sonst aus der Form nicht wieder herausbekommen.
Um dieses Formgefäß füllen Sie jetzt in die äußere Schüssel Sand ein, den Sie mit der Hand oder mit einem Stück Holz gut festdrücken.
Wenn Sie eine besonders schöne Kerze haben wollen, können Sie auch Sand verschiedener Farbe in Schichten einfüllen. Dann hat die Kerze später Ringe aus verschieden gefärbtem Sand. Es bleibt Ihrem Geschmack überlassen, ob Sie die Ringe gerade,

gewellt oder nur teilweise um die Kerze herumführen wollen.
Wenn die Schüssel gefüllt und alles gut festgestampft ist, dann ziehen Sie das Formgefäß mit leichter Drehung vorsichtig aus dem Sand heraus. Sollte die Wand irgendwo eingestürzt sein, ist der Sand wahrscheinlich nicht feucht genug gewesen. Wiederholen Sie dann den ganzen Vorgang noch einmal.
Wollen Sie eine Kerze mit Füßen haben, dann müssen Sie jetzt in den Boden der Sandform vorsichtig mit den Korken oder anderen Gegenständen möglichst gleichtiefe Löcher drücken. Das geht übrigens nicht mit einem einzigen Korken, denn mit dem würden Sie beim Eindrücken des zweiten und dritten Loches die vorher eingedrückten Löcher wieder zuschieben. Die Korken also erst herausnehmen, wenn alle Löcher eingedrückt sind. Vielleicht fragen Sie auch, warum drei und nicht vier Füße? Nun, mit drei Füßen wackelt die Kerze nicht.
Lassen Sie jetzt die Sandform trocknen. Für das Ausgießen später gilt grundsätzlich, daß die Sandschicht an der Kerze um so dicker wird, je trockener der Sand und je heißer das Wachs beim Ausgießen ist. Je nach gewünschter Sandstärke können Sie die Temperatur des Wachses zwischen 65 und 90 °C variieren.
Auch hier empfiehlt es sich, den Docht nach bewährter Methode nachträglich einzusetzen.
Wenn die Kerze erkaltet ist, wird sie aus der Sandform herausgenommen und unter einem Wasserstrahl von lockeren Sandresten befreit.
Sie werden sehen, daß Sie mit einer Sandkerze als Geschenk große Überraschung auslösen können.

Natürlich gibt es noch viele andere Arten der Kerzenherstellung. Das alles zu beschreiben, würde aber hier zu weit gehen. Wer zum Kerzenprofi werden möchte, kann sich mit speziellen Büchern auf weitere Ideen bringen lassen.

Zum Schluß: Tips zum Reinigen von Gefäßen und Geräten

Die benützten, mit Wachs verschmutzten Gefäße tauchen Sie in heißes Wasser. Das Wachs schmilzt dann und schwimmt auf der Oberfläche.
Allerdings wäre es jetzt völlig falsch, dieses Spülwasser durch den Gulli laufen zu lassen. Das Wachs würde erstarren und dann mit ziemlicher Sicherheit den Geruchsverschluß Ihres Beckens verstopfen. Es bildet sich ein Wachspropfen, der nicht leicht wieder herauszubekommen ist.
Kippen Sie also das Wasser samt Wachs in einen Eimer, lassen Sie es abkühlen und schöpfen Sie dann das harte Wachs von der Oberfläche ab. Den Rest kann man unbedenklich fortschütten. Wachsflecken in Kleidung und anderen Textilien kann man entfernen, indem man den Stoff zwischen Löschpapier legt und mit einem Bügeleisen darüberfährt. Dabei allerdings die Temperaturverträglichkeit der jeweiligen Textilien beachten. Bei nicht so empfindlichen Stoffen tut denselben Dienst auch eine alte Zeitung.
Wir hoffen, daß Ihnen die Kerzenmacherei viel Spaß macht — und das nicht nur zur Weihnachtszeit. Einige unserer Tips sind ja durchaus etwas für den Sommer.

Register

Bezugsquellen:

Bitte vergleichen Sie die Preise, indem Sie Preislisten von mehreren Firmen anfordern. Nur so kann sich ein preissenkender Wettbewerb entwickeln.

Transformatoren und Zubehör für die Niedervolttechnik:

Transformatoren von 20 VA kosten bei den genannten Firmen ca. 24–30 DM, 200 VA ca. 60 bis über 80 DM, Halogenlampen (Kaltlichtspiegel) kosten etwa 18–20 DM, Keramikfassungen 2–4 DM und isolierte Spannseile je nach Stärke und Ausführung ab ca. 5 DM. Sie erhalten dort auch Befestigungssätze:

– Dr. Ropertz GmbH, Postfach 43–767, 8000 München 43, Tel.: 089/34 95 54.
– Thomsen-Elektronik, Haupstr. 4, 6349 Greifenstein-Nenderoth, Tel.: 0 64 77/316.
– Fa. Alektra, Zur Lay 10, 5561 Gipperath, Tel.: 0 65 74/238.
  Transformatoren dimmbar und bis 200 VA sogar mit eingebautem Dimmer; übernimmt Aufträge zur Installation größerer Objekte.
– Fa. Zimmer, Alter Graben 1, 5760 Arnsberg 1, Tel.: 02 93 27/2 78 09;
  Übernimmt Aufträge zur Installation größerer Objekte.

Nur Transformatoren:

– ISB Schumacher Transformatoren GmbH, Distelweg 3, 5000 Köln 90, Tel.: 0 22 03/6 10 36-37; Transformatoren dimmbar.

Stahlstäbe

Der gut sortierte Eisenwarenhandel führt neben Edelstahl auch den wesentlich preiswerteren aber nicht rostfreien Silberstahl. Edelstahlstäbe, 6 mm stark, Typ 1.4301 in Längen von 3 m, erhalten Sie preisgünstig bei folgenden Firmen ab Lager oder per Versand. Versand ist bei geringen Mengen kaum lohnend. Die Firmen bitten um telefonische Anmeldung, da sie auf private Kunden normalerweise nicht eingerichtet sind. Die Preise sind derzeit durch die gute Stahlkonjunktur etwas höher, zwischen 3 und 8 DM/lfm. Die Preise können sich aber auch kurzfristig ändern.

– Fa. Thyssen Edelstahlwerke AG, Verkauf Blankstahl, Oberschlesienstr. 16, 4150 Krefeld 1, Tel.: 0 21 51/831. Verkauf nur ab Lager in: Hamburg, Hannover, Essen, Köln, Remscheid, Lüdenscheid, Frankfurt, Stuttgart, München-Germering und Nürnberg.
– Fa. Edelstahl-Rostfrei-Profil GmbH, Mantelbruchstr. 15, 4300 Essen 18, Tel.: 0 20 54/8 40 21-25.
– Fa. Roland Stahl GmbH, Zum Panrepel 12, 2800 Bremen 45, Tel.: 04 21/48 30 53.
– Fa. Emil Weingärtner & Co. KG, Kieler Str. 191, 2000 Hamburg 54, Tel.: 040/8 54 00.
– Fa. W. Hester GmbH, Benderstr. 42, 4000 Düsseldorf 12, Tel.: 02 11/28 78 24.
– Fa. Fritz Halfmann GmbH, Schmieringstr. 57, 4300 Essen 12, Tel.: 02 01/3 49 15.
– Fa. Alex Klawek GmbH, Im Kettelbach 2–4 a, 5800 Hagen 7, Tel.: 0 23 31/4 55 45.

Glasstäbe

Die Preise bei den Firmen beginnen bei etwa 1,20 DM für 75 cm.
- Fa. Spinnrad GmbH, Klosterstr. 13, 4650 Gelsenkirchen, Tel.: 02 09/1 70 00 11. Auslieferungsläden in: (siehe Kerzen)
- Fa. Colimex GmbH, Mozartstr. 7, 5000 Köln 1, Tel.: 02 21/21 04 13-12. Auslieferungsläden in: (siehe Kerzen)
- Fa. Omicron, Marktplatz 5, 7129 Neckarwestheim, Tel.: 0 71 33/1 70 81
- Fa. Pura Natura, Johannesgasse 53–55, 8500 Nürnberg, Tel.: 09 11/20 95 22
- Fa. Kräuter Fischer, Kirchstr. 12, 4840 Rheda-Wiedenbrück, Tel.: 0 52 42/5 59 58
- Fa. Kosmetik-Bazar, Wagemannstr. 3, 6200 Wiesbaden, Tel.: 0 61 21/37 93 70. Auslieferungsläden in: (siehe Kerzen)
- Fa. Rasim, RWE-Str. 38, 4230 Wesel, Tel.: 02 81/53 05 28
- Fa. Duft & Schönheit, Sendlinger Str. 55, 8000 München 2, Tel.: 089/2 60 82 59
- Fa. H. Eich, am Probsthof 89, 5300 Bonn 1, Tel.: 02 28/62 38 38
- Fa. Glaserist-Siebenlist, Willicher Str. 20 a, 4154 Tönisvorst 1, Tel.: 0 21 51/70 01 77

Schwarzlichtlampen:

Im Einzelhandel erhalten Sie Lampen u. a. der Firmen: Phillips, Osram, Sylvania, Tungsram (keine Leuchtstoffröhren). Leuchtstoffröhren 60 od. 120 cm kosten ca. 60 DM. Als Versandfirma (43 DM bzw. 53 DM zzgl. Verpackung) bietet sich an:
- Dr. Ropertz GmbH, Postfach 43–767, 8000 München 43, Tel.: 089/34 95 54.

Fluoreszierende Acrylstäbe Durchmesser 10 und 4 mm:

- Fa. Spinnrad GmbH, Klosterstr. 13, 4650 Gelsenkirchen, Tel.: 02 09/1 70 00 11. Auslieferungsläden in: (siehe Kerzen)
- Fa. Colimex GmbH, Mozartstr. 7, 5000 Köln 1, Tel.: 02 21/21 04 13-12, Auslieferungsläden in: (siehe Kerzen)
- Fa. Omicron, Marktplatz 5, 7129 Neckarwestheim, Tel.: 0 71 33/1 70 81
- Fa. Cosmeda, Neumarkt 4, 4040 Neuß 1, Tel.: 0 22 01/27 72 12
- Fa. Pura Natura, Johannesgasse 53–55, 8500 Nürnberg, Tel.: 09 11/20 95 22
- Fa. Kräuter Fischer, Kirchstr. 12, 4840 Rheda-Wiedenbrück, Tel.: 0 52 42/5 59 58
- Fa. Kosmetik-Bazar, Wagemannstr. 3, 6200 Wiesbaden, Tel.: 0 61 21/3 79 37. Auslieferungsläden in: (siehe Kerzen)
- Fa. Rasim, RWE-Str. 38, 4230 Wesel, Tel.: 02 81/53 05 28
- Fa. Duft & Schönheit, Sendlinger Str. 55, 8000 München 2, Tel.: 089/2 60 82 59

Acrylbrücken

Einige der mit fluoreszierenden Stäben genannten Firmen führen auch ungefärbte Acrylstäbe. Fragen Sie einfach nach.

Kerzenzubehör

Paraffinöl kostet im Laden etwa 6 DM/l, festes Paraffin ca. 8–10 DM/kg, Stearin ca. 8 DM/kg, Kerzenfarben 2–3 DM/10 g und Dochte zwischen 10 und 50 Pf/m.
- Fa. SPINNRAD-ZENTRALE, Am Luftschacht 3 a, 4650 Gelsenkirchen, Tel. 02 09/1 70 00 11, Tx. 8 24 726 natur d, Fax 02 09/1 70 00-40.

SPINNRAD-AUSLIEFERUNGSLÄDEN: 1000 Berlin 33, Uhlandstraße 43/44, Tel. 0 30/8 81 48 48; 1000 Berlin 41, Rheinstraße 10, Tel. 0 30/8 59 20 72; 2000 Hamburg 13, Grindelallee 42, Tel. 0 40/4 10 60 96; 2000 Wedel/Holst., EKZ Rosengarten, Tel. 0 41 03/1 49 50; 2300 Kiel, Eggerstedt 1, Tel. 04 31/9 29 23; 2394 Satrup, Glücksburgerstraße 11; 2800 Bremen, Ostertorsteinweg 90, Tel. 04 21/70 52 68; 2860 Osterholz-Scharmbeck, Kirchstraße 19, Tel. 0 47 91/83 26; 2900 Oldenburg, Gaststraße 26, Tel. 04 41/2 54 93; 3000 Hannover, Steintorstraße 9, Tel. 05 11/32 90 93; 3008 Garbsen, Havelser Straße 10 (REALKAUF), Tel. 0 51 31/9 57 69; 3070 Nienburg, Weserstraße 17, Tel. 0 50 21/1 28 25; 3300 Braunschweig, Vor der Burg 8, Tel. 05 31/4 20 32; 3400 Göttingen, Gronerstr. 1, Tel. 05 51/4 47 00; 3500 Kassel, Hedwigstraße/Karstadthaus, Tel. 05 61/7 89 54 15; 4000 Düsseldorf, Königsallee 92 a, Tel. 02 11/13 33 06; 4050 Mönchengladbach, Hindenburgstraße 249, Tel. 0 21 61/2 13 08; 4100 Duisburg, Averdunk-Center/Königstraße, Tel. 02 03/33 91 35; 4130 Moers, Neumarkt-Eck am Rathaus, Tel. 28 41/2 37 71; 4150 Krefeld, Hansa-Center 32, Tel. 0 21 51/39 62 45; 4200 Oberhausen, Bero-Zentrum 84 a, Tel. 02 08/2 70 65; 4220 Dinslaken, Duisburger Straße 10, Tel. 0 21 34/5 45 57; 4250 Bottrop, Hochstraße 11, Tel. 0 20 41/68 44 84; 4300 Essen, Viehoferstraße 24, Tel. 02 01/23 92 85; 4330 Mülheim, Rhein-Ruhr-Zentrum, Tel. 02 08/49 81 92; 4400 Münster, Alter Steinweg 39, Tel. 02 51/4 23 52; 4440 Rheine, Emsstraße 71, Tel. 0 59 71/8 10 04; 4500 Osnabrück, Domhof 7 c, Tel. 05 41/2 78 75; 4600 Dortmund, Lütge Brückstraße 12, Tel. 02 31/57 89 36; 4630 Bochum, Kortumstraße 33, Tel. 02 34/6 61 23; 4650 Gelsenkirchen, Hochstraße 54 und Klosterstraße 13, Tel. 02 09; 4650 Gelsenkirchen-Buer, Hochstraße 54, Tel. 02 09/39 88 89; 4670 Lünen, Bäckerstraße 16; 4700 Hamm, Oststraße 3, Tel. 0 23 81/2 02 45; 4780 Lippstadt, EKZ-Lippetal, Tel. 0 29 41/7 84 66; 4790 Paderborn, Grube 8, Tel. 0 52 51/2 26 98; 4800 Bielefeld, Bahnhofstraße 37, Tel. 05 21/6 61 52; 4930 Detmold, Hochstraße 5, Tel. 0 52 31/3 96 14; 4880 Lüdenscheid, Corneliusstraße; 4950 Minden, Martinikirche/Martinitreppe, Tel. 05 71/8 48 10; 5000 Köln, Mittelstraße 12–14/Bazar de Cologne, Tel. 02 21/23 26 06; 5100 Aachen, Rethelstraße 3, Tel. 02 41/2 52 54; 5300 Bonn, Bonngasse 15, Tel. 02 28/63 66 67; 5350 Euskirchen, Hochstraße 56, Tel. 0 22 51/5 55 21; 5400 Koblenz, Casinostraße 15–19, Tel. 02 61/1 49 25; 5500 Trier, Neue Straße 66 (Herbst 89); 5600 Wuppertal-Elberfeld, City-Center, Tel. 02 02/44 12 81; 5800 Hagen, Elberfelder Straße 64, Tel. 0 23 31/1 74 38; 5810 Witten, Bahnhofstraße (Herbst 89); 5860 Iserlohn, Marktpassage, Tel. 0 23 71/2 32 96; 5880 Lüdenscheid, Ringmauerstraße 5, Tel. 0 23 51/35 10; 5900 Siegen, Marburger Straße 34, Tel. 02 71/5 45 40; 6000 Frankfurt, Hauptwache/Allianzpassage, Tel. 0 69/29 14 81; 6100 Darmstadt, Wilhelminen-

passage, Tel. 0 61 51/2 20 78; 6380 Bad Homburg, Rathausstraße 3, Tel. 0 61 72/2 22 24; 6500 Mainz-Altstadt, Kirschgarten 4, Tel. 0 61 31/22 81 41; 6544 Kirchberg, Hauptstraße 55, Tel. 0 67 63/28 11; 6600 Saarbrücken, Duttweilerstraße 12, Tel. 06 81/3 90 89 94; 6740 Landau, Ostbahnstraße 13, Tel. 0 63 41/8 58 18; 6800 Mannheim, Kurpfalz-Passage, Tel. 06 21/15 46 62; 6950 Mosbach, Entengasse 4, Tel. 0 62 61/1 40 20; 7000 Stuttgart, Lautenschlagerstraße 3, Tel. 07 11/29 14 69; 7032 Sindelfingen, Wurmberg/Maichingerstraße; 7500 Karlsruhe, Herrenstraße 23, Tel. 07 21/ 2 48 45; 7800 Freiburg, Grünwälderstraße/Dietler-Passage, Tel. 07 61/38 12 13; 8000 München 2, Sendlingerstraße/Asamhof, Tel. 0 89/26 41 59; 8400 Regensburg, Malergasse 3, Tel. 09 41/ 56 35 81; 8500 Nürnberg, Jakobstraße 41, Tel. 09 11/23 25 33; 8520 Erlangen, Obere Karlstraße 23, Tel. 0 91 31/20 58 83; 8700 Würzburg, Oberthürstraße 3, Tel. 09 31/1 56 08; 8900 Augsburg, Maximilianstr./Ulrichsplatz 8–10, Tel. 08 21/15 54 82; CH-8801 Zürich, Oberdorfstr. 8, Tel. 00 41/01/2 61 20 10; CH-8887 Mels (Schweiz), Sarganser Straße 48, Tel. 00 41/085/2 70 70, Cosmega AG, Tel. 0 85/2 70 70; L-2449 Luxemburg, 49 Boulevard Royal, Spinnrad; B-1980 Tervuren, Spinnrad Benelux, Hofkenstraat 2, Tel. 00 32/02/7 67 97 85.
- Fa. COLIMEX-ZENTRALE, Mozartstraße 7, 5000 Köln 1, Tel. 02 21/21 04 13-12.
  COLIMEX-AUSLIEFERUNGSLÄDEN: 2050 Hamburg-Bergedorf, Alte Holstenstraße 22, Tel. 040/7 21 10 34; 2370 Rendsburg, Jungfernstieg 6, Tel. 0 43 31/2 46 46; 3000 Hannover 1, Andreaestraße 2 b, Tel. 05 11/32 43 22; 5000 Köln 1, Schildergasse 84 a, Tel. 02 21/23 86 25; 4150 Krefeld, Hochstraße 62, Ecke Neumarkt, Tel. 02 51/63 16 55; 5100 Aachen, Alexianergraben 9 (City-Center), Tel. 02 41/3 03 27; 5650 Solingen 1, Am Neumarkt 27, Tel. 02 12/1 03 32; 6078 Neu-Isenburg, Isenburg Zentrum, Tel. 0 61 02/3 11 77; 7800 Freiburg, Im Schwarzwald-City, Schiffstraße 5, Tel. 07 61/2 41 96.
- Fa. ALC, Kranichstr. 2, 2876 Berne 2, Tel. 0 44 06/61 44
- Fa. Omicron, Marktplatz 5, 7129 Neckarwestheim, Tel. 0 71 33/1 70 81

- Fa. Cosmeda, Neumarkt 4, 4040 Neuss 1, Tel. 0 22 01/27 72 12
- Fa. Pura Natura, Johannesgasse 53–55, 8500 Nürnberg, Tel. 09 11/20 95 22
- Fa. Drzazdzynski, Am Mathildenhof 4, 5901 Wilnsdorf 5, Tel.: 02 71/7 47 23. Auslieferungsladen: 5900 Siegen-Weidenau, Münkershütten 1
- Fa. Kräuter Fischer, Kirchstr. 12, 4840 Rheda-Wiedenbrück, Tel. 0 52 42/5 59 58
- Fa. Cosmetic Bazar, Wagemannstr. 3, 6200 Wiesbaden, Tel.: 0 61 21/37 93 70. Auslieferungsladen in: 4440 Rheine, Mathiasstr. 5; 4420 Coesfeld, Gartenstr. 5; 5400 Koblenz, Löhrstr. 98; 5860 Iserlohn, Alter Rathausplatz 14; 6300 Gießen, Frankfurter Str. 1–5 und L-2449 Luxembourg, 49, Boulevard Royal.
- Fa. Rasim, RWE-Str. 38, 4230 Wesel, Tel.: 02 81/53 05 28
- Fa. Ruf, Rheinestr. 46, 7555 Bietigheim, Tel.: 0 72 22/3 53 55
- Fa. Duft & Schönheit, Sendlinger Str. 55, 8000 München 2, Tel.: 089/2 60 82 59
- Fa. Stephan, Mendener Str. 14, 5760 Arnsberg 1-Neheim, Tel.: 0 29 32/2 50 00
Für unsere Leser im Ausland zusätzlich:
- Fa. Interwega Handels AG, Zürcherstr. 65, CH-9500 Wil, Tel. 073/22 19 77
- MD-Boutique, 17, Rue de Luxembourg, L-5314 Contern, Tel.: 35 92 17
- Cosmega AG, Sarganserstr. 48, CH-8887 Mels

Zutaten für Magic Light:
- Fa. Spinnrad GmbH, Klosterstr. 13, 4650 Gelsenkirchen, Tel.: 02 09/1 70 00 11. Auslieferungsläden in: (siehe Kerzen)
- Fa. Colimex GmbH, Mozartstr. 7, 5000 Köln 1, Tel.: 02 21/21 04 13-12. Auslieferungsläden in: (siehe Kerzen)
- Gegen Überweisung von 22,50 DM auf das Postgirokonto Essen 197 02-438 an die Fa. W. Schnitzler-Chemikalien, Köln, Stichwort: Magic Light, sendet Ihnen die Firma 500 ml Glycol und 20 g Borsäure zu (Preis incl. Mwst. und Porto).

Hinweis:

Autoren und Verlag bemühen sich, in diesem Verzeichnis nur Firmen zu nennen, die hinsichtlich der Substanzen und Preis zuverlässig und günstig sind. Trotzdem kann eine Gewährleistung von Autoren und Verlag nicht übernommen werden. Irgendwelche Formen von gesellschaftsrechtlicher Verbindung, Beteiligung und oder Abhängigkeit zwischen Autoren und Verlag einerseits und den hier aufgeführten Firmen andererseits existieren nicht.